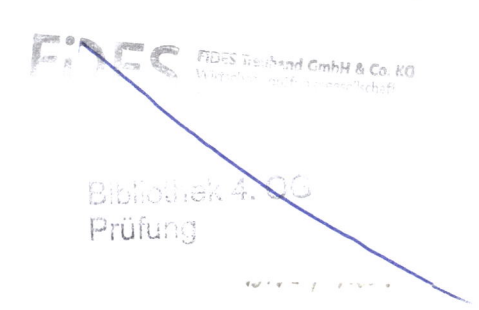

FIDES | Treuhandgesellschaft
Reifenrath & Co.
Wirtschaftsprüfungsgesellschaft
Steuerberatungsgesellschaft

FIDES Treuhand GmbH & Co. KG

Bibliothek 4. OG
Prüfung

D1751796

Unternehmenswertorientierte Entlohnungssysteme

SCHÄFFER POESCHEL

Schriftenreihe DER BETRIEB

Bernhard Pellens (Hrsg.)

Unternehmenswertorientierte Entlohnungssysteme

1998
Schäffer-Poeschel Verlag Stuttgart

Herausgeber:
Prof. Dr. Bernhard Pellens, Lehrstuhl für Internationale Unternehmensrechnung, Ruhr-Universität Bochum

Erweiterte Workshop - Dokumentation "Unternehmenswertorientierte Entlohnungssysteme für Führungskräfte" des Instituts für Unternehmenführung und Unternehmensforschung der Ruhr-Universität Bochum.

Die Deutsche Bibliothek – CIP-Einheitsaufnahme

Unternehmenswertorientierte Entlohnungssysteme / Bernhard Pellens (Hrsg.)
- Stuttgart : Schäffer- Poeschel, 1998
   ISBN 3-7910-1348-3

Gedruckt auf säure- und chlorfreiem, alterungsbeständigem Papier.

ISBN 3-7910-1348-3

Dieses Werk einschließlich aller seiner Teile ist urheberrechtlich geschützt. Jede Verwertung außerhalb der engen Grenzen des Urheberrechtsgesetzes ist ohne Zustimmung des Verlages unzulässig und strafbar. Das gilt insbesondere für Vervielfältigungen, Übersetzungen, Mikroverfilmungen und die Einspeicherung und Verarbeitung in elektronischen Systemen.

© 1998 Schäffer-Poeschel Verlag für Wirtschaft · Steuern · Recht GmbH & Co. KG
Einbandgestaltung: Willy Löffelhardt
Druck und Bindung: Franz Spiegel Buch GmbH, Ulm
Printed in Germany

Schäffer-Poeschel Verlag Stuttgart
Ein Tochterunternehmen der Verlagsgruppe Handelsblatt

Vorwort

Die von internationalen Kapitalmarktakteuren an das Management deutscher börsennotierter Unternehmen herangetragene Shareholder Value-Bewegung ist – wenn auch häufig unter anderer Bezeichnung – in vielen Gesellschaften inzwischen ein mehr oder weniger fester Bestandteil des unternehmerischen Zielsystems. Nach dem Motto des Shareholder Value: „Tue Gutes für die Anteilseigner und sprich darüber" sind in den börsennotierten Unternehmen in den letzten Jahren die Planungs- und Kontrollinstrumente auf die wertorientierte Unternehmensführung hin überarbeitet bzw. neugestaltet worden. Um diese Unternehmenszielsetzung jedoch zur Maxime des täglichen Handelns sämtlicher Mitarbeiter und damit letztendlich zum entscheidenden „Werttreiber" werden zu lassen, wird – erneut durch US-amerikanische Vorbilder angeregt – über die Ausgestaltung variabler Entlohnungssysteme nachgedacht.

Wertorientierte variable Entlohnungssysteme sollen dazu beitragen, daß die Mitarbeiter durch die Verfolgung eigener Ziele gleichzeitig den Unternehmenswert steigern. Als Instrumente der anreizkompatiblen Entlohnung im Sinne des Shareholder Value werden sowohl kennzahlenorientierte als auch unmittelbar an die Aktienperformance geknüpfte Konzepte diskutiert. Eine aktienkursorientierte Entlohnung kann in Form von echten (Belegschaftsaktien und Stock Options), aber auch virtuellen (Phantom Stocks und Stock Appreciation Rights) Eigenkapitalinstrumenten erfolgen. Gerade Stock Option-Programme, die in den USA von mehr als 80 % der größten 500 Unternehmen ausgegeben werden, finden in Deutschland als Variante einer wertorientierten Vergütungsform zunehmende Beachtung.

Obwohl die Ausgabe von Stock Options in den Gestaltungsformen der Wandel- bzw. Optionsanleihe und auch der Einsatz von virtuellen Eigenkapitalinstrumenten in Deutschland gesellschaftsrechtlich seit langem möglich waren, hat die Implementierung in der deutschen Unternehmenspraxis erst mit der Verabschiedung des Gesetzes zur Kontrolle und Transparenz im Unternehmensbereich (KonTraG) richtig begonnen. Mehr als die Hälfte der DAX-Unternehmen haben Stock Option-Programme für ihre Mitarbeiter aufgelegt bzw. planen dies. Wurden die ersten wertorientierten variablen Entlohnungsverträge der deutschen Unternehmen in der Literatur teilweise noch als „Selbstbedienungsladen" der Manager klassifiziert, so ist derzeit eine deutliche Überarbeitungstendenz zu verzeichnen. Eine kontrovers und teilweise hitzig geführte Diskussion über die sachgerechte Ausgestaltung der Programme, den einzubeziehenden Kreis der Vergütungsempfänger sowie die bilanzielle und vor allem steuerliche Behandlung hat begonnen.

Neben den unmittelbar an der Aktienperformance orientierten Entlohnungsprogrammen werden verschiedene Konzepte diskutiert und auch bereits in der Unternehmenspraxis umgesetzt, die den variablen Vergütungsbestandteil der Mitarbeiter an die Entwicklung der „neuen" wertorientierten Steuerungskennzahlen des Controllings, wie den Cash Flow Return on Investment oder den Economic Value Added, binden wollen.

Die mit dem zunehmenden Anteil der variablen Entlohnung, und hier insbesondere in der Form einer wertorientierten Vergütung, erhoffte Stärkung der Wettbewerbs- und Leistungsfähigkeit der deutschen Unternehmen im internationalen Vergleich ist allerdings auch kritisch zu hinterfragen. Die bisher immer isoliert vorgenommenen Anpassungen einzelner Rechts- und Vertragsinstitutionen insbesondere aus dem US-amerikanischen Raum können dazu führen, daß sich die Funktionsfähigkeit der deutschen Unternehmenstruktur und -kultur aufgrund sozio-ökonomischer Faktoren insgesamt erheblich verändert.

In dem vorliegenden Sammelwerk, das auf den Beiträgen eines Workshops des *Instituts für Unternehmungsführung und Unternehmensforschung* der Ruhr-Universität Bochum basiert, werden ausgewählte Problembereiche einer wertorientierten Entlohnung aus unterschiedlichen Blickwinkeln präsentiert.

In den einführenden Beiträgen werden betriebswirtschaftliche und gesellschaftsrechtliche Aspekte der wertorientierten Entlohnungssysteme diskutiert. In den folgenden Unternehmensbeispielen wird über konkrete Ausgestaltungsformen von variablen und am Unternehmenswert orientierten Entlohnungssystemen bei der Dresdner Bank, ITT Automotive Europe und Lufthansa berichtet. In den abschließenden Beiträgen werden die bilanzielle Erfassung, die notwendigen Publizitätsanforderungen der unterschiedlichen Entlohnungssysteme sowie die steuerlichen Auswirkungen speziell von Stock Option-Programmen auf Mitarbeiter- und Unternehmensseite ausführlich diskutiert.

An dem Sammelwerk und an der Workshop-Organisation haben die Herren Dipl.-Kfm. Nils Crasselt, Dipl. Ök. Carsten Dittmar, Dr. Martin Seidler und Dr. Carsten Rockholtz intensiv mitgewirkt. Die formale Gestaltung des Buches haben eigenständig Frau Verena Bieker und Frau Christina Semptner übernommen. Ihnen allen ebenso wie den Verfassern der Beiträge ein herzliches Dankeschön.

Bochum, 1. August 1998   Bernhard Pellens

Inhaltsverzeichnis

Verzeichnis der Autoren ... IX

Abkürzungsverzeichnis ... XI

Einführung

Bernhard Pellens/Nils Crasselt/Carsten Rockholtz
Wertorientierte Entlohnungssysteme für Führungskräfte
- Anforderungen und empirische Evidenz - ... 1

Ulrich Seibert
Stock Options für Führungskräfte - zur Regelung im
Kontrolle- und Transparenzgesetz (KonTraG) ... 29

Heinz Evers
Variable Bezüge für Führungskräfte:
Wertorientierung als Herausforderung ... 53

Praxisbeispiele

Michael Greth
Managemententlohnung aufgrund des Economic Value Added (EVA) ... 69

Cornelius Clotten
Management Stock Options - Grundsätzliche Überlegungen
und das Modell des Dresdner Bank Konzerns ... 101

Markus Ott
Mitarbeiterbeteiligung und Aktienoptionen
im Lufthansa Konzern ... 115

Jahresabschluß und Steuern

Bernhard Pellens/Nils Crasselt
Aktienkursorientierte Entlohnungsinstrumente im Jahresabschluß   125

Norbert Herzig
Steuerliche Konsequenzen von Aktienoptionsplänen
(Stock Options)   161

Verzeichnis der Autoren

Assessor jur. Cornelius Clotten,
Projektleiter für innovative Management- und Mitarbeiter-Beteiligungsprogramme,
Dresdner Kleinwort Benson, Global Corporate Finance,
Dresdner Bank AG, Frankfurt/Main,
E-mail: Cornelius.Clotten@dresdner-bank.com

Dipl.-Kfm. Nils Crasselt,
Wissenschaftlicher Mitarbeiter am Lehrstuhl für Internationale Unternehmensrechnung, Ruhr-Universität Bochum,
E-mail: Crasselt@iur.ruhr-uni-bochum.de

Dr. Heinz Evers,
Partner Kienbaum Vergütungsberatung, Gummersbach,
E-mail: Heinz.Evers@kienbaum.de

Dipl.-Wirtsch.-Ing. Dr. Michael Greth,
Controlling Business Support,
ITT Automotive Europe GmbH, Frankfurt/Main,
E-mail: AMGreth@aol.com

WP/StB Professor Dr. Norbert Herzig,
Seminar für Allgemeine Betriebswirtschaftslehre und Betriebswirtschaftliche
Steuerlehre an der Universität zu Köln,
E-mail: Herzig@wiso.uni-koeln.de

Dipl.-Kfm. Markus Ott, MBA,
Referent im Bereich Konzernfinanzen,
Deutsche Lufthansa AG, Köln,
E-mail: Markus-Ott@dlh.de

Professor Dr. Bernhard Pellens,
Lehrstuhl für Internationale Unternehmensrechnung,
Ruhr-Universität Bochum,
E-mail: Pellens@iur.ruhr-uni-bochum.de

Dr. Carsten Rockholtz,
Wissenschaftlicher Mitarbeiter am Lehrstuhl für BWL, insb. Internationale Unternehmensrechnung, Westfälische Wilhelms-Universität, Münster,
E-mail: 11caro@wiwi.uni-muenster.de

Dr. Ulrich Seibert,
Ministerialrat im Bundesministerium der Justiz,
Leiter des Referats für Gesellschaftsrecht, Unternehmensverfassung, Bonn,
E-mail: Poststelle@bmj.bund400.de

Abkürzungsverzeichnis

a. A.	anderer Ansicht
a.a.O.	am angegebenen Ort
Abb.	Abbildung
Abs.	Absatz
a. F.	alte Fassung
AG	Aktiengesellschaft
AIMR	Association for Investment Management and Research
AktG	Aktiengesetz
Anm.	Anmerkung
AO	Abgabenordnung
APB	Accounting Principles Board
Aufl.	Auflage
Bd.	Band
BE	Betriebsergebnis
BFA	Bankenfachausschuß
BFH	Bundesfinanzhof
BFH/NV	Bundesfinanzhof: Nicht veröffentlichte Urteile
BGB	Bundesgesetzbuch
BGBl.	Bundesgesetzblatt
BGH	Bundesgerichtshof
BRD	Bundesrepublik Deutschland
BMF	Bundesministerium der Finanzen
BStBl.	Bundessteuerblatt
BT-Drucksache	Bundestags-Drucksache
BWL	Betriebswirtschaftslehre
bzw.	beziehungsweise
ca.	circa
CAPM	Capital Asset Pricing Modell
CalPERS	California Public Employees' Retirement System

CDU	Christlich Demokratische Union
CEO	Chief Executive Officer
CFROI	Cash Flow Return on Investment
Co.	Companion
Corp.	Corporation
DAX	Deutscher Aktien Index
DAV	Deutscher Anwalt Verein
DCF	Discounted Cash Flow
Dipl.-Betriebswirt	Diplom-Betriebswirt
Dipl.-Wirtsch.-Ing.	Diplom-Wirtschafts-Ingenieur
Dipl.-Kfm.	Diplom-Kaufmann
Dipl. Ök.	Diplom Ökonom
DM	Deutsche Mark
Dr.	Doktor
DSW	Deutsche Schutzvereinigung für Wertpapierbesitz
DTB	Deutsche Terminbörse
DVFA/SG	Deutsche Vereinigung für Finanzanalyse und Anlageberatung e.V./Schmalenbach-Gesellschaft - Deutsche Gesellschaft für Betriebswirtschaft e.V.
ECU	European Currency Unit
EFG	Entscheidungen der Finanzgerichte
EK	Eigenkapital
EG	Europäische Gemeinschaft
EPS	Earnings per Share
ESOP	Employee Stock Ownership Program / Executive Stock Option Plan
EStG	Einkommensteuergesetz
EU	Europäische Union
EVA	Economic Value Added
et al.	et alii
e.V.	eingetragener Verein
evtl.	eventuell
EWU	Europäische Wirtschaftsunion
f.	folgende
ff.	fortfolgende

FASB	Financial Accounting Standards Board
F & E	Forschung & Entwicklung
FG	Finanzgericht
Fifo	First in - first out
FK	Fremdkapital
FN	Fußnote
GAAP	Generally Accepted Accounting Principles
gem.	gemäß
ggf.	gegebenenfalls
GmbH	Gesellschaft mit beschränkter Haftung
HFA	Hauptfachausschuß des Institutes der Wirtschaftsprüfer in Deutschland e.V.
HGB	Handelsgesetzbuch
h.M.	herrschende Meinung
Hrsg.	Herausgeber
HV	Hauptversammlung
i.d.R	in der Regel
i.S.d.	im Sinne des
IAS	International Accounting Standard
IDW	Institut der Wirtschaftsprüfer in Deutschland e.V.
IG-Metall	Industrie-Gewerkschaft-Metall
IIN	ITT Industries Inc.
insb.	Insbesondere
Jg.	Jahrgang
JÜ	Jahresüberschuß
jur.	Juris
KGaA	Kommanditgesellschaft auf Aktien
KonTraG	Gesetz zur Kontrolle und Transparenz im Unternehmensbereich
KStG	Körperschaftsteuergesetz
LG	Landesgericht
Lifo	Last in - first out
LStDV	Lohnsteuer-Durchführungsverordnung
LStR	Lohnsteuer-Richtlinien

LTIP	Long Term Incentive Plan
m.E.	meines Erachtens
m.w.N.	mit weiteren Nachweisen
MBA	Master of Business Administration
Mio.	Million
Mld.	Milliarden
MVA	Market Value Added
No.	Number
NOPAT	Net Operating Profit After Tax
Nr.	Nummer
NYSE	New York Stock Exchange
o.J.	ohne Jahrgang
o.V.	ohne Verfasser
OECD	Organization for Economic Cooperation and Development
p.a.	per anno
Par.	Paragraph
Prof.	Professor
RAP	Rechnungsabgrenzungsposten
Rdnr.	Randnummer
RefE.	Referentenentwurf
rer. pol.	rerum politicarum
REVA	Refined Economic Value Added
RFH	Reichsfinanzhof
rkr.	rechtskräftig
ROCE	Return on Capital Employed
ROE	Return on Equity
ROI	Return on Investment
ROS	Return on Sales
RStBl.	Reichssteuerblatt
s.	siehe
S.	Seite
SBF	Société des Bourses françaises
SFAS	Statement of Financial Accounting Standards

SG	Schmalenbach-Gesellschaft - Deutsche Gesellschaft für Betriebswirtschaft e.V.
sog.	sogenannte
STAR	Stock Appreciation Rights
StB	Steuerberater
SWX	Swiss Exchange
Tab.	Tabelle
teilw.	Teilweise
u.	und
u.a.	unter anderem
URL	Uniform Resource Location
U.S.	United States
U.S.A.	United States of America
u.U.	unter Umständen
v.	von
v.a.	vor allem
vgl.	vergleiche
Vol.	Volume
VW	Volkswagen
WEDAG	Westfalia Dinnendahl Gröppel AG
WP	Wirtschaftsprüfer
WpHG	Wertpapierhandelsgesetz
z.B.	zum Beispiel

Bernhard Pellens/Nils Crasselt/Carsten Rockholtz[*]

Wertorientierte Entlohnungssysteme für Führungskräfte
- Anforderungen und empirische Evidenz -

1	Einleitung	3
2	Empirische Relevanz der wertorientierten Unternehmensführung	3
	2.1 Wertorientierte Unternehmensführung in Deutschland	3
	2.1.1 Unternehmenszielsetzung	4
	2.1.2 Planungsinstrumente im Rahmen der Unternehmensbewertung	5
	2.1.3 Kontrollinstrumente	6
	2.1.4 Managemententlohnung	7
	2.2 Wertorientierte Vergütung im deutsch-amerikanischen Vergleich	10
3	Varianten und Ausgestaltung wertorientierter Entlohnungssysteme	11
	3.1 Varianten wertorientierter Entlohnungssysteme	11
	3.2 Anforderungen für eine anreizkompatible Ausgestaltung	13
	3.2.1 Generelle Anforderungen	13
	3.2.2 Anreizkompatible Ausgestaltung aktienkursorientierter Entlohnungssysteme	14
	3.2.3 Anreizkompatible Ausgestaltung kennzahlenorientierter Entlohnungssysteme	18
4	Schlußbemerkung	19
Anhang: Aktuelle Optionsprogramme deutscher Unternehmen		21

---

[*]   Prof. Dr. Bernhard Pellens/Dipl.-Kfm. Nils Crasselt,
    Lehrstuhl für Internationale Unternehmensrechnung an der Ruhr-Universität Bochum,
    http://www.iur.ruhr-uni-bochum.de

    Dr. Carsten Rockholtz,
    Lehrstuhl für BWL, insb. Internationale Unternehmensrechnung, an der
    Westfälischen Wilhelms-Universität, Münster

1 Einleitung

Seit Beginn der neunziger Jahre fordern vor allem institutionelle Kapitalanleger auch vom Management deutscher Unternehmen die in den USA als „Shareholder Value Analysis" diskutierte wertorientierte Unternehmensführung.[1] Hiernach haben sich die Unternehmensmitarbeiter stärker an den Zielen der residualanspruchsberechtigten Anteilseigner auszurichten und den Marktwert des Eigenkapitals unter Berücksichtigung der Gewinnausschüttungen langfristig zu maximieren. Die Fokussierung auf eine wertorientierte Unternehmensführung hat u.a. zur Folge, daß die Controllinginstrumente dieser veränderten Zielsetzung anzupassen sind. Darüber hinaus stellt sich in diesem Zusammenhang auch die Frage nach einer wertorientierten Vergütung des Managements bzw. aller Mitarbeiter eines Unternehmens.

Um die Entlohnung stärker an die Entwicklung des Unternehmenswerts zu binden, werden in der Unternehmenspraxis meist in Abhängigkeit von der Hierarchie und Verantwortlichkeit der Mitarbeiter unterschiedliche Wege beschritten. Zum einen ist zu beobachten, daß zur variablen Entlohnung verstärkt wertorientierte Steuerungskennzahlen an die Stelle „traditioneller" Kennzahlen treten. Zum anderen werden von börsennotierten Unternehmen zunehmend Programme eingeführt, bei denen die Entlohnung unmittelbar an die Entwicklung des Aktienkurses gebunden ist. Dabei stehen vor allem Stock Option-Programme im Mittelpunkt, bei denen Führungskräften Optionen auf Aktien des Unternehmens gewährt werden.

Vor diesem Hintergrund wird im folgenden zunächst beschrieben, wie sich der tatsächliche Verbreitungsgrad der wertorientierten Unternehmensführung und insbesondere der wertorientierten Vergütungssysteme in Deutschland derzeit darstellt. Hinsichtlich der Entlohnungsfrage wird zudem ein Vergleich zur Situation in den USA gezogen. Anschließend wird auf die anreizkompatible Ausgestaltung sowohl aktienkurs- als auch kennzahlenorientierter Entlohnungssysteme eingegangen. Der Anhang enthält eine Übersicht aktueller Optionsprogramme deutscher Unternehmen.

2 Empirische Relevanz der wertorientierten Unternehmensführung

2.1 Wertorientierte Unternehmensführung in Deutschland

Eine Diskussion über den Einsatz wertorientierter Entlohnungssysteme in deutschen Unternehmen ist nur dann sinnvoll, wenn die Ausrichtung am Shareholder Value als Unternehmenszielsetzung bereits verankert ist. Erst auf dieser Basis kann von der Unternehmensführung der Einsatz wertorientierter Steuerungsinstrumente gefordert wer-

---

1 Vgl. z.B. *Bühner* (1990); *Ballwieser* (1994); *Busse von Colbe* (1997); *Drukarczyk* (1997); kritisch jüngst *Schneider* (1998); zum Vergleich mit dem Stakeholder-Ansatz *Speckbacher* (1997).

den. Eine hierauf aufbauende, am Unternehmenswert orientierte variable Entlohnung der Führungskräfte kann als chronologisch letzte Stufe bei der Implementierung der wertorientierten Unternehmensführung angesehen werden.

| Formulierung der Zielsetzung | Umsetzung in Planungs-instrumente | Umsetzung in Kontroll-instrumente | Umsetzung in Entlohnungs-systeme |

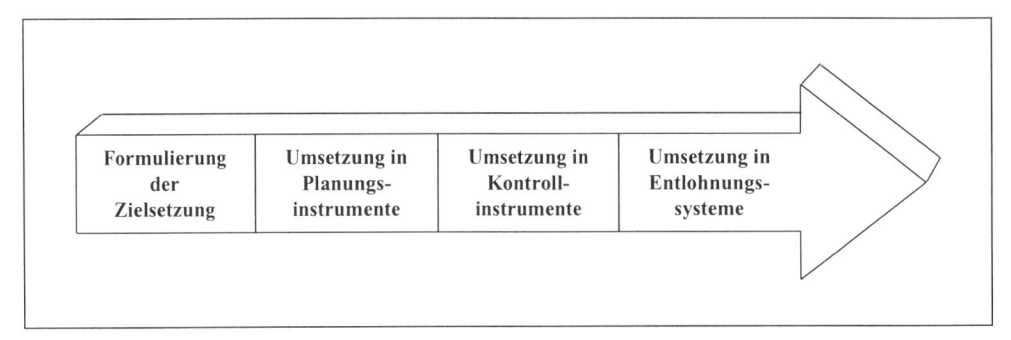

Abb. 1: Implementierungsprozeß der wertorientierten Unternehmensführung

Daher soll zunächst der Entwicklungsstand der wertorientierten Unternehmensführung in Deutschland dargestellt werden, der anhand einer 1997 durchgeführten Befragung bei 42 Mutterunternehmen aus dem DAX 100 erhoben wurde.[2] Die Ergebnisse werden in den folgenden Abbildungen differenziert nach den Themengebieten Unternehmenszielsetzung, Planungs- und Kontrollinstrumente sowie Managemententlohnung präsentiert.

2.1.1 Unternehmenszielsetzung

Die Orientierung der gesamten Geschäftstätigkeit am Unternehmenswert wird von 31 befragten Unternehmen (73,8%) als quantitative Unternehmenszielsetzung genannt. 11 Unternehmen (26,2%) streben demgegenüber allgemeine Rendite- oder Erfolgsziele an, beabsichtigen aber, die Renditeforderung der Anteilseigner künftig verstärkt in ihre Zielsetzung einzubeziehen. Die Orientierung am Unternehmenswert führt nach Meinung der Unternehmensvertreter jedoch nicht zwingend dazu, daß den Interessen der Eigenkapitalgeber gegenüber den Interessen anderer Anspruchsgruppen, wie z.B. Arbeitnehmern, Kunden, Lieferanten und Fremdkapitalgebern, Priorität eingeräumt wird.

---

2   Vgl. ausführlich *Pellens/Rockholtz/Stienemann* (1997).

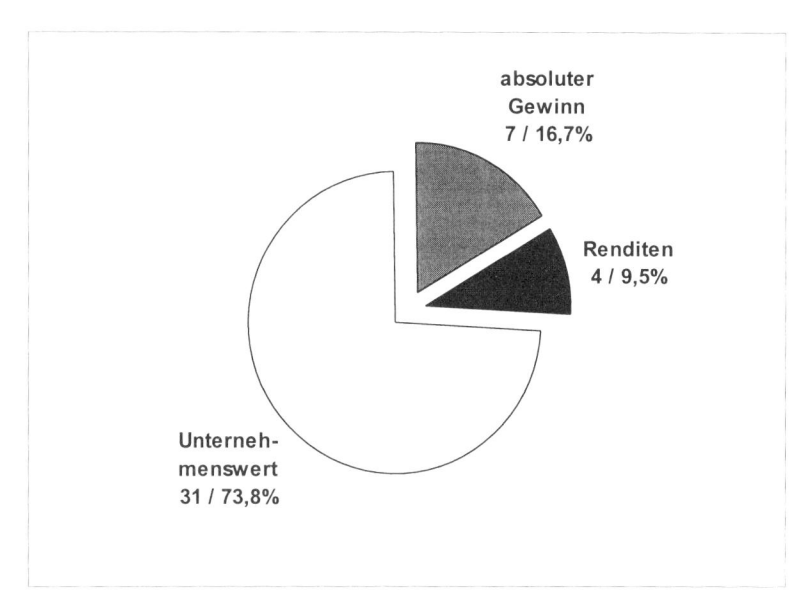

Abb. 2: Quantitative Zielgrößen deutscher Unternehmen

2.1.2 Planungsinstrumente im Rahmen der Unternehmensbewertung

Ein wichtiges Planungsproblem wertorientierter Unternehmensführung ist die Vorbereitung von Akquisitions- und Desinvestitionsentscheidungen. Zu deren Fundierung sind Unternehmensbewertungen vorzunehmen. Die dazu eingesetzten Verfahren sollen stellvertretend für die Umsetzung in Planungsinstrumente betrachtet werden. Zur quantitativen Bewertung von Tochterunternehmen und Geschäftsbereichen stehen grundsätzlich Einzelbewertungs-, Gesamtbewertungs-, Misch- und Preisfindungsverfahren zur Verfügung.[3] Der Orientierung am Unternehmenswert entsprechen investitionstheoretische, zahlungsüberschußorientierte Verfahren, d.h. insbesondere Discounted Cash Flow (DCF)-Methoden, grundsätzlich aber auch auf Zahlungsgrößen basierende Ertragswertvarianten.

31 der befragten Unternehmen (73,8%) verwenden Gesamtbewertungsverfahren als zentrale Unternehmensbewertungsverfahren. Die DCF-Verfahren stellen die in der Praxis dominierenden Verfahren dar und werden von insgesamt 22 Unternehmen (52,4%) angewendet. 17 Unternehmen (40,5%) verwenden hierbei die DCF-Brutto-Methode und fünf Unternehmen (11,9%) die Netto-Methode. Neun Unternehmen (21,4%) orientieren sich am Ertragswertverfahren im Sinne der HFA-Stellungnahme,[4] drei Unternehmen (7,1%) stützen ihre Bewertung auf Multiplikatormethoden. Sieben

---

[3] Vgl. *Ballwieser* (1993); *Drukarczyk* (1998), S. 105 ff.
[4] Vgl. *Institut der Wirtschaftsprüfer* (1983).

Unternehmen (16,7%) verwenden mehrere Verfahren parallel, wobei zumindest ein Gesamtbewertungsverfahren eingesetzt wird. Festzustellen bleibt weiterhin, daß von fast allen befragten Unternehmen auf mehrere Verfahren zur Ermittlung von Bandbreiten zurückgegriffen wird, wobei i.d.R. Gesamtbewertungs- und Preisfindungsverfahren zur Anwendung kommen. Multiplikatormethoden dienen oft als erster Anhaltspunkt der Wertermittlung, bevor eine umfassende und detaillierte Bewertung mit einem DCF- oder Ertragswertverfahren durchgeführt wird.

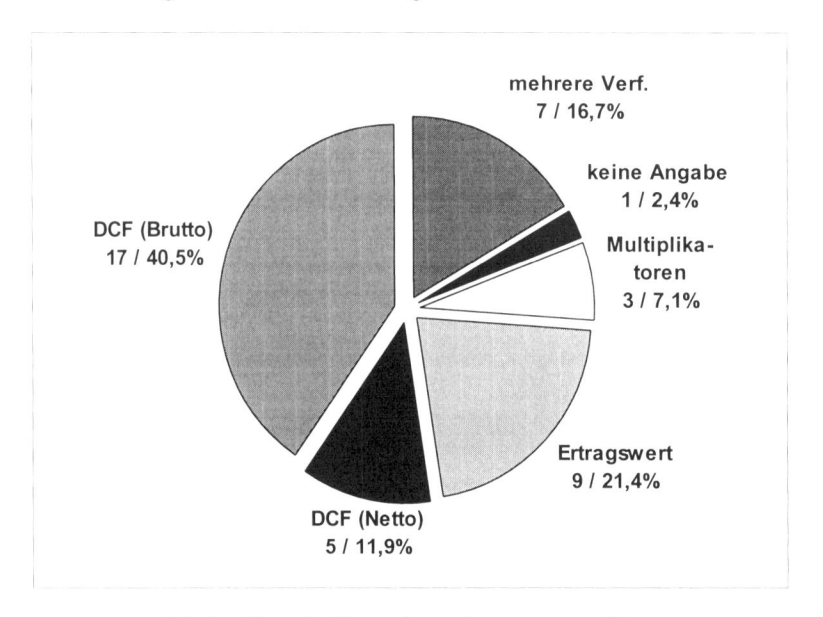

Abb. 3: Zentrale Unternehmensbewertungsverfahren

2.1.3 Kontrollinstrumente

Zur Erfolgskontrolle von Tochterunternehmen, Geschäftsbereichen oder Investitionsvorhaben finden sich in der Literatur und Unternehmenspraxis sowohl vielfältige traditionelle Kennzahlen, wie z.B. absolute Gewinngrößen, Umsatzrenditen (Return on Sales = ROS), Eigen- und Gesamtkapitalrenditen (Return on Equity = ROE; Return on Investment = ROI), als auch wertorientierte Kennzahlen, wie der Discounted Cash Flow (DCF), Cash Flow Return on Investment (CFROI), Economic Value Added (EVA) oder der Return on Capital Employed (ROCE).[5]

---

[5] Zu den unterschiedlichen wertorientierten Praxiskonzepten vgl. grundlegend *Stewart* (1991); *Lewis* (1995); *Copeland/Koller/ Murrin* (1998), S. 121 ff.; *Rappaport* (1998), v.a. S. 32 ff.; zum EVA-Konzept vgl. auch den Beitrag in diesem Buch von *Greth*.

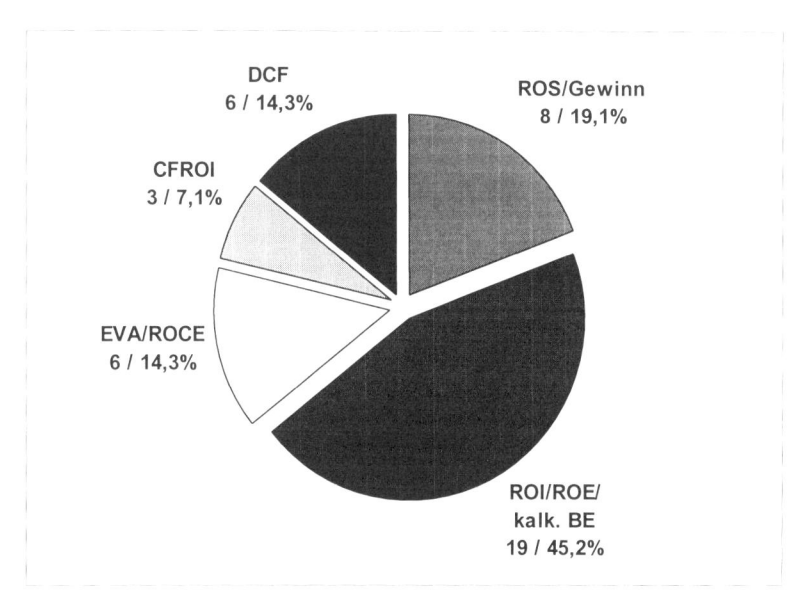

Abb. 4: Kontrollinstrumente zur Erfolgsbeurteilung

Acht Unternehmen (19,1%) beurteilen ihre Tochterunternehmen, Geschäftsbereiche oder Investitionsvorhaben nach Umsatzrenditen oder absoluten Gewinngrößen. Damit wird die Höhe des investierten Kapitals nicht explizit in die Betrachtung einbezogen, so daß eine wertorientierte Kontrolle nur schwer möglich wird. 19 Unternehmen (45,2%) führen ihr Beteiligungsportfolio ausschließlich mit buchhalterischen Renditegrößen, wie z.B. ROI und ROE, oder dem kalkulatorischen Betriebsergebnis (kalk. BE) unter Berücksichtigung kalkulatorischer Eigenkapitalzinsen. Die Höhe des investierten Kapitals wird bei diesen Kennzahlen zwar berücksichtigt, die Verwendung von Buchhaltungsdaten kann aber zu Verzerrungen führen. 15 Unternehmen (35,7%) signalisieren durch die Verwendung „neuerer" Konzepte zur Erfolgsbeurteilung eine Umsetzung der wertorientierten Unternehmensführung auch im Rahmen der Unternehmenssteuerung. So verwenden drei Unternehmen (7,1%) den CFROI und sechs Unternehmen (14,3%) EVA bzw. ROCE. Sechs Unternehmen (14,3%) nehmen die Erfolgsbeurteilung mit DCF-Werten vor. Insgesamt ist hier jedoch anzumerken, daß selbst innerhalb der einzelnen Methoden, z.B. bei der Ausgestaltung des CFROI-Konzepts, zum Teil erhebliche Detailunterschiede zu beobachten sind.

2.1.4 Managemententlohnung

Die Gesamtvergütung des Managements setzt sich in der Praxis meist aus fixen und variablen Bestandteilen zusammen. Die variablen Vergütungsbestandteile werden i.d.R. anhand mehrerer, quantitativer und qualitativer Bezugsgrößen ermittelt. Die quantitativen Bezugsgrößen, aufgrund derer durchschnittlich 40-60% der variablen

Gesamtvergütung berechnet werden, entsprechen im wesentlichen den in Abb. 4 dargestellten Kontrollgrößen. Unter qualitativen Bezugsgrößen werden Zielvereinbarungen zur persönlichen Performance des Managements, wie z.B. die Erreichung vorgegebener, persönlicher Akquisitionsvolumina, subsumiert.

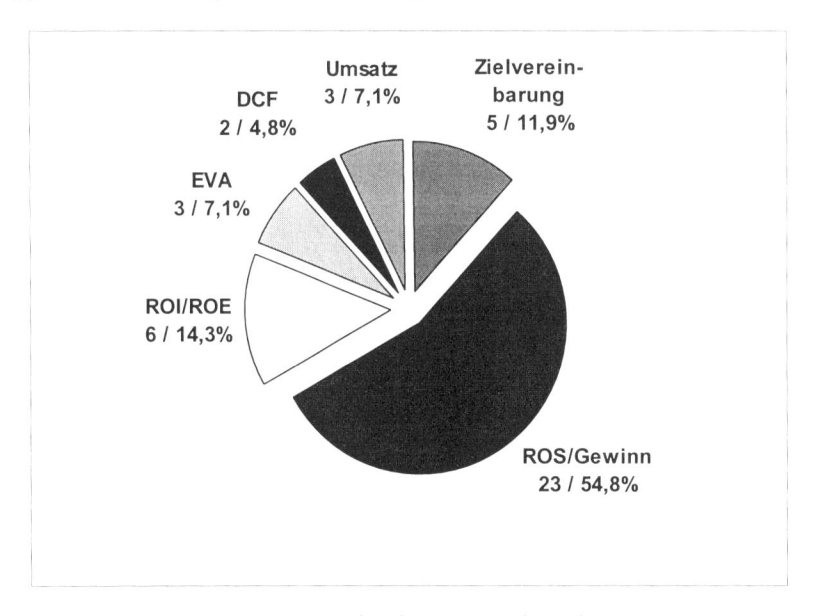

Abb. 5: Bezugsgrößen für die variable Entlohnung

Wie bereits bei der Darstellung der Kontrollinstrumente ersichtlich, werden auch für die Ausgestaltung von Entlohnungssystemen vor allem traditionelle Bezugsgrößen verwendet. 31 Unternehmen (73,8%) entlohnen das Management entweder anhand buchhalterischer Gewinngrößen (23 Unternehmen / 54,8%), des Umsatzes (3 / 7,1%), ausschließlich auf Basis persönlicher Zielvereinbarungen (5 / 11,9%) oder anhand des ROI bzw. ROE (6 / 14,3%). Drei Unternehmen (7,1%) verwenden mit dem EVA und zwei Unternehmen (4,8%) mit dem Discounted Cash Flow eine wertorientierte Bezugsgröße für die Entlohnung. Wird ein Zusammenhang zwischen den Steuerungsgrößen und den Bezugsgrößen für die variable Vergütung hergestellt, zeigt sich ferner, daß die Verwendung wertorientierter Steuerungskonzepte bisher nur selten mit einem entsprechenden Entlohnungssystem gekoppelt ist.

Von 15 Unternehmen, die grundsätzlich bereits wertorientierte Steuerungsgrößen verwenden, wird nur in fünf Unternehmen auch die Entlohnung an diese Größen gebunden. Zwei Unternehmen verwenden sowohl zur Erfolgsbeurteilung von Teileinheiten als auch zur Managemententlohnung den Discounted Cash Flow. Vier Unternehmen, die mit dem Discounted Cash Flow steuern, haben dagegen noch keine entsprechenden Entlohnungssysteme geschaffen und verwenden hier noch Bezugsgrößen wie den Umsatz, persönliche Zielvereinbarungen oder absolute Gewinngrößen. Drei Unternehmen, die zur Steuerung den CFROI verwenden, entlohnen das Management anhand absoluter Gewinngrößen, drei Unternehmen nutzen EVA sowohl zur Steuerung als auch zur Bestimmung der Vergütung. Die in den vorliegenden Beraterkonzeptionen geforderte Kompatibilität zwischen wertorientierten Steuerungsgrößen und den Bezugsgrößen für eine wertorientierte variable Entlohnung[6] wird von den befragten deutschen Unternehmen damit bisher nur in Einzelfällen umgesetzt. Aber auch in Unternehmen, die keine wertorientierten Steuerungsgrößen verwenden, wird die Verknüpfung der Steuerungs- und Entlohnungsfragen nur selten vorgenommen. Bei 14 von 19 Gesellschaften, deren Steuerung an buchhalterischen Renditen orientiert ist, wird die Entlohnung anhand absoluter Gewinngrößen (9 Unternehmen), persönlicher Zielvereinbarungen (4) oder anhand des Umsatzes (1) ermittelt. Nur 5 Unternehmen nehmen sowohl die Steuerung als auch die Vergütung anhand des ROI bzw. ROE vor.

Bezugs-größen der variablen Vergütung	Steuerungsgrößen							
	Umsatz	persönliche Zielverein-barungen	ROS, Gewinn, JÜ	ROI, ROE, kalk. Gewinn	EVA, ROCE	CFROI	DCF	Σ
Umsatz			1	1			1	3
persönliche Zielverein-barungen				4			1	5
ROS, Gewinn, JÜ			7	9	2	3	2	23
ROI, ROE				5	1			6
EVA ROCE					3			3
CFROI								0
DCF							2	2
Σ	0	0	8	19	6	3	6	42

Tab. 1: Zusammenhang zwischen Steuerungsgrößen und Bezugsgrößen der variablen Vergütung

Hinsichtlich des Entwicklungsstands der wertorientierten Unternehmensführung in deutschen Unternehmen ist damit festzuhalten, daß bei der Unternehmenszielsetzung die Orientierung am Unternehmenswert bereits einen hohen Verbreitungsgrad auf-

---

6 Vgl. z.B. *Stewart* (1991), S. 233 ff; *Lewis* (1995), S. 225 ff.

weist. Daran anknüpfend werden von vielen Unternehmen im Rahmen der Ausgestaltung von Planungsinstrumenten wertorientierte Aspekte schon häufig berücksichtigt. Bei der Erfolgsbeurteilung von Tochterunternehmen, Geschäftsbereichen oder Investitionsvorhaben besteht hingegen noch deutlicher Nachholbedarf hinsichtlich einer konsequenten Orientierung am Unternehmenswert. Hieran anknüpfend ist es naheliegend, daß wertorientierte Entlohnungssysteme in der deutschen Unternehmenspraxis bisher einen nur geringen Verbreitungsgrad besitzen.

2.2 Wertorientierte Vergütung im deutsch-amerikanischen Vergleich

Während die Implementierung wertorientierter Managemententlohnung in Deutschland erst begonnen hat, sind vergleichbare Konzepte in den USA bereits seit langem verbreitet. So werden in den USA in über 80% der 500 größten Unternehmen die Gehälter der Führungskräfte zu einem großen Teil an den Börsenkurs der Aktie ihres Arbeitgebers gekoppelt.[7] Insgesamt sind in den USA rund 16 Millionen Arbeitnehmer mit ca. 800 Mrd. US-$ an rund 15.000 Unternehmen beteiligt, was einem Anteil von ca. 8%-9% des Eigenkapitals der Gesellschaften, die Beteiligungsprogramme anbieten, entspricht. In Deutschland beteiligen etwa 2.500 Unternehmen ihre Mitarbeiter am Eigenkapital.[8] In den USA sind fast 6%, in Deutschland jedoch nur rund 2,5% der Bevölkerung am Eigenkapital des Unternehmens beteiligt, bei dem sie beschäftigt sind.[9]

Auch bei der in US-amerikanischen Großunternehmen üblichen Zusammensetzung der Managementgehälter zeigt sich im Vergleich zur deutschen Entlohnungspraxis[10] ein deutlich anderes Bild. So liegt das fixe Grundgehalt US-amerikanischer Manager bei lediglich 21%, der variable Bestandteil entsprechend bei 79%. In Höhe von 27% wird das Gehalt an das Erreichen von jährlichen oder unterjährigen Zielgrößen (Short Term Incentives), und in Höhe von 16% an das Erreichen von mehrjährigen Zielgrößen (Long Term Incentives) gekoppelt. 36% des Gesamtgehalts und damit fast die Hälfte der variablen Vergütung bestehen aus Stock Options und anderen Formen aktienkursorientierter Entlohnung.[11] Es wird geschätzt, daß inzwischen rund 2.000 US-amerikanische Gesellschaften, darunter so bekannte Unternehmen wie z.B. Microsoft, Merck & Co., Monsanto und PepsiCo sowie vor allem junge Technologieunternehmen, *alle* Mitarbeiter auch in Optionen entlohnen. Im Vordergrund steht dabei neben der Altersvorsorge vor allem der Aspekt der Mitarbeitermotivation. Als eine Konsequenz dieser Entlohnungspraxis wird vermutet, daß aufgrund positiver Aktienkursentwick-

---

7 Vgl. *Kohler* (1997), S. 249.
8 Vgl. *Rosen* (1998), S. 4.
9 Vgl. *Rosen* (1997), S. 11.
10 Zur Zusammensetzung von Managementgehältern in Deutschland vgl. den Beitrag in diesem Buch von *Evers*.
11 Vgl. *Stewart* (1997).

lungen bei Microsoft inzwischen mehr als 2.000 Millionäre und Multimillionäre und bei der Warenhaus-Kette Home Depot unter den Verkäufer(inne)n und Sekretärinnen rund 1.000 Millionäre zu finden sind.[12]

Die vorliegenden Daten zeigen, daß die Vergütung der US-amerikanischen Führungskräfte und häufig auch sämtlicher Mitarbeiter im Vergleich zur deutschen Entlohnungspraxis erheblich stärker an die Aktienperformance ihres Unternehmens gekoppelt ist. Seit Abschluß der präsentierten Befragung sind jedoch vielfältige Bemühungen deutscher Unternehmen zu beobachten, die Umsetzung einer wertorientierten Unternehmenszielsetzung auch in konkreten Entlohnungssystemen voranzutreiben. Hinsichtlich der Verbreitung von Stock Options wird es durch die rechtlichen Erleichterungen des im Frühjahr 1998 verabschiedeten Gesetzes zur Kontrolle und Transparenz im Unternehmensbereich (KonTraG)[13] zu einem zusätzlichen Schub kommen. Weitere Einflußfaktoren für das Tempo der Verbreitung sind die steuerlichen Konsequenzen[14] bzw. Förderungen solcher Instrumente durch den Gesetzgeber sowie die Akzeptanz der Instrumente von Seiten der Mitarbeiter und Gewerkschaften. Im folgenden werden unterschiedliche Varianten und Anforderungen an wertorientierte Entlohnungssysteme diskutiert.

3 Varianten und Ausgestaltung wertorientierter Entlohnungssysteme

3.1 Varianten wertorientierter Entlohnungssysteme

Als wertorientierte Bezugsgrößen variabler Entlohnungssysteme kommen - unabhängig von der Unternehmensrechtsform - verschiedene *Steuerungskennzahlen des internen Rechnungswesens* in Betracht, die eine hohe positive Korrelation zur Unternehmenswertentwicklung aufweisen. Für börsennotierte Unternehmen kann als Bezugsgröße auch unmittelbar die Aktienkursentwicklung herangezogen werden, die das Spiegelbild des erwarteten Unternehmensgeschehens am Kapitalmarkt darstellt.

Bei einer unmittelbaren Kopplung der Entlohnung an die Aktienperformance kann zunächst danach differenziert werden, ob *echte* und/oder *virtuelle Eigenkapitalinstrumente* eingesetzt werden. Darüber hinaus kann eine weitergehende Abgrenzung danach vorgenommen werden, ob die Instrumente Aktien- oder Optionscharakter besitzen. Eine Entlohnung mit Hilfe echter Eigenkapitalinstrumente erfolgt durch Belegschaftsaktien (Restricted Stock) oder Aktienoptionen (Stock Options). Die begünstigten Mit-

---

12 Vgl. *o.V.* (1997), S. 28; *o.V.* (1998), S. 38; kritisch zu einer solchen Ausdehnung des Begünstigtenkreises *Wenger* (1998), S. 64.
13 Vgl. zu den relevanten Änderungen des Aktiengesetzes den Beitrag in diesem Buch von *Seibert*.
14 Vgl. zur Besteuerung von Stock Options den Beitrag in diesem Buch von *Herzig*.

arbeiter werden damit in eine Gesellschafterstellung versetzt bzw. erhalten das Optionsrecht, später eine solche zu erlangen.

```
                    ┌──────────────────────────────────────┐
                    │   Wertorientierte Entlohnungssysteme │
                    └──────────────────────────────────────┘
                             │
                 ┌───────────┴───────────┐
                 ▼                       ▼
        ┌─────────────────┐    ┌─────────────────────┐
        │ Aktienkursorientiert │    │ Kennzahlenorientiert │
        └─────────────────┘    └─────────────────────┘
```

Echte Eigenkapital-instrumente	⟷ Virtuelle Eigenkapital-instrumente	Wertorientierte Kennzahlen
- Aktienoptionen (Stock Options)	- Stock Appreciation Rights	- Economic Value Added
- Belegschaftsaktien (Restricted Stock)	- Phantom Stock	- Cash Flow Return on Investment
		- Discounted Cash Flow

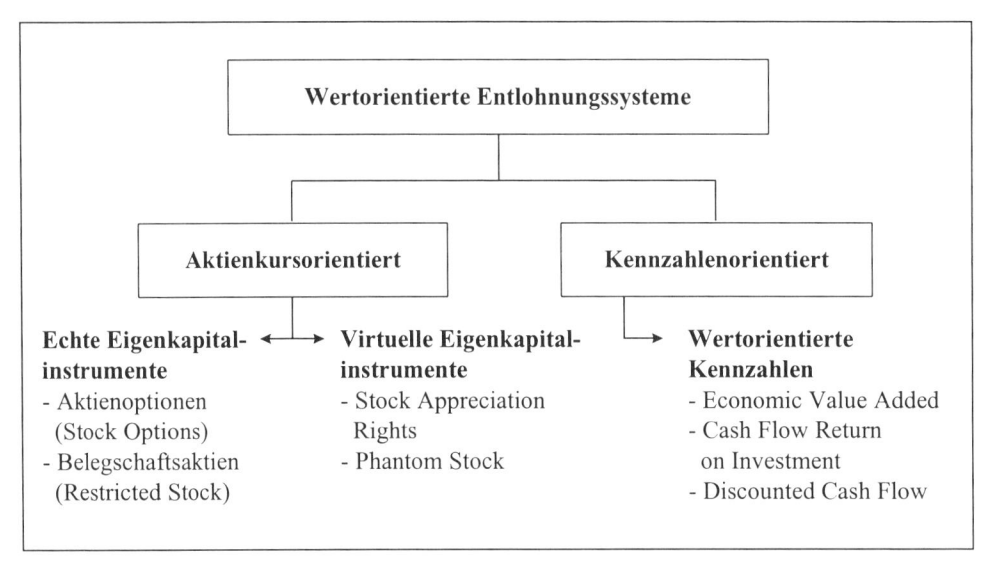

Abb. 6: Formen wertorientierter Entlohnung

Bei der Ausgabe von *Belegschaftsaktien* können Mitarbeiter zu günstigen Konditionen Aktien des arbeitgebenden Unternehmens erwerben, wobei die Aktienverwendung meist bestimmten Einschränkungen unterliegt.[15] So ist i.d.R. ein Weiterverkauf erst nach einer mehrjährigen Sperrfrist möglich. Belegschaftsaktienprogramme sind mit Restricted Stock-Plänen in den USA vergleichbar, bei denen ebenfalls Mitarbeitern ein finanzieller Vorteil beim Aktienerwerb gewährt wird, der Aktienbesitz dann aber an bestimmte Bedingungen gebunden ist.[16] Dazu kann neben einer Sperrfrist die Verpflichtung zu einem fortgesetzten Arbeitsverhältnis oder das Erreichen bestimmter Ziele zählen. Beim Einsatz von *Stock Options* erhalten die Begünstigten das Recht, innerhalb einer bestimmten Frist Aktien des Unternehmens bzw. dessen Mutterunternehmens zu einem im voraus festgelegten Preis zu beziehen.[17] Die Ausübung der Optionen ist zumeist erst nach Ablauf einer Sperrfrist möglich und wird an Bedingungen wie z.B. den Verbleib im Unternehmen geknüpft.

Eine Alternative zur Ausgabe von Aktien oder Aktienoptionen stellen *Gehaltszahlungen* des Unternehmens dar, deren Höhe von der Entwicklung des Aktienkurses abhän-

---

15 Vgl. allgemein zu Belegschaftsaktien *Peterssen* (1969); *Baus* (1978); *Knepper* (1985).
16 Vgl. zu Restricted Stock-Plänen *Edelstein* (1981), S. 30 ff; *Becker* (1990), S. 36 f.
17 Vgl. zu einem Überblick verschiedener Möglichkeiten der Ausgestaltung von Stock Option-Plänen *Becker* (1990), S. 37 ff.

gig ist. Die wirtschaftlichen Konsequenzen echter Eigenkapitalinstrumente werden durch solche virtuellen Eigenkapitalinstrumente aus Sicht der Begünstigten nachgebildet.[18] Die finanziellen Auswirkungen von Belegschaftsaktien können durch die Zusage von *virtuellen Aktien* (Shares of Phantom Stock) nachgebildet werden. Es handelt sich dabei nicht um echte Eigenkapitalanteile, sondern um Bucheinheiten, deren Wert an die Aktienperformance gebunden ist. Der Gegenwert der Bucheinheiten wird zu einem späteren Zeitpunkt ausbezahlt. *Virtuelle Optionen* (Stock Appreciation Rights) geben den Begünstigten das Recht, bis zu einem bestimmten Zeitpunkt eine Gehaltszahlung in Höhe des dann geltenden Aktienkurses abzüglich eines zuvor vereinbarten Basispreises einzufordern. Wie bei echten Aktienoptionen kann dieses Recht i.d.R. erst nach Ablauf einer Sperrfrist und bei fortgesetzter Unternehmenszugehörigkeit ausgeübt werden.

Die variable Entlohnung anhand *wertorientierter interner Steuerungskennzahlen* ist in ihrer Funktionsweise mit einer Entlohnung anhand traditioneller Kennzahlen, wie z.B. ROS, ROI, ROE, dem Jahresüberschuß oder dem Gewinn je Aktie, weitgehend vergleichbar. Sie unterscheidet sich jedoch hinsichtlich der zugrunde liegenden Bezugsgrößen. Verschiedene Unternehmensberatungsfirmen bieten hier eine Vielzahl unterschiedlicher „Produkte" als Basis wertorientierter Entlohnung an. Zu den bekanntesten gehören wohl die oben bereits angesprochenen Kennzahlen Economic Value Added (EVA), Cash Flow Return on Investment (CFROI) und Discounted Cash Flow. Dabei sind hinsichtlich der Art der Anknüpfung (Entlohnungsfunktion), der Berücksichtigung von Periodeninterdependenzen etc. unterschiedliche Konstruktionen möglich.

3.2 Anforderungen für eine anreizkompatible Ausgestaltung

3.2.1 Generelle Anforderungen

Mit Hilfe von Anreizsystemen sollen die Anreizempfänger durch Offerierung eines Anreizes zu bestimmten, von den Anreizgebern gewünschten Handlungen veranlaßt werden.[19] Als Bestandteile der betrieblichen Personalpolitik können Anreizsysteme einerseits materielle Anreize, z.B. in Form variabler Vergütung oder eines Dienstwagens, sowie andererseits immaterielle Anreize, wie z.B. flexible Arbeitszeiten oder Dienstbezeichnungen, bieten. Ihr Einsatz beruht auf der Annahme, daß die gezielte Ansprache von Bedürfnissen oder Motivationsstrukturen des Anreizempfängers diesen zu den gewünschten Handlungen veranlassen kann. Im Rahmen der wertorientierten Unternehmensführung werden die Anteilseigner als Anreizgeber und die Manager bzw. Mitarbeiter als Anreizempfänger betrachtet. Anreizsysteme sollen dazu beitragen,

---

18 Vgl. zum Einsatz virtueller Eigenkapitalinstrumente *Bühner* (1989), S. 2183; *Becker* (1990), S. 41 f.; *Knoll* (1997), S. 42.
19 Vgl. *Becker* (1990), S. 8 ff.; *Winter* (1996), S. 14 ff.

das durch Informationsasymmetrien und Interessendivergenzen geprägte Principal-Agent-Problem[20] zwischen diesen Gruppen zu entschärfen.

Wertorientierte Entlohnungssysteme sind als materielle Anreizsysteme in Form von *variablen Entlohnungsbestandteilen* zu klassifizieren. Damit die erhoffte zielgerichtete Leistungs- und Motivationssteigerung eintritt, sind Anforderungen an die Entlohnungssysteme abzuleiten. Im folgenden sollen alternative Entlohnungssysteme auf die Erfüllung nachstehender Kriterien überprüft werden:[21]

- *Zielgrößeneignung*: Die gewählte Bezugsgröße muß mit dem gesteckten Ziel der Wertsteigerung kompatibel sein, um eine gleichgerichtete Interessenlage zwischen Anteilseignern und Führungskräften bzw. Mitarbeitern zu erzeugen. Die Begünstigten sollen nur dann höher entlohnt werden, wenn die Ziele der Anteilseigner in einem höheren Maße erfüllt worden sind.

- *Beeinflußbarkeit* und *Manipulationsfreiheit*: Die gewählte Bezugsgröße muß von den Begünstigten durch ihre Leistung beeinflußbar sein. Gleichzeitig sollten sich ihnen aber keine Möglichkeiten zur Manipulation bieten. Die Höhe der variablen Entlohnung soll nur durch verbesserte Leistungen beeinflußt werden.

- *Transparenz*: Die Wirkungsweise des Entlohnungssystems muß für die Begünstigten nachvollziehbar sein. Insofern besteht hier eine negative Korrelation zur Komplexität der Systeme.

- *Wirtschaftlichkeit*: Die Kosten des Anreizsystems dürfen dessen Nutzen nicht übersteigen. Diese Beurteilung muß aus Sicht der Aktionäre erfolgen.

- *Akzeptanz*: Um erfolgreich zu sein, muß ein Entlohnungssystem von den Begünstigten akzeptiert werden. Dies ist nicht nur von der Beeinflußbarkeit und Transparenz abhängig, sondern wird zudem von den Befürchtungen, künftig einem höheren Entlohnungsrisiko und stärkerer „Leistungsobjektivität" ausgesetzt zu sein, beeinflußt.

3.2.2 Anreizkompatible Ausgestaltung aktienkursorientierter Entlohnungssysteme

Ob der Aktienkurs als Zielgröße geeignet ist, hängt zunächst davon ab, ob sich in ihm tatsächlich die Unternehmensperformance zuverlässig widerspiegelt. Auf einem vollkommenen Kapitalmarkt entspräche der Aktienkurs dem Barwert der leistungswirt-

---

20 Zur Principal-Agent Theorie vgl. einführend *Pfaff/Zweifel* (1998).
21 Vgl. ähnlich *Rappaport* (1986), S. 175 f.; zu umfassenderen Anforderungskatalogen für Anreizsysteme z.B. *Becker* (1990), S. 18 ff.; *Winter* (1996), S. 71 ff.

schaftlichen Cash Flows des Unternehmens unter Berücksichtigung der alternativen Kapitalverwendung der Aktionäre. Kapitalmärkte sind allerdings in der Realität nicht vollkommen, so daß zumindest kurzfristig Kursentwicklungen eintreten können, die aufgrund der Unternehmensperformance nicht erklärbar sind. Langfristig wird davon ausgegangen, daß der Aktienkurs eine vom Markt objektivierte Kenngröße für die Unternehmensperformance darstellt. Für aktienkursorientierte Entlohnungsprogramme ergibt sich daraus die Anforderung, die Begünstigten durch die vertragliche Gestaltung für eine Mindestfrist dem Kursrisiko auszusetzen. Bei Belegschaftsaktien ist dies üblicherweise durch lange Mindesthaltedauern erfüllt. Bei Stock Options werden Sperrfristen empfohlen, die vor der erstmaligen Ausübung einzuhalten sind. Mit dem KonTraG ist über § 193 Abs. 2 Nr. 4 AktG eine Mindestfrist von 2 Jahren gesetzlich vorgeschrieben worden. Für virtuelle Programme sollten hinsichtlich einer Sperrfrist die gleichen Anforderungen gestellt werden.

Die Aktienrendite sollte aus dem Blickwinkel der Anteilseigner mindestens gleich ihrer alternativen risikoadustierten Kapitalverzinsung sein. Eine positive, aber darunter liegende Aktienrendite ist insofern nicht ausreichend und sollte daher auch noch nicht zu einer positiven Leistungsprämie der Führungskräfte führen. Um dies zu gewährleisten wird gefordert, den Ausübungspreis von Stock Options und/oder virtuellen Optionsrechten an einen Vergleichsindex zu koppeln.[22]

Ein unmittelbarer Einfluß der Begünstigten auf die Aktienkursentwicklung ist - wenn überhaupt - wohl nur für Führungskräfte der obersten Hierarchieebene zu vermuten. Für Führungskräfte mittlerer und unterer Hierarchieebenen sowie für die übrigen Mitarbeiter ist ein derartiger Einfluß insgesamt zwar gegeben, aber bezogen auf die individuellen Leistungen kaum meßbar. Von daher sollten Stock Options und/oder virtuelle Optionen lediglich einem begrenzten Kreis von oberen Führungskräften gewährt werden.[23]

Der verbreitete Einsatz von Belegschaftsaktien für alle Mitarbeiter dient deshalb auch weniger als unmittelbares Anreizinstrument, sondern die Stärkung der Identifikation mit dem Unternehmen und die langfristige Bindung der Begünstigten an das Unternehmen bzw. den Konzern stehen als personalwirtschaftliche Ziele im Vordergrund.[24] Wertsteigerndes Verhalten könnte aber mittelbar, z.B. aufgrund einer höheren Identifikation, hervorgerufen werden.

---

22 Vgl. *Menichetti* (1996), 1690 f.; *Wenger* (1998), S. 60 ff.
23 Vgl. *Wenger* (1998), S. 64, der die von zahlreichen Unternehmen angestrebte Ausdehnung des Begünstigtenkreises als „Ausfluß falsch verstandener Sozialromantik" sieht.
24 Vgl. *Kilian* (1978), S. 101 f.; *Peez* (1983), S. 48 ff.

Je stärker die Begünstigten durch ihre Entscheidungen den Aktienkurs beeinflussen können, desto eher ist zu befürchten, daß auch Manipulationsmöglichkeiten bestehen. Die Führungskräfte könnten z.B. durch Sachverhaltsgestaltungen und/oder durch gezielte Informationspolitik versuchen, den Aktienkurs in den Grenzen der Ad-hoc-Publizitätspflicht nach § 15 WpHG zu beeinflussen. Um insiderrechtliche Bedenken auszuräumen, werden z.B. bei Stock Options feste Ausübungsfenster direkt nach der Hauptversammlung bzw. nach der Bekanntgabe von Halbjahres- und Quartalsergebnissen vereinbart. Bei virtuellen Eigenkapitalinstrumenten bestehen rechtlich keine Insiderprobleme, da keine Aktien des Unternehmens eingesetzt werden. Dennoch sollten auch hier entsprechende Vorkehrungen getroffen werden. So können z.B. Durchschnittskurse über einen Zeitraum von mehreren Wochen zur Zahlungsbemessung genutzt werden, um kurzfristigen Kursbeeinflussungen entgegenzuwirken.

Das Top-Management hat i.d.R. auch über die Dividendenpolitik des Unternehmens die Möglichkeit, Einfluß auf den Börsenkurs zu nehmen. Von besonderer Bedeutung ist dies bei Optionsprogrammen, da die Inhaber von Optionen im Gegensatz zu Aktionären keinen Anspruch auf Dividendenzahlungen haben.[25] Der Vorstand könnte daher auf Dividendenausschüttungen verzichten, um den Kurs und damit den Wert der Optionen zu erhöhen. Um dies zu verhindern, können Optionsverträge so ausgestaltet werden, daß der Ausübungspreis nach einer Dividendenausschüttung bzw. nach sonstigen Eigenkapitalveränderungen entsprechend korrigiert wird.

Die Transparenz aktienkursorientierter Entlohnungssysteme hängt wesentlich von der Programmkonstruktion ab. Je komplexer die Anreizstrukturen und damit die Programmparameter sind, desto größer ist die Gefahr, daß die Programminhalte für die Begünstigen nicht mehr nachvollziehbar mit ihrer individuellen Leistung korrelieren. Die Transparenz der Programme ist jedoch nicht nur für die Programmteilnehmer wichtig. Auch aktuelle und potentielle Aktionäre haben ein Interesse an transparenten Strukturen, um über deren Wirtschaftlichkeit urteilen zu können. Der Nutzen der Systeme liegt aus dem Blickwinkel der Aktionäre in der erwarteten Steigerung des Unternehmenswerts. Die Programmkosten fallen auf unterschiedliche Weise an. Während bei dem Einsatz echter Eigenkapitalinstrumente, die aus einer Kapitalerhöhung bedient werden, die Altaktionäre eine Verwässerung ihres in Aktien gehaltenen Vermögens hinnehmen müssen, kommt es beim Einsatz virtueller Programme zu einem Liquiditätsabfluß im Unternehmen. Dieser schlägt sich mittelbar über die Minderung des Barwerts erwarteter Einzahlungsüberschüsse ebenfalls im Aktienkurs nieder. Zur korrekten Darstellung der wirtschaftlichen Lage sollten aktienkursorientierte Entloh-

---

25 Besonders deutlich wurde dies bei der Sonderausschüttung von Daimler Benz im März 1998. Diese steuerlich begründete Maßnahme wurde aus Aktionärssicht überaus positiv aufgenommen, hat den Inhaber von Optionsscheinen und damit auch den durch Stock Options begünstigten Führungskräften jedoch erhebliche Werteinbußen eingebracht. Vgl. zur Würdigung *Honold* (1998).

nungssysteme unabhängig von der Durchführungsform im handelsrechtlichen Jahresabschluß als Personalaufwand erfaßt werden.[26] Darüber hinaus sollte die Programmausgestaltung im Anhang des Jahresabschlusses bzw. auf der Hauptversammlung erläutert werden.[27]

Echte Eigenkapitalinstrumente		Virtuelle Eigenkapitalinstrumente	
Belegschaftsaktien	Stock Options	Stock Appreciation Rights	Phantom Stock
• gemeinsames Interesse der Aktionäre und Begünstigten an Aktienkurssteigerungen • Nutzung eines durch den Markt objektivierten Performancemaßes, wobei jedoch offen bleibt, ob der Börsenkurs die Leistung der Manager objektiv widerspiegelt • Steigerung der Identifikation der Führungskräfte mit dem Unternehmen • Möglichkeit der längerfristigen Bindung der Begünstigten an das Unternehmen • Kürzung des Fixgehaltes durch aktienkursorientierte Entlohnung führt zu einer Erhöhung des (unsystematischen) Risikos für das Management • Möglichkeit von „windfall profits" bzw. „windfall losses" bei fehlender Indexierung • Steigerung der Unternehmensattraktivität auf dem internationalen Markt für Führungskräfte			
• je nach Ausgestaltung keine steuerliche Abzugsfähigkeit • rechtliche Komplexität durch Hauptversammlungsbeschluß • Entlohnung wird unmittelbar von Aktionären durch Verwässerung des Aktienkurses getragen • durch Kapitalerhöhung zur Ausgabe der Aktien bzw. Bedienung der Optionen Liquiditätszufluß • Kapitalerhöhung mit geringen Transaktionskosten		• steuerliche Abzugsfähigkeit als Personalaufwand • rechtlich einfache Konstruktionsmöglichkeiten • Entlohnung führt zu Liquiditätsabfluß im Unternehmen am Programmende • keine unmittelbare Verwässerung des Aktienkurses • keine Zuführung neuen Eigenkapitals	
• Beteiligung auch an sinkenden Kursen	• Management wird einseitig nur an steigenden Aktienkursen beteiligt • meist relativ komplexe und intransparente Konstruktionsform		• Beteiligung auch an sinkenden Kursen

Tab. 2: Argumente für echte und virtuelle Eigenkapitalinstrumente[28]

---

26 Vgl. hierzu den Beitrag in diesem Buch von *Pellens/Crasselt*.
27 Vgl. zu den notwendigen Angaben *Wenger* (1998), S. 56 ff. sowie den Beitrag in diesem Buch von *Pellens/Crasselt*.
28 Vgl. *Becker* (1990), S. 36 ff.; *Menichetti* (1996), S. 1689 f.; *Kohler* (1997), S. 254 ff.; *Bernhardt* (1998), S. 20 ff.; *Lehner* (1998), S. 42 ff.

Der Erfolg der eingesetzten Eigenkapitalinstrumente als Entlohnungsbestandteil ist vor allem von der Akzeptanz unter den Begünstigten abhängig. Eine Entlohnung in Eigenkapitalinstrumenten bedeutet für sie eine steigende Einkommensunsicherheit, die eine abgeneigte Grundeinstellung hervorrufen könnte. Es sind deshalb insbesondere die Kriterien der Beeinflußbarkeit und der Transparenz zu erfüllen. Die Akzeptanz kann möglicherweise dadurch gesteigert werden, daß die Teilnahme - zumindest teilweise - auf freiwilliger Basis geschieht oder den Begünstigten die Wahl zwischen unterschiedlichen Programmausgestaltungen gewährt wird.[29]

3.2.3 Anreizkompatible Ausgestaltung kennzahlenorientierter Entlohnungssysteme

Zentrales Problem einer variablen wertorientierten Entlohnung anhand von Kennzahlen ist zunächst die Auswahl geeigneter Bezugsgrößen. Traditionelle, häufig an Jahresabschlußgrößen bzw. Kostenrechnungsdaten anknüpfende Kennzahlen werden zur Umsetzung einer wertorientierten Unternehmensführung als nicht geeignet angesehen, da ihnen der Bezug zum eingesetzten Eigenkapital fehlt und sie durch buchhalterische Konventionen verzerrt sind. Selbst wenn eine Berücksichtigung der risikoadjustierten Alternativrendite der Eigenkapitalgeber durch kalkulatorische Zinsen grundsätzlich hergestellt werden kann, bleiben die buchhalterischen Verzerrungen bestehen.[30]

Wertorientierte Kennzahlen versuchen diese Probleme zu berücksichtigen, indem sie stärker an Zahlungsgrößen ausgerichtet werden und den expliziten Bezug zur Alternativrendite der Kapitalgeber suchen. So wird beim EVA-Konzept ein modifiziertes Betriebsergebnis vor Zinsen einer kalkulatorischen Gesamtkapitalverzinsung gegenübergestellt. Der CFROI wird als interne Verzinsung des Geschäftsbereichs bzw. Tochterunternehmens berechnet und mit dem gewichteten Gesamtkapitalkostensatz verglichen.[31] Kritisch ist hierbei, daß diese Kennzahlen aus einperiodigen Daten berechnet werden und so Periodeninterdependenzen und Zukunftserwartungen vernachlässigt werden. Diese könnten teilweise durch zukunftsgerichtete Kennzahlen, wie z.B. den Discounted Cash Flow, einbezogen werden. Zu dessen Ermittlung müßte jedoch auf Plandaten zurückgegriffen werden, so daß neben der immanenten Prognoseunsicherheit u.U. ein erhebliches Manipulationspotential eröffnet wird.

Um das Management dazu zu bewegen, die Periodeninterdependenzen seiner Entscheidungen zu berücksichtigen, werden in der Unternehmenspraxis verschiedene Konzepte eingesetzt. Zum einen werden häufig die variablen Entlohnungsbestandteile über mehrere Jahre auf einem Bonus-Konto angesammelt, auf dem sich auch mögliche

---

29 Vgl. zu einem solchen Vorgehen den Beitrag in diesem Buch von *Ott*.
30 Vgl. zur Kritik an traditionellen Kennzahlen z.B. *Rappaport* (1998), S. 13 ff.
31 Kritisch zur Vorgehensweise dieser Konzepte *Schneider* (1998), S. 1476 ff.

spätere Verluste niederschlagen. Zum anderen wird versucht, die *Planungsgenauigkeit* unmittelbar in die Entlohnungsfunktion mit aufzunehmen. Dies kann z.B. mit dem *Weitzman-Schema* versucht werden,[32] bei dem die variable Entlohnung dann maximal wird, wenn der tatsächlich erreichte Wert einer Periode genau mit dem vorher geplanten Wert übereinstimmt. Höhere Ausprägungen werden nur unterproportional belohnt, negative Abweichungen jedoch überproportional bestraft. Die zu Entlohnenden erhalten so einen Anreiz, weder zu optimistische noch zu pessimistische Planzahlen abzuliefern.

Auch bei einer Entlohnung anhand von Kennzahlen sollte die Höhe der variablen Entlohnung durch die Leistung der Begünstigten beeinflußbar sein. Deshalb erscheint z.B. die Entlohnung von Führungskräften unterer und mittlerer Hierarchieebenen anhand des EVAs des gesamten Unternehmens wenig geeignet. Eine Lösung liegt möglicherweise in Kennzahlensystemen, die aus der jeweiligen Spitzenkennzahl abgeleitet werden. Den Mitarbeitern können so ihrem Verantwortungskreis entsprechende operative Stellhebel als Zielgröße vorgegeben werden.[33]

Die Ermittlung der Bezugsgrößen sollte eindeutig geregelt sein, um mögliche Manipulations- und Interpretationsspielräume der Mitarbeiter weitgehend auszuschließen. Potentielle Probleme können sich jedoch selbst bei eindeutigen Regeln aufgrund von Sachverhaltsgestaltungen ergeben.

Bei kennzahlenorientierten Entlohnungssystemen verschärft sich das Problem der Transparenz gegenüber aktienkursorientierten Systemen, da neben die Fragen der Entlohnungsfunktion und der technischen Abwicklung auch noch das Problem der eindeutigen Kennzahlendefinition tritt. Wertorientierte Kennzahlen werden häufig aus dem Jahresabschluß in umfassenden Korrekturrechnungen abgeleitet. Das Verständnis für die Kennzahlen kann dadurch erheblich beeinträchtigt werden.

4 Schlußbemerkung

Wertorientierte Entlohnungssysteme stellen eine konsequente Fortsetzung der bereits weit verbreiteten Formulierung der Wertsteigerung als Unternehmenszielsetzung dar. Von US-amerikanischen Vorbildern geprägt, beabsichtigen viele deutsche Unternehmen vor allem Aktienoptionsprogramme zu etablieren. Hierbei ist jedoch darauf zu achten, daß sich die „Entlohnungsexzesse" US-amerikanischer Top-Manager[34] nicht

---

32 Vgl. hierzu *Husmann* (1996), S. 142 ff.; zur praktischen Umsetzung in der OBI-Gruppe vgl. *Creusen* (1990), S. 883 ff.
33 Vgl. *Rappaport* (1998), S. 56; für das EVA-Konzept *Hostettler* (1995), S. 310.
34 Vgl. z.B. *Berhardt/Witt* (1997), S. 96.

wiederholen. Darüber hinaus tragen diese Vergütungsformen auch dazu bei, das die Kapitalmarktteilnehmer wesentlich mehr Transparenz über die Managementgehälter deutscher Unternehmen verlangen. Die Reaktionen auf die ersten Stock Option-Programme haben dies gezeigt. Von daher sollten die Unternehmen sich vor der Einführung u.a. darüber im klaren sein, ob die steigenden Publizitätsanforderungen mit der Unternehmenskultur vereinbar sind.

Ähnliches gilt für die Implementierung wertorientierter Steuerungskennzahlen als Entlohnungsbasis. Hier ist darauf zu achten, daß die Kennzahlen mit der Unternehmenszielsetzung positiv korrelieren, sie auf untergeordnete operative Einheiten heruntergebrochen werden können, vor allem aber auf mehrjährige Erfahrungen in der Anwendung der Kennzahlen zurückgegriffen werden kann. Ob bzw. welche dieser wertorientierten Entlohnungssysteme tatsächlich verbesserte Anreize für Manager und Mitarbeiter schaffen, sich an den Interessen der Aktionäre zu orientieren, bleibt künftig abzuwarten.

Anhang: Aktuelle Optionsprogramme deutscher Unternehmen[35]

	Einfüh-rung	Begünstigtenkreis	Rechtliche Basis; ggf. Verzinsung	max. Lauf-zeit	Ausübungs-bedingungen	Bezugs-konditionen	Ausübungs-sperre	Sonstiges
Conti-nental	1995	Vorstand und oberer Führungskreis (insg. ca. 90 Mitarbeiter), wenn mindestens zwei Jahre in teilnahmeberechtigter Position	Wandel-anleihe (6,75%)	10 Jahre	keine	Aktienkurs zum Zeitpunkt der Erteilung der Option durch den Vorstand	1. Tranche (50%): 6 Monate, 2. Tranche (50%): 2 Jahre	
Daimler Benz	1996	1. Führungsebene (Vorstand und Direktoren, insg. 170 Mitarbeiter)	Wandel-anleihe (Bundes-anleihe ./. 0,5%)	10 Jahre	15 % Mindest-steigerung der Daimler Benz-Aktie	Börsenkurs bei Begebung (HV-Tag)	2 Jahre	Ausübungsfenster
Daimler Benz	1997	1. und 2. Führungsebene (1.600 Mitarbeiter)	Wandel-anleihe (Bundes-anleihe ./. 0,5%)	10 Jahre	15 % Mindest-steigerung der Daimler Benz-Aktie	Börsenkurs bei Begebung (HV-Tag)	2 Jahre	Ausübungsfenster
Deutsche Bank	1996	Vorstand, Führungs-kräfte (knapp 300 Mitarbeiter)	Options-anleihe (markt-gerecht)	10 Jahre	10 % Mindest-steigerung der Deutsche Bank-Aktie	Börsenkurs bei Begebungs-beschluß		

35 Die Daten basieren u.a. auf Angaben von *Baums* (1997); *Knoll* (1997); *Kohler* (1997); *Lehner* (1998); *Wenger/Kaserer/Knoll* (1998).

	Einführung	Begünstigtenkreis	Rechtliche Basis; ggf. Verzinsung	max. Laufzeit	Ausübungsbedingungen	Bezugskonditionen	Ausübungssperre	Sonstiges
Deutsche Bank	1998		Wandelanleihe (Bundesanleihe ./. 0,5%)	10 Jahre	EPS-Steigerungsfaktor mind. 1	Börsenkurs bei Wandlung abzgl. doppelter durchschnittlicher EPS-Steigerung	3 Jahre	
Deutz	1998	alle Mitarbeiter	genehm. Kapital ausschl. zur Ausgabe von Aktien an die Mitarbeiter	-	keine	1.-3. Führungsebene: Börsenkurs bei Ausgabe abzgl. Performanceabschlag, mind. 7,50 DM; sonstige Mitarbeiter: 7,50 DM	-	3 Jahre Laufzeit; Aktienerwerb jeweils am Ende des Jahres möglich; sofortiger Aktienverkauf möglich
Dresdner Bank[36]	1998	Vorstand, Führungskräfte aus Konzerngesellschaften (insg. 300 Mitarbeiter)	Wandelanleihe	5 Jahre	Überperformance zum „Dow Jones STOXX Bank"-Index	Börsenkurs nach drei Jahren abzgl. variablem Performanceabschlag	3 Jahre	Ausübungsfenster; Ermittlung des Wandlungspreises als 10 Tage-Durchschnittswert
Fresenius	1998		Optionsanleihe	10 Jahre	EBIT mind. 15 % gestiegen	Börsenkurs bei Begebungsbeschluß	2 Jahre	
Fresenius Medical Care	1998		Optionsanleihe	10 Jahre	EBIT mind. 15 % gestiegen	Börsenkurs bei Begebungsbeschluß	2 Jahre	

---

36 Vgl. den Beitrag in diesem Buch von *Clotten*.

	Einfüh-rung	Begünstigtenkreis	Rechtliche Basis; ggf. Verzinsung	max. Lauf-zeit	Ausübungs-bedingungen	Bezugs-konditionen	Ausübungs-sperre	Sonstiges
Henkel	1997	Geschäftsführung, 2. und 3. Führungs-ebene (insg. 180 Führungskräfte)	Options-anleihe (markt-gerecht, variabel)	5 Jahre	Überperformance im 3-Jahres-Vergleich zum DAX	Börsenkurs am Laufzeitende abzgl. Perfor-manceabschlag in Höhe der Über-performance	3 Jahre	max. 15% der jährlichen Grund-vergütung durch Stock Options Optionen können anstatt durch junge Aktien durch eine entsperchende Barzahlung be-dient werden
Hoechst	1997	Vorstand und aus-gewählte Führungs-kräfte (ca. 100 Mit-arbeiter)	virtuelles Programm	5 Jahre	25% Mindest-steigerung des Aktienkurses	Zahlung in Höhe der Differenz zwischen Schluß- und Zuteilungs-kurs	2 Jahre	
Hoechst	1998	ausg. Führungs-kräfte (insg. 400 Mitarbeiter)	Options-anleihe	5 Jahre	25% Mindest-steigerung des Aktienkurses	Börsenkurs bei Begebungs-beschluß	3 Jahre	
Luft-hansa[37]	1997	insg. ca. 200 Füh-rungskräfte	virtuelles Programm	3 Jahre	Überperformance zu einem selbsterstellten Konkurrenzindex	von der Höhe der Überperformance abhängige Zah-lung (begrenzt auf max. 40% Über-performance)	3 Jahre	Erwerb von Aktien als Voraussetzung für Programm-teilnahme

---

[37] Vgl. den Beitrag in diesem Buch von *Ott*.

	Einführung	Begünstigtenkreis	Rechtliche Basis; ggf. Verzinsung	max. Laufzeit	Ausübungsbedingungen	Bezugskonditionen	Ausübungssperre	Sonstiges
Metallgesellschaft	1998	1. und 2. Führungsebene (insg. ca. 120 Führungskräfte)	Wandelanleihe („marktnah")	3 Jahre	EPS-Steigerungsfaktor mind. 1,15 im Durchschnittsvergleich von 3-Jahres-Zeiträumen	Börsenkurs bei Wandlung abzüglich durchschnittliche EPS-Steigerung des 3-Jahres-Vergleichs	3 Jahre	Ausübungsfenster; Programmdauer 5 Jahre
Puma	1996, 1997	1. Führungsebene und ausgewählte Führungskräfte	Wandelanleihe	10 Jahre	20 % Mindeststeigerung der Puma-Aktie	Börsenkurs bei Begebungsbeschluß	2 Jahre	Ausgangskurs wird als 10 Tages-Durchschnitt berechnet
SAP	1994	alle Mitarbeiter im In- und Ausland	Wandelanleihe; keine	10 Jahre	keine	Gratisbezug der Aktien oder entsprechende Barauszahlung bei Wandlung der zuvor erworbenen Teile der Wandelanleihe	2 Jahre	für max. 10% des Bruttogehalts durften Teile der Wandelanleihe erworben werden
SAP	1998	alle Mitarbeiter, die mind. 2 Jahre im Unternehmen tätig sind	virtuelles Programm	-	Kurs der SAP-Aktie muß den Vorjahreskurs (jeweils nach Bekanntgabe der Ergebnisse des 1. Quartals) übersteigen	Vergütung in Höhe der Kursdifferenz im 1-Jahres-Vergleich (100% für die ersten 100 DM, 50% für die folgenden 100 DM, 25% für die weitere Kurssteigerung)	-	Programmlaufzeit jeweils 1 Jahr; Programm wird jährlich neu aufgelegt; Auszahlung in drei Raten innerhalb von 12 Monaten

	Einführung	Begünstigtenkreis	Rechtliche Basis; ggf. Verzinsung	max. Laufzeit	Ausübungsbedingungen	Bezugskonditionen	Ausübungssperre	Sonstiges
Schering	1998	ausgewählte Führungskräfte (weltweit ca. 200 Personen)	virtuelles Programm	5 Jahre	positive Performance der Scheringaktie und/oder Überperformance zum DAX; mind. 20% Performance der Schering-Aktie	Bezug von Aktien bei Ausübung; Anzahl der Aktien abhängig von der Performance bzw. Überperformance	3 Jahre	Erwerb von Aktien als Voraussetzung für Programmteilnahme (Risikoeigenbeteiligung)
Schwarz Pharma	1997	Vorstand, Geschäftsführer verbundener Unternehmen (In- und Ausland), 1. und 2. Führungsebene sowie „Key Performer" (insg. ca. 100 Führungskräfte)	Wandelanleihe (1. Tranche: 5,25%, 2. Tranche: 5%)	7 Jahre	25,5 % Mindeststeigerung der Aktie nach 3 Jahren + max. Unterperformance von 3 % im Vergleich zum EU-DS-Pharmaceutical-Index	Börsenkurs bei Begebung abzgl. Performanceabschlag in Höhe der 3-Jahres-Überperformance; bei Unterperformance Aufschlag	3 Jahre	
Siemens	für 1999 geplant	1. und 2. Führungsebene				Indexierung geplant		
Volkswagen	1997	Vorstand, Top-Management, Management, tarifliche Mitarbeiter der AG	Wandelanleihe i.V.m. Zeitwertpapier (zinslos)	5 Jahre	10 % Mindeststeigerung der VW-Aktie	Börsenkurs bei Begebungsbeschluß durch den Vorstand	2 Jahre	Kauf von Zeitwertpapieren als Bedingung; Ausübungsfenster

Tab. 2: Ausgestaltung von Aktienoptionsprogrammen in ausgewählten deutschen Unternehmen

Literaturverzeichnis

Ballwieser, Wolfgang (1993): Methoden der Unternehmensbewertung, in: Gebhardt, G. et al. (Hrsg.), Handbuch des Finanzmanagements, München, S. 151 - 176.

Ballwieser, Wolfgang (1994): Adolf Moxter und der Shareholder Value Ansatz, in: Ballwieser, W. et al. (Hrsg.), Bilanzrecht und Kapitalmarkt, Festschrift für Adolf Moxter, Düsseldorf, S. 1377 - 1405.

Baums, Theodor (1997): Aktienoptionen für Vorstandsmitglieder, in: Martens, K. (Hrsg.), Festschrift für Carsten Claussen, Köln u.a., S. 3 - 48.

Baus, Joseph (1978): Die Belegschaftsaktie im Lichte der betrieblichen Personalpolitik, Bochum.

Becker, Fred (1990): Anreizsysteme für Führungskräfte, Stuttgart.

Bernhardt, Wolfgang (1998): Stock Options - eine Bewertung aus der Perspektive von Aktionären, in: Meffert, H./Backhaus, K. (Hrsg.), Stock Options und Shareholder Value, Dokumentation des 33. Münsteraner Führungsgesprächs vom 9./10. Oktober 1997, Dokumentationspapier Nr. 116, Wissenschaftliche Gesellschaft für Marketing und Unternehmensführung e.V., Münster, S. 17 - 27.

Bernhardt, Wolfgang/Witt, Peter (1997): Stock Options und Shareholder Value, in: Zeitschrift für Betriebswirtschaft, 67. Jg., S. 85 - 101.

Bühner, Rolf (1989): Möglichkeiten der unternehmerischen Gehaltsvereinbarung für das Top-Mangement, in: Der Betrieb, 42. Jg., S. 2181 - 2186.

Bühner, Rolf (1990): Das Management-Wert-Konzept, Stuttgart.

Busse von Colbe, Walther (1997): Was ist und was bedeutet Shareholder Value aus betriebswirtschaftlicher Sicht?, in: Zeitschrift für Unternehmens- und Gesellschaftsrecht (ZGR), 26. Jg., S. 271 - 290.

Copeland, Tom/Koller, Tim/Murrin, Jack (1998): Unternehmenswert - Methoden und Strategien für eine wertorientierte Unternehmensführung, 2. Aufl., Frankfurt am Main/New York.

Creusen, Utho (1990): Controlling-Konzept der OBI-Gruppe, in: Mayer, E./Weber, J. (Hrsg.), Handbuch Controlling, Stuttgart, S. 873 - 887.

Drukarczyk, Jochen (1997): Wertorientierte Unternehmenssteuerung, in: Zeitschrift für Bankrecht und Bankwirtschaft, 9. Jg., S. 217 - 226.

Drukarczyk, Jochen (1998): Unternehmensbewertung, 2. Aufl., München.

Edelstein, Carol (1981): Long-Term Incentives for Management. Part 4: Restricted Stock, in: Compensation Review, Vol. 13, S. 30 - 40.

Honold, Dirk (1998): Aus Sicht der Daimler-Aktionäre, in: Börsen-Zeitung vom 18.03., S. 9.

Hostettler, Stephan (1995): „Economic Value Added" als neues Führungsinstrument, in: Der Schweizer Treuhänder, 69. Jg., S. 307 - 315.

Husmann, Christoph (1996): Investitions-Controlling, Bergisch Gladbach/Köln.

Institut der Wirtschaftsprüfer (1983): Stellungnahme HFA 2/1983: Grundsätze zur Durchführung von Unternehmensbewertungen, in: Die Wirtschaftsprüfung, 36. Jg., Heft 15/16, S. 468 - 480.

Kilian, Horst (1978): Betriebliche Kapitalbeteiligungsmodelle, Wiesbaden.

Knepper, Karl Heinz (1985): Die Belegschaftsaktie in Theorie und Praxis, in: Zeitschrift für Unternehmens- und Gesellschaftsrecht, 15. Jg., S. 419 - 443.

Knoll, Leonhard (1997): Aktien-Optionsprogramme im Vergleich, in: Personalwirtschaft, 24. Jg., Heft 11, S. 34 - 42.

Kohler, Klaus (1997): Stock Options für Führungskräfte aus der Sicht der Praxis, in: Zeitschrift für das gesamte Handelsrecht und Wirtschaftsrecht, 161. Jg., S. 246 - 268.

Lehner, Ulrich (1998): Der Stock Incentive Plan für den Führungskreis 1 der Henkel Gruppe, in: Meffert, H./Backhaus, K. (Hrsg.), Stock Options und Shareholder Value, Dokumentation des 33. Münsteraner Führungsgesprächs vom 9./10. Oktober 1997, Dokumentationspapier Nr. 116, Wissenschaftliche Gesellschaft für Marketing und Unternehmensführung e.V., Münster, S. 28 - 45.

Lewis, Thomas (1995): Steigerung des Unternehmenswertes - Total-value-Management, 2. Aufl., Landsberg/Lech.

Menichetti, Marco (1996): Aktien-Optionsprogramme für das Top-Management, in: Der Betrieb, 49. Jg., S. 1688 - 1692.

o.V. (1997): Beteiligungsmodelle werden in Amerika oft vom Staat unterstützt, in: Frankfurter Allgemeine Zeitung vom 29.09., S. 28.

o.V. (1998): Stock Options - Noch reserviert für Führungskräfte, in: Handelsblatt vom 09.02., S. 38.

Peez, Christoph (1983): Die Problematik der Mitarbeiterbeteiligung durch Belegschaftsaktien, Frankfurt/Main.

Pellens, Bernhard/Rockholtz, Carsten/Stienemann, Marc (1997): Marktwertorientiertes Konzerncontrolling in Deutschland – eine empirische Untersuchung, in: Der Betrieb, 50. Jg., S. 1933 - 1939.

Peterssen, Klaus (1968): Die Belegschaftsaktie, Berlin.

Pfaff, Dieter/Zweifel, Peter (1998): Die Principal-Agent Theorie, in: Wirtschaftswissenschaftliches Studium, 27. Jg., S. 184 - 190.

Rappaport, Alfred (1986): Creating Shareholder Value: The New Standard for Business Performance, New York/London

Rappaport, Alfred (1998): Creating Shareholder Value: A Guide for Managers and Investors, 2. Aufl., New York u.a.

Rosen, Rüdiger v. (1997): Chancen der Mitarbeiterbeteiligung, in: Börsen-Zeitung vom 05.12., S. 11.

Rosen, Rüdiger v. (1998): Ein Schlüssel zur Lösung der Verteilungsprobleme, in: Die Welt vom 07.01., S. 4.

Schneider, Dieter (1998): Marktwertorientierte Unternehmensrechnung: Pegasus mit Klumpfuß, in: Der Betrieb, 51. Jg., S. 1473 - 1478.

Speckbacher, Gerhard (1997): Shareholder Value und Stakeholder Value, Die Betriebswirtschaft, 57. Jg., S. 630 - 639.

Stewart, Bennett (1991): The Quest for Value, New York.

Stewart, Thomas (1997): CEO Pay: Mom Wouldn't Approve, in: Fortune, Vol. 133, No. 6 vom 31.03.

Wenger, Ekkehard (1998): Aktienoptionsprogramme für Manager aus der Sicht des Aktionärs, in: Meffert, H./Backhaus, K. (Hrsg.), Stock Options und Shareholder Value, Dokumentation des 33. Münsteraner Führungsgesprächs vom 9./10. Oktober 1997, Dokumentationspapier Nr. 116, Wissenschaftliche Gesellschaft für Marketing und Unternehmensführung e.V., Münster, S. 51 - 69.

Wenger, Ekkehard/Kaserer, Christoph/Knoll, Leonhard (1998): Stock options - Manageranreize zwischen Anspruch und Realität, Unterlagen zum Vortrag auf der 60. Jahrestagung des Verbandes der Hochschullehrer für Betriebswirtschaft e.V., Wien, Juni 1998.

Winter, Stefan (1996): Prinzipien der Gestaltung von Managementanreizsystemen, Wiesbaden.

Ulrich Seibert[*]

Stock Options für Führungskräfte - zur Regelung im Kontrolle- und Transparenzgesetz (KonTraG)[**]

1	Erfolgsabhängige Vergütungsmodelle und Gesellschaftsrecht	31
2	Zweck erfolgsorientierter Vergütung	31
3	Wie werden Aktienoptionsprogramme gesellschaftsrechtlich konstruiert?	33
	3.1 Eigenerwerb für Belegschaftsaktien (§ 71 Abs. 1 Nr. 2 AktG)	33
	3.2 Eigenerwerb von Aktien nach dem KonTraG (§ 71 Abs. 1 Nr. 8 AktG)	34
	3.3 Bedingtes Kapital zur Unterlegung eines Aktienoptionsplans	36
	3.4 Optionsanleihen oder Wandelschuldverschreibungen	36
4	Bedingtes Kapital für Aktienoptionspläne nach KonTraG	37
5	Politisches Umfeld	37
6	Die Position der Arbeitnehmerseite	38
7	Erfahrungen aus den USA	39
8	Die Situation nach deutschem Aktienrecht	40
9	Der Beschluß über die Eckdaten des Aktienoptionsplans	41
	9.1 Zweck der Kapitalerhöhung	41
	9.2 Bezugsberechtigte	42
	9.3 Der Aufsichtsrat als Bezugsberechtigter?	42
	9.4 Erwerbs- und Ausübungsfristen	43
	9.5 Insiderrecht und Ausübungszeiträume	43

---

* Dr. Ulrich Seibert,
Ministerialrat im Bundesministerium der Justiz, Leiter des Referats für Gesellschaftsrecht, Unternehmensverfassung, Bonn

** Der Gesetzestext ist abrufbar im Internet unter http://www.bmj.bund.de, Rubrik Aktuelles, Mitteilungen (Mitteilung vom 05.03.1998).

	9.6 Erfolgsziele	44
	9.7 Kursziele als Erfolgsziele	45
	9.8 Andere Targets	45
10	Die weiteren Bedingungen des Aktienoptionsplans	46
	10.1 Beispielfälle	46
	10.2 Haltefristen	47
11	Bezugsrecht der Aktionäre	47
12	Ermächtigungsbeschluß der Hauptversammlung	48
13	Verhältnis Fixgehalt und Stock Options, Transparenz	48
14	Abschluß des Gesetzgebungsverfahrens - Inkrafttreten	49

1 Erfolgsabhängige Vergütungsmodelle und Gesellschaftsrecht

Die Rechtsfragen um erfolgsorientierte Vergütungsmodelle sind zuallererst vertragsrechtliche. Es geht um die vertragliche Beziehung Arbeitgeber/Arbeitnehmer bzw. Gesellschaft/Organ.[1] Das Gesellschaftsrecht ist nur ganz indirekt berührt.

Immerhin findet sich für die Vorstandsmitglieder im Aktiengesetz eine Aussage: § 86 AktG läßt es ausdrücklich zu, daß den Vorstandsmitgliedern eine Vergütung gewährt wird, die sich am Erfolg ihrer Tätigkeit bemißt. Als Regelfall geht das Gesetz von einer Bemessung am Jahresgewinn aus. Es sind aber auch andere Parameter möglich. Eine ähnliche, wenn auch noch etwas engere Regelung findet sich in § 113 AktG für Aufsichtsräte. Für die übrigen Arbeitnehmer ist im Gesellschaftsrecht nichts geregelt.

2 Zweck erfolgsorientierter Vergütung

Wie kommt also das Gesellschaftsrecht ins Spiel? Erfolgsorientierte Vergütungsmodelle zielen nicht nur auf Belohnung. Anders als bei der herkömmlichen Mitarbeiterbeteiligung geht es auch nicht um sozialpolitische Zwecke. Es geht vor allem um Verhaltenssteuerung.

Bonuszahlungen, die z.B. an die Umsatzentwicklung des Unternehmens gekoppelt sind, zielen in ihrer Steuerungswirkung auf Umsatzsteigerung. Reines Umsatzwachstum ist aber ein eher gefährlicher Maßstab, wie z.B. bei der Deutz-Tochter WEDAG[2] oder früher schon bei Balsam demonstriert. Vergütungsmodelle, die sich an Bilanzkennzahlen (z.B. Bilanzgewinn) oder an der Dividende orientieren, sind verbreitet, aber nicht ohne Nachteile. Die deutsche Bilanz ist stark am Gläubigerschutz ausgerichtet, vor allem aber relativ leicht manipulierbar.[3]

Mit der Shareholder-Value Diskussion in Deutschland ist die *Wertentwicklung* des Unternehmens als *Steuerungsmittel* und die direkte Beteiligung in Form von Aktien als *Zahlungsmittel* zum Thema geworden.

Von den vielen Gründen für wertorientierte Vergütungssysteme seien nur folgende genannt:

---

1 Zu den vertragsrechtlichen Fragen und zur „Angemessenheit" der Vergütung vgl. *Schneider* (1996), S. 1770.
2 Westfalia Dinnendahl Gröppel AG.
3 Vgl. *Fuchs* (1997), S. 661.

- Solche Systeme begründen Vertrauen in den Finanzmärkten in eine Ausrichtung des Managements auf langfristige Wertsteigerung.

- Der Kapitalmarkt kann schon das Auflegen eines wertorientierten Vergütungssystems als Signal für ein Umdenken des Managements interpretieren.[4] Das Fehlen solcher Instrumente wird von institutionellen Anlegern gegebenenfalls sogar kritisch hinterfragt und als Zeichen für mangelndes Shareholder Value-Bewußtsein verstanden.

- Ausländische Führungskräfte erwarten solche Vergütungskomponenten. Sie können Faktor im Wettbewerb um Gewinnung und Bindung von Führungskräften sein.[5] Das gilt auch für die Personal-Rekrutierung bei Auslandstöchtern.

- Wertorientierte Vergütungssysteme werden auch in der Principal-Agency-Theorie zur Senkung der Agency-Kosten diskutiert. Hintergrund ist die Trennung von Eigentum und Management. Kurz gefaßt ist die Überlegung: Wenn sich das Management stärker mit den Zielen der Kapitaleigner identifiziert, sinken die Kontrollkosten.

Was den Parameter „Wertentwicklung" betrifft, so ist dieser freilich eine schwer zu ermittelnde Größe. Es gibt eine ganze Reihe oft recht komplizierter und schwer kommunizierbarer Bewertungsmethoden anhand von Bilanzkennzahlen.[6] Einfacher ist es, wenn das Unternehmen börsennotiert ist. Dann kann man den Börsenwert täglich in der Zeitung nachlesen. Dies wird im Abschnitt 9.6 „Erfolgsziele" näher zu erörtern sein.

Was das „*Zahlungsmittel*" Aktie betrifft, so werden für wertorientierte Vergütungsmodelle wegen des Hebel-Effekts bevorzugt Aktienoptionen eingesetzt. Es ist natürlich auch möglich, die Manager-Vergütung ohne direkte Beteiligung in Aktien an die (Kurs-) Wertentwicklung eines Unternehmens anzubinden.[7] Aktien-Options-Pläne sind also nur eine von mehreren Methoden – aber die derzeit gängigste und im Trend liegendste. Die folgenden Ausführungen konzentrieren sich auf Aktienoptionsprogramme mit Vergütung in echten Aktien.

---

4   Vgl. *Menichetti* (1996), S. 1689.
5   So auch *Lutter* (1997), S. 3.
6   Beispiel: Economic Value Added (EVA); vgl. dazu den Beitrag in diesem Buch von *Greth*.
7   Vgl. zu solchen Simulationsmodellen (z.B. sog. „Phantom-Stock-Programme") den Beitrag in diesem Buch von *Pellens/Crasselt/Rockholtz* sowie kritisch *Kleindiek* (1997), S. 36.

3 Wie werden Aktienoptionsprogramme gesellschaftsrechtlich konstruiert?

An dieser Stelle kommt das Gesellschaftsrecht ins Spiel. Bei Aktienoptionsprogrammen geht es um die Gewährung von Optionen, also Bezugsrechten auf den Erwerb von Aktien der Gesellschaft. Dabei ist die *Gewährung* von Optionen gesellschaftsrechtlich nicht das Problem. Das Problem liegt bislang bei der *Beschaffung*. Die Gesellschaft muß sich die Aktien beschaffen können, um die Optionen bei Ausübung zu erfüllen.

Die zur Bedienung von Aktienoptionen benötigten Aktien können von der Gesellschaft zum einen durch den Rückkauf vorhandener Aktien beschafft werden (Eigenerwerb).

Möglich ist aber auch die Schaffung neuer Aktien im Wege der Kapitalerhöhung. Der Beschluß eines genehmigten Kapitals ist dazu weniger geeignet.[8] In Betracht kommt vor allem ein bedingtes Kapital.

Theoretisch könnte die Gesellschaft auch Call-Options kaufen und bei Ausübung der Aktienoptionen durch die Führungskräfte diese Kaufoptionen ausüben und direkt an die Bezugsberechtigten durchliefern lassen. Es erscheint aber fraglich, ob das angesichts der langen Laufzeiten der Aktienoptionspläne (5 bis 10 Jahre)[9] praktikabel ist[10] und ob es nicht zu teuer würde.

Die beiden Beschaffungswege „*Eigenerwerb*" und „*bedingte Kapitalerhöhung*" sind mit dem Gesetz zur Kontrolle und Transparenz im Unternehmensbereich (kurz: *KonTraG*)[11] gesetzlich erleichtert worden.

3.1 Eigenerwerb für Belegschaftsaktien (§ 71 Abs. 1 Nr. 2 AktG)

Bei den Vorüberlegungen zur Erleichterung des Eigenerwerbs von Aktien war zunächst daran gedacht worden, den bereits bestehenden Tatbestand des § 71 Abs. 1 Nr. 2 AktG, der den Erwerb eigener Aktien zur Begebung von Belegschaftsaktien re-

---

8 Vgl. dazu *Martens* (1989), S. 75; *Martens* (1996), S. 346; der Erwerb durch einen Treuhänder und die genehmigte Kapitalerhöhung werden als kaum geeignet angesehen, vgl. auch *Wolff* (1997), S. 507. Beim genehmigten Kapital ist die Dauer der Ermächtigung auf fünf Jahre begrenzt, die Ausgabe von Aktien bedarf jeweils eines Beschlusses von Vorstand und Aufsichtsrat sowie der Eintragung in das Handelsregister.

9 Vgl. *Pellens/Crasselt* (1998), S. 217.

10 Seit Juni 1997 werden allerdings langfristige Aktienoptionen (XXL) - bis 5 Jahre Laufzeit - sogar an der DTB gehandelt.

11 Gesetz vom 27.04.1998, BGBl. I, S. 786 vom 30.4.1998. In Kraft getreten am 1. Mai 1998. Zum Konzept des Gesetzes vgl. ausführlich *Seibert* (1997), S. 1 ff.

gelt, zu erweitern. Er ist seinem Wortlaut nach auf Arbeitnehmer beschränkt[12] und seine Ausdehnung auf Organe stand zur Diskussion. In den Stellungnahmen zum KonTraG-Entwurf sind allerdings Bedenken erhoben worden. Der Eigenerwerb nach dieser Nr. 2 vollzieht sich unabhängig von der Hauptversammlung und ist Geschäftsführungshandlung. Es bestehen offenbar Vorbehalte dagegen, daß in größerem Umfang unter Ausschluß der Hauptversammlung Aktien zum Zwecke der Vergütung von Organen erworben werden können. Durch eigene Aktien unterlegte Belegschaftsaktien sind außerdem gemäß § 71 Abs. 3 Satz 2 AktG innerhalb eines Jahres nach Erwerb an die Berechtigten auszugeben und mithin für langfristige Optionspläne weniger geeignet.[13] Die Erweiterung der Nr. 2 wurde deshalb fallengelassen. Sie bleibt in der bisherigen Form allerdings neben der neuen Nr. 8 bestehen. Das führt zu Überschneidungen der Anwendungsbereiche, was auch deshalb bedeutsam ist, weil neben einem Aktienoptionsplan für Führungskräfte die Auflegung eines klassischen Mitarbeiterbeteiligungsprogramms für die unteren Ebenen der Belegschaft sinnvoll sein kann. Im einzelnen bedeutet dies: Die Aktien für klassische Mitarbeiterbeteiligungsprogramme können nach beiden Nummern beschafft werden. Ob Aktien für Stock Options-Programme zugunsten von Arbeitnehmern (also nicht Organe) mit höheren Volumina nach der Nr. 2 beschafft werden können, erscheint zweifelhaft. Eigene Aktien für Organmitglieder können jedenfalls nur nach der neuen Nr. 8 beschafft werden.

3.2 Eigenerwerb von Aktien nach dem KonTraG (§ 71 Abs. 1 Nr. 8 AktG)

Mit dem KonTraG ist bekanntlich der Erwerb eigener Aktien generell deutlich gelockert worden. Die Ermächtigung des Vorstands zum Rückkauf setzt einen Hauptversammlungsbeschluß voraus. Einen Zweck für den Rückkauf gibt das Gesetz nicht vor; es bestimmt aber eine Höchstgrenze von 10 % des Grundkapitals sowie eine Befristung auf 18 Monate. Die Befristung bedeutet: Die Aktien müssen innerhalb von 18 Monaten ab Ermächtigung erworben werden, können dann aber ohne zeitliche Begrenzung gehalten werden. Dies macht sie für Aktienoptionspläne grundsätzlich tauglich.

Der Aktienrückkauf kostet allerdings Liquidität; die Aktien müssen zum Börsenkurs aufgekauft werden. Es muß Geld angefaßt werden.[14] Dies ist der Nachteil. Der Vorteil davon ist, daß entstehende Kosten (z.B. Zinsen) steuerlich als Aufwand geltend gemacht werden können. Die Beschaffung durch Kapitalerhöhung bietet dazu geringere

---

12 Vgl. *Lutter* in: Kölner Kommentar (1988), § 71 Anm. 41; *Peltzer* (1996), S. 309.
13 Vgl. *Portner* (1997), S. 786.
14 Siehe auch *Schneider* (1996), S. 1772.

Möglichkeit. Man kann dennoch prognostizieren, daß Aktienrückkauf nicht der vorrangige Weg für die Durchführung von Aktienoptionsprogrammen sein wird.[15]

Er ist auch insoweit nicht ganz unproblematisch, als durch den Eigenerwerb selbst der Kurs in die Höhe getrieben und erst dadurch die Optionen "ins Geld" gebracht werden könnten.[16] Die Gefahr besteht jedenfalls bei wenig liquiden Titeln. Hier liegt eine Mißbrauchsquelle, der das KonTraG mit einem Trick begegnet.[17] Für den Fall nämlich, daß eigene Aktien nach der neuen Nr. 8 zum Zweck der Belieferung von Stock Options erworben werden sollen, gelten für den Hauptversammlungs-Beschluß die Regelungen über die Schaffung eines bedingten Kapitals zur Bedienung von Aktienoptionsprogrammen entsprechend.[18]

In allen anderen Fällen, also wenn neben einem Aktienoptionsplan nach §§ 192, 193 AktG eine unabhängige Ermächtigung zum Erwerb eigener Aktien beschlossen werden soll, gilt diese Sicherung nicht. Es ist hier besondere Vorsicht jedenfalls dann geboten, wenn das Erfolgsziel des Aktienoptionsprogramms auf die Aktienkursentwicklung ausgerichtet ist. Solche Vorgänge sollten von den Aktionären kritisch beobachtet und vom Aufsichtsrat sehr sorgfältig geprüft werden.

Der zumindest optisch billigere Weg ist aber ohnehin die Beschaffung der Bezugsaktien im Wege der Kapitalerhöhung: Er kostet nicht nur keine Liquidität und wirkt nicht gewinnschmälernd, sondern bringt durch die Kapitalerhöhung sogar noch Geld in die Kasse.[19] Das macht sie auch für junge Unternehmen attraktiv, die dadurch geeignetes Führungspersonal gewinnen können, ohne durch hohe fixe Gehaltskosten belastet zu sein.[20] Für die Anteilseigner ist dies allerdings mit einer Kapitalverwässerung ihrer Alt-Anteile verbunden.[21]

---

15 Obwohl in Japan der Eigenerwerb vor einiger Zeit ausdrücklich zur Bedienung von Stock Options gelockert worden ist, siehe Meldung FAZ vom 17.5.1997, S. 22; auch in der Schweiz gibt es Pläne, die Verwendung eigener Aktien für Mitarbeiterbeteiligungen zu unterstützen (steuerlich), siehe Blick durch die Wirtschaft v. 5.6.1997, S. 1.
16 So auch *Kohler* (1997), S. 246, 258 und *Hüffer* (1997), S. 214, 243.
17 Einem Vorschlag von *Hüffer* (1997), S. 244 f. folgend.
18 § 71 Nr. 8 verweist auf § 193 Abs. 2 Nr. 4 AktG (und nicht auch kumulativ noch auf § 186 AktG; die Verweisung auf § 186 gilt nur für den Fall, daß die Veräußerung eigener Aktien an einen oder wenige Investoren geschehen soll, gegebenenfalls auch im Rahmen eines Aktientauschs); sofern für Belegschaftsaktien-Programme auch künftig § 71 Abs. 1 Nr. 2 AktG herangezogen wird, gilt dies nicht – allerdings kann über Nr. 2 auch nicht der Vorstand bezugsberechtigt sein.
19 Vgl. *Lutter* (1997), S. 3; *Claussen* (1997), S. 1826.
20 Siehe etwa *Kohler* (1997), S. 249.
21 „There is no such thing as a free lunch" (Milton Friedman).

3.3 Bedingtes Kapital zur Unterlegung eines Aktienoptionsplans

Die bedingte Kapitalerhöhung gem. § 192 AktG ist ein Beschluß über die Erhöhung des Grundkapitals, der nur soweit durchgeführt werden soll, wie von einem Umtausch- oder Bezugsrecht Gebrauch gemacht wird, das die Gesellschaft auf die neuen Aktien (Bezugsaktien) einräumt. Die Bezugs- oder Umtauschberechtigten sind zum Aktienbezug berechtigt, aber nicht verpflichtet. Umfang und Zeitpunkt der Durchführung der Kapitalerhöhung sind also ungewiß.

Die Fünf-Jahres-Frist für die Ausübung eines genehmigten Kapitals gilt für das bedingte Kapital nicht. Vorteilhaft ist beim bedingten Kapital auch, daß das Grundkapital mit der Ausgabe der Aktien unmittelbar erhöht wird und die spätere Eintragung nur deklaratorisch ist (§ 200 AktG).[22] Das bedingte Kapital ist also grundsätzlich für langfristige Bezugsprogramme besonders geeignet.

3.4 Optionsanleihen oder Wandelschuldverschreibungen

Schon bisher wird von der Praxis für die Bedienung von Aktienoptionsprogrammen meist ein bedingtes Kapital verwendet.[23] Da § 192 AktG bislang aber auf ganz bestimmte enge Fallgruppen beschränkt ist,[24] ging die Praxis den Weg über die Gewährung von Optionsanleihen oder Wandelschuldverschreibungen (geregelt in § 192 Abs. 2 Nr. 1 AktG).

Freilich haben bei der Ausgabe von Optionsanleihen oder Wandelschuldverschreibungen die Altaktionäre grundsätzlich ein vorverlagertes Bezugsrecht, das bei einem Aktienoptionsplan zugunsten des Managements ausgeschlossen werden muß (§ 221 Abs. 4 AktG mit Verweis auf § 186 AktG).[25] Die von der Hauptversammlung hierzu zu fassenden Beschlüsse sind wegen des erforderlichen Anleiheelements, des Umtausch- oder Bezugsrechts und des Bezugsrechtsausschlusses rechtlich aufwendig und wenig transparent.[26]

Hinzukommt, daß die Ausgabe einer Optionsanleihe oder Wandelschuldverschreibung für die Gesellschaft eigentlich nur wirtschaftlich sinnvoll ist, wenn zugleich ein

---

22 Vgl. *Martens* (1996), S. 346 – anders beim genehmigten Kapital: §§ 203 Abs. 1, 191 AktG.
23 Vgl. die Auflistung bei *Kohler* (1997), S. 250 f.
24 Herrschende Meinung - allerdings nicht unbestritten, vgl. etwa *Martens* (1989), S. 69, 71.
25 So geschehen in 1996: Aktienoptionsplan der Deutsche Bank AG (Ermächtigung zur Ausgabe von Optionsanleihen), dazu *LG Frankfurt/M.* (1997), S. 517; Daimler Benz AG (Wandelschuldverschreibungen).
26 So auch kritisch der Referentenentwurf zum KonTraG (1996), S. 2138; ebenso *Wenger* (1997), S. 63.

Fremdkapitalbedarf besteht. Es geht hier aber nicht um Deckung von Fremdkapitalbedarf, sondern um Vergütung mit Anreizwirkung. Die bisherige Konstruktion ist also eine „Krücke"[27], oder um ein anderes Bild zu verwenden: der Schuldverschreibungsteil ist nur ein „Feigenblatt"[28].

4 Bedingtes Kapital für Aktienoptionspläne nach KonTraG

Zur Erleichterung der Einräumung von Aktienoptionen ist deshalb der § 192 AktG erweitert worden. Das KonTraG bringt die Zulassung einer bedingten Kapitalerhöhung zum Zweck der Belieferung von schlichten Bezugsrechten (nackten Optionen, naked warrants, Stock Options).[29] Begünstigte können Vorstandsmitglieder und Geschäftsführer einschließlich verbundener Unternehmen sein, aber auch Arbeitnehmer ganz generell. Dies ist geregelt in der geänderten Nr. 3 des § 192 AktG.[30]

Damit ist der Weg frei für eine flexible Verwendung der bedingten Kapitalerhöhung im Rahmen von Aktienoptionsprogrammen.[31] Der erforderliche Hauptversammlungsbeschluß ist beschränkt auf die Schaffung des bedingten Kapitals. Die anschließende[32] Einräumung der Bezugsrechte ist schuldrechtliches Geschäftsführungshandeln[33] und streng von dem Hauptversammlungsbeschluß zu unterscheiden.

5 Politisches Umfeld

Leitmotive des Kontrolle- und Transparenz Gesetzes (KonTraG) sind die Öffnung unseres Gesellschaftsrechts hin zum Kapitalmarktrecht, die internationale Harmonisie-

---

27 *Seibert* (1997), S. 9; *Lutter*: „ziemlich lästiger Umweg", (1997), S. 7 - freilich ein zulässiger Umweg, der auch künftig noch gangbar sein wird – freilich sind Ausstrahlungswirkungen der Neuregelung im KonTraG auch hier zu beachten, denn mit der KonTraG-Regelung ist in Deutschland ein Standard für die Ausgestaltung anreizwirksamer Aktienoptionsprogramme geschaffen worden.
28 Vgl. *Martens* (1997), S. 87
29 Eine Aussage zur generellen Zulässigkeit von naked warrants wird dadurch nicht getroffen.
30 Die bisherige Formulierung der Nr. 3 war auf den Sonderfall der Gewährung von Bezugsrechten gegen Einlage von Geldforderungen aus einer Gewinnbeteiligung beschränkt. Dies hat keine praktische Anwendung gefunden – die Vorschrift lief bisher praktisch leer.
31 Vgl. die Reformvorschläge von *Martens* (1996), S. 348 und *Deutsches Aktieninstitut* (1996).
32 Die Einräumung muß „anschließend" erfolgen: § 187 Abs. 2 AktG ist zu beachten: „Zusicherungen vor dem Beschluß über die Erhöhung des Grundkapitals sind der Gesellschaft gegenüber unwirksam."
33 Zur Vertragsgestaltung vgl. etwa *Bredow* (1998).

rung unserer gesellschaftsrechtlichen Instrumentarien und die gesetzgeberische Begleitung des Shareholder-Value Gedankens. Die Erleichterungen für Stock Options liegen völlig auf dieser Linie und fanden deshalb auch breite Zustimmung.

Wir sind allerdings nicht in blinder Jubelstimmung. Die Ausrichtung unternehmerischer Entscheidungen am Shareholder-Value und die Aufbesserung der Managervergütungen durch Aktienoptionen wird auch kritisiert.[34] Gefahren für die Substanz der sozialen Marktwirtschaft werden gesehen. Dies ist eine wirtschafts- und sozialpolitische Diskussion, keine aktienrechtliche. Der schwammige Begriff vom „Unternehmensinteresse" findet im Aktienrecht keinen positivrechtlichen Niederschlag.[35]

6 Die Position der Arbeitnehmerseite

Auch von Gewerkschaftsseite hört man, der Shareholder-Value-Ansatz sei ein Kampfbegriff,[36] er verkürze die Sicht auf die Anteilseigner. Es gebe schließlich noch andere Gruppen, die etwas „at stake" haben, z.B. die Arbeitnehmer. Die Shareholder sind nur eine besondere Gruppe unter den sog. „Stakeholdern".[37] Die IG-Metall sprach in ihrer Stellungnahme von „Monopoly-Spielen" mit den Interessen der Arbeitnehmer. Das ist vielleicht zu kurz gedacht, denn die Neuregelung bietet die Möglichkeit der Aktienoptionspläne für alle Arbeitnehmer. Und wir wissen: „Globalisiertes, immer kapitalintensiveres Wirtschaften führt zu einer ökonomischen Einkommensverschiebung. Die mobilen Faktoren Kapital und Technologie werden begünstigt und der immobile und – wie wir an der Arbeitslosigkeit sehen – reichlich vorhandene Faktor Arbeit wird benachteiligt. Wenn die Gewerkschaften nicht wollen, daß sich die Einkommensverteilung ständig zu Lasten der Arbeit verschlechtert, dann bleibt ihnen nur der Ausweg, die Arbeitnehmer zu Aktionären zu machen."[38]

Es ist deshalb vorhersehbar, daß die Arbeitnehmerseite sich nicht grundsätzlich gegen Aktienoptionsprogramme für das Top-Management stellen – daß sie aber zur Kompen-

---

34 Vorsitzender des Bundesfachausschusses Gesellschaftspolitik der CDU, Herrmann Josef *Arentz* in: Handelsblatt vom 11. Juni 1996; nachdenklich auch *Bernhardt/Witt* (1997), S. 85, 96: wenn schon in den USA, einem „Land ohne Neidgefühle" zunehmende Kritik laut wird, wie wird es dann erst in Europa sein? Allgemein zur Shareholder Value Maxime vgl. *v. Werder* (1998), S. 69 ff.; *Mülbert* (1997), S. 129.
35 Vgl. *Schmidt/Spindler* (1997), S. 515 ff.
36 Vgl. *Dietrich* (1996), S. 57.
37 Vgl. *Prangenberg* (1996), S. 77.
38 *Ulrich Steger*, Lausanne, in: Der Spiegel, Heft 34/1997, S. 91 ff.

sation Beteiligungsmodelle für die gesamte Belegschaft fordern wird.[39] Dabei sind einheitliche Stock Options-Pläne mit differenzierten Erfolgszielen ebenso denkbar, wie die Kombination eines Aktieoptionsplans mit einem klassischen Mitarbeiterbeteiligungsprogramm. Die Aktien für letzteres können wie bisher über § 71 Abs. 1 Nr. 2 AktG oder über ein genehmigtes Kapital unter Bezugsrechtsausschluß beschafft werden.

7 Erfahrungen aus den USA

Freilich wollen wir nicht die Fehler der US-amerikanischen Unternehmen kopieren und es lohnt deshalb ein kurzer Blick über den Atlantik. In den Vereinigten Staaten sind Stock Options bekanntlich sehr verbreitet[40] und die aktuelle deutsche Diskussion ist auf eine zunehmende Dominanz anglo-amerikanischer Kapitalmarkt- und Gesellschaftsrechtsinstrumente zurückzuführen.

Managergehälter bestehen in den USA üblicherweise aus einem Mix. Das base salary beläuft sich auf etwa ein Drittel der Einkünfte eines executives, weitere 15 % bestehen aus annual bonuses, der Rest von bis zu 50 % wird in stock incentives gezahlt, üblicherweise in der Form von Optionen. In Extremfällen belaufen sich die Bezüge über Optionen sogar auf über 90 % der Gesamtbezüge.

In den vergangenen Jahren sind bei haussierender Börse teilweise exorbitante Manager-Vergütungen über Stock Options verdient worden. Dies hat auch in den Staaten zu einer Art Neid-Kampagne geführt, für die sogar amerikanische Politiker durchaus sensibel sind.[41]

Einige institutionelle Anleger, insbesondere Pension-Funds, haben gegengesteuert. So hat sich z.B. The California Public Employees' Retirement System, bekannt als CalPERS[42], an eine ganze Reihe von Unternehmen gewandt, woraufhin senior executives dieser Unternehmen zu CalPERS nach Sacramento gereist sind und versucht haben, die Stock Option-Problematik im Stillen beizulegen. Die Forderung von CalPERS ging dabei auf die Einrichtung unabhängiger compensation commitees.

Typischerweise werden die Vergütungen der US-Manager vom Vergütungs-Ausschuß des board of directors festgelegt. Dies muß Kritik herausfordern, weil die corporate

---

39 Zu den arbeits-, insbesondere mitbestimmungsrechtlichen Fragen, die bei Beteiligung unterhalb der Ebene Vorstand/leitende Angestellte zunehmen vgl. *Baeck/Diller* (1998).
40 Vgl. *Baums* (1997), S. 20.
41 Vgl. *Bernhardt/Witt* (1997), S. 96.
42 Assets über 100 Milliarden US-$, beneficaries: über eine Million Kalifornische public servants.

boards nicht unabhängig genug sind. Oft fungiert ja der chief executive officer als chairman of the board. Ferner sitzen in den Vergütungs-Ausschüssen häufig nur andere hochbezahlte CEO. „It's a cozy, you-scratch-my-back-I'll- scratch-yours arrangement; if you're a CEO, you don't want Mother Theresa or the Sisters of charity on your compensation committee" hört man von drüben.

Außer dieser Kritik des Verfahrens gab es auch einen inhaltlichen Punkt: Besonders angeprangert wurden Manager, die über Stock Options hohe Beträge verdient haben, obwohl ihr Unternehmen relativ eine schlechte Performance gezeigt hat.[43]

8 Die Situation nach deutschem Aktienrecht

Beides haben wir beherzigt. Im deutschen Aktienrecht ist die Ausgangslage anders und günstiger. Erstens haben wir eine klare Trennung zwischen Vorstand und Aufsichtsrat, welcher die Vergütung des Vorstands festlegt. Das hilft, löst aber nicht alle Probleme. Auch im deutschen System wird ein „old-boys-network" und „gegenseitiges back-scratching" kritisiert.

Bedeutsamster Unterschied ist aber, daß nach dem KonTraG der Beschluß eines bedingten Kapitals zur Unterlegung eines Aktienoptionsprogramms von der Hauptversammlung in aller Öffentlichkeit gefaßt werden muß und daß dieser Beschluß sich auch auf die wesentlichen Eckdaten des Programms erstrecken muß. Grund dafür ist: Die bevorzugte Ausgabe junger Aktien an die bezugsberechtigten Organe und Arbeitnehmer führt bei den Alt-Aktionären zu einer Kapitalverwässerung.[44] Es muß daher allein ihrer Entscheidung überlassen bleiben, ob sie das wollen und ob sich das für sie rechnet. Die Anteilseigner werden Aktienoptionsprogramme vernünftigerweise nur bewilligen, wenn sie erwarten können, daß die erzielte Unternehmenswertsteigerung den negativen Kapitalverwässerungseffekt übersteigt.[45] Der Hauptversammlungsbeschluß diktiert deshalb die wesentlichen Bedingungen für die anschließende schuldrechtliche Einräumung der Optionen.

---

43 So hat z.B. Advanced Micro Devices Chairman Walter J. Sanders 29 Mio. US-$ über Stock Options eingestrichen, obwohl sein Unternehmen von 1987 bis 1994 massiv unterperformed hat. Der Chairman von United States Surgical Corp. Leon Hirsch hat von 1991 bis 1994 2,8 Mio. Aktien (Wert ca. 186 Mio. US $) bezogen, obwohl seine Gesellschaft gegenüber dem Standard & Poor's 500 Index eine Unterperformance von 3 % gezeigt hat. So jedenfalls die Kritik in der amerikanischen Presse (Time Magazine).
44 Vgl. dazu *Pellens/Crasselt* (1998), S. 218.
45 Vgl. *Menichetti* (1996), S. 1690.

Dieses transparente Verfahren über die Hauptversammlung gibt die Chance kritischer Überwachung durch die Eigentümer und die Öffentlichkeit. Mehr gesetzliche Flexibilität wird durch mehr Publizität ausgeglichen. Die Beschlußfassung in der Öffentlichkeit der Hauptversammlung hat aber noch aus einem anderen Grund einen unschätzbaren Wert: Das Aktienoptionsprogramm wird auch in den Kapitalmärkten publik und wahrnehmbar – ein entscheidender Vorteil gegenüber indirekten Beteiligungsprogrammen. Das Aktienoptionsprogramm kann Signalwirkung in die Märkte entfalten. „As important as all these programmes are, they will not serve as effective signals to the global investment community unless they are visible."[46]

9 Der Beschluß über die Eckdaten des Aktienoptionsplans

Daß die wesentlichen Eckpunkte von der Hauptversammlung beschlossen werden müssen, ergibt sich aus § 193 Abs. 2 AktG.[47] Damit liegen auch spätere Abänderungen dieser Eckpunkte (sogenanntes „Repricing") in der Hand der Aktionäre.[48]

9.1 Zweck der Kapitalerhöhung

Das Erfordernis der Beschlußfassung betrifft zunächst natürlich den Zweck der bedingten Kapitalerhöhung, also die Bedienung von Aktienoptionen für Führungskräfte, den *Nennbetrag*, die *Aktienart* und den *Ausgabebetrag*. Dies ergibt sich bereits bei Anwendung des geltenden Rechts.

Eine gesetzliche relative Volumenbeschränkung auf 10 % des Grundkapitals[49] ist in den parlamentarischen Beratungen eingeführt worden, eine absolute Volumenbegrenzung (z.B. 50 Mio. Nennbetrag[50]) wurde nicht befürwortet. Sie erschien zu unflexibel. Augenmaß dürfte aber angeraten sein – zudem bietet bereits das Gebot angemessener Vergütung des § 87 AktG einen gewissen Schutz.

---

46 *Towers Perrin* (1998).
47 Im Referentenentwurf war noch allgemein formuliert worden, daß alle weiteren wesentlichen Bedingungen des Bezugsrechts mit beschlossen werden müssen. Dies ist in den Stellungnahmen kritisiert worden, weil dadurch Rechtsunsicherheit und Anfechtungsrisiken entstehen könnten. Das hat uns überzeugt.
48 Anders in den USA, wo es die sehr problematische Praxis des nachträglichen Absenkens der Hürden durch das Management gibt.
49 Die Programme der letzten Jahre lagen alle darunter: Deutsche Bank 1,6%; Daimler-Benz 4,27% insgesamt; Henkel 1,37%; Schwarz Pharma 2,67%; Hoechst (1998) 0,6%; VW allerdings 7,88% insgesamt.
50 So die Forderung der *Deutschen Schutzvereinigung für Wertpapierbesitz (DSW)* vom 7. November 1997; die im Gesetz vorgesehene Höchstgrenze von 50 % des Grundkapitals für bedingte Kapitalerhöhungen (§ 192 Abs. 3 AktG) erscheint in der Tat für Aktienoptionspläne zu hoch.

Nach dem KonTraG sind ferner zu beschließen: „*die Aufteilung der Bezugsrechte auf Mitglieder der Geschäftsführungen und Arbeitnehmer, Erwerbs- und Ausübungszeiträume für die Bezugsrechte, Erfolgsziele, Wartezeit für die erstmalige Ausübung (mindestens zwei Jahre)*."

Der *Ausgabebetrag* ist identisch mit dem sog. *Basispreis*, zu dem die Bezugsberechtigten ausüben können (*Ausübungspreis, Optionspreis*[51]). Als Basispreis wird üblicherweise der Kurs der Aktie zum Zeitpunkt der Einräumung der Option gewählt, es kann aber auch ein höherer Betrag angesetzt werden. Die Dresdner Bank AG[52] und die Henkel KGaA[53] haben als Ausgabebetrag den Börsenkurs zum Zeitpunkt der Ausübung, verringert um einen „Performance-Abschlag", gewählt – innovativ, aber möglich.

9.2 Bezugsberechtigte

Die Aufteilung der Bezugsrechte auf Mitglieder der Geschäftsführungen und Arbeitnehmer bedeutet die Aufteilung auf die Gruppen Vorstand der Gesellschaft, Geschäftsführung der Tochterunternehmen, Führungskräfte der Gesellschaft und Führungskräfte bei Tochterunternehmen sowie zuletzt auch schlichte Arbeitnehmer. Eine hierarchische Ebene, die nicht unterschritten werden darf, sieht das Gesetz nicht vor, da es allgemein von „Arbeitnehmern" spricht.[54] Die Gruppenaufteilung kann nach Prozentsätzen vom Gesamtvolumen angegeben werden.

Doppelbezüge von Vorständen, die zugleich gesetzliche Vertreter in Tochterunternehmen sind, sind dabei tunlichst zu meiden. Bei Tochtergesellschaften, die sich nicht im hundertprozentigen Besitz der Gesellschaft befinden, wird mit Blick auf die außenstehenden Eigentümer sorgfältig zu prüfen sein, ob eine einseitige Motivation von deren Organen und Führungskräften auf die Wertentwicklung bei der Mutter zu rechtfertigen ist. Unproblematisch ist die Einbeziehung im Vertragskonzern. Eine Bezugsberechtigung von Organen der Mutter auf Aktien der Tochter sieht das KonTraG nicht vor.

9.3 Der Aufsichtsrat als Bezugsberechtigter?

Der Aufsichtsrat kann nach der Neuregelung nicht Begünstigter sein. Das ist bedauerlich, weil eine weitere Abkoppelung der Aufsichtsratsvergütung von der Vorstandsver-

---

51 Bei herkömmlichen Wandelschuldverschreibungen: Wandlungspreis.
52 Hauptversammlung vom 15. Mai 1998; vgl. auch den Beitrag in diesem Buch von *Clotten*.
53 Soweit die Wertentwicklung der Henkel-Aktie jene des DAX übersteigt, wird ein Abschlag (2,- DM pro Prozentpunkt) gemacht; zu dem Modell: *Claussen* (1997), S. 1827; *Kleindiek* (1997), S. 37.
54 Ein Aktienoptionsprogramm für alle Beschäftigten hat die Volkswagen AG aufgelegt, vgl. *Claussen* (1997), S. 1827.

gütung nicht dem gewünschten politischen Signal auf Intensivierung der Aufsichtsratstätigkeit entspricht. Dieses Dilemma hätte man nur lösen können, indem bei Bezugsberechtigung von Aufsichtsräten *alle* Bedingungen des Aktienoptionsplans von der Hauptversammlung zu beschließen sind.

Freilich hindert die Praxis nichts daran, auch die Vergütungsgepflogenheiten für den Aufsichtsrat neu zu überdenken. Bei dieser Gelegenheit könnten zugleich rechtlich bedenkliche Beratungsverträge[55] einzelner Aufsichtsratsmitglieder abgebaut werden. Grundsätzlich sollte der Aufsichtsratsvorsitzende, von dem ein erheblich höherer Zeiteinsatz erwartet wird, als von sonstigen Mitgliedern, eine herausgehobene Vergütung erhalten. Das kann auch für einzelne Mitglieder in arbeitsintensiven Ausschüssen gelten. Eine Anbindung der Vergütung etwa an den Gewinn pro Aktie wäre möglich und würde auch dem § 113 Abs. 3 AktG nicht widersprechen.

9.4 Erwerbs- und Ausübungsfristen

Der Hauptversammlungsbeschluß hat sich auch zum *Erwerbszeitraum* für die Bezugsrechte zu äußern, also zu Beginn und Ende der Möglichkeit, das angebotene Bezugsrecht zu zeichnen. Er hat weiter die *Erstausübungsfrist anzugeben.* Das ist die Wartezeit zwischen Einräumung des Bezugsrechts und erstmaliger Ausübungsmöglichkeit für jede Tranche.

Diese Frist sollte aus Gründen der Verhaltenssteuerung nicht zu kurz angesetzt werden. Die Neuregelung sieht eine Mindestwartezeit von zwei Jahren vor. Die amtliche Begründung bezeichnet eine Regel-Erstausübung nach drei Jahren als sinnvoll.[56] Nach Ablauf dieser Wartezeit kann die Gesamtlaufzeit dann sehr lange sein (5 – 10 Jahre).

9.5 Insiderrecht und Ausübungszeiträume

Ein weiterer ernstzunehmender Punkt ist das Verhältnis von Aktienoptionsplänen und Insiderrecht.[57] Die Bezugsrechte selbst sind wegen der mit ihnen verbundenen langfristigen Anreizwirkung nicht handelbar.[58] Deshalb ist das Insiderrecht des Wertpapierhandelsgesetzes (WpHG) nicht berührt. Das Insiderrecht gilt nach h.M. auch nicht für

---

55 Vgl. *Mertens,* (1990), S. 113.
56 In Übereinstimmung mit gewichtigen Literaturstimmen, siehe *Lutter* (1997), S. 6; *Baums* (1997), S. 18; vgl. auch *Kohler* (1997), S. 248 mit Hinweis auf englischen Greenbury Report sowie die Listing Rules der London Stock Exchange; vgl. ferner *Aha* (1997), S. 2226.
57 Vgl. Schreiben des *Bundesaufsichtsamtes für den Wertpapierhandel* an die Vorstände börsennotierter Aktiengesellschaften vom 1.10.1997 im Internet abrufbar unter http://www.bawe.de, ferner in AG, 42. Jg. (1997), R488; vgl. auch *Deutsches Aktieninstitut* (1998).
58 Zu den steuerlichen und kapitalmarktrechtlichen Fragen ausführlich *Feddersen* (1997), S. 269 ff.

die Ausübung von Bezugsrechten aus Aktienoptionsprogrammen und damit den Erwerb der Aktien aus einer bedingten Kapitalerhöhung.[59] Es handelt sich bei diesem Erwerb nämlich um junge, bislang noch nicht gehandelte Aktien.

Dennoch sollte auch hier schon der Anschein der Ausnutzung von Insiderkenntnissen vermieden werden. Hierzu kann festgelegt werden, daß die Optionen nur zu bestimmten Zeiträumen ausgeübt werden dürfen (*Ausübungszeiträume*), so z.B. binnen drei Wochen nach einer Hauptversammlung, nach der Veröffentlichung der Quartals- oder Halbjahresergebnisse u.ä.[60] Unbedenklich ist jeder Zeitpunkt, in dem auch die übrigen Marktteilnehmer aktuelle Unternehmenszahlen haben. Solche „*Handelsfenster*"[61] sind auch für die Veräußerung der bezogenen jungen Aktien unbedingt empfehlenswert,[62] für die unstreitig das Insiderrecht gilt.

9.6 Erfolgsziele

Als weiterer bedeutsamer Eckpunkt sind von dem Beschluß sog. Performanceziele zu umfassen. Dabei läßt das neue Gesetz Spielraum. Dies muß es tun, da die Aktienoptionsprogramme äußerst vielgestaltig sind und zukünftige Entwicklungen durch eine zu enge Formulierung nicht behindert werden dürfen. Dies hätte nur zur Folge, daß die Unternehmen auf andere Vergütungsmodelle ausweichen und die Neuregelung leer liefe.

Es handelt sich bei den „*Erfolgszielen*" (oder: Targets) zum Beispiel um Ausübungsbeschränkungen, orientiert an der absoluten Aktienkursentwicklung der Gesellschaft. Möglich ist aber auch die zusätzliche Anbindung an einen Aktienindex, also die Ausrichtung an der *relativen Performance* (z.B. Branchenindex, auch unter Einbeziehung ausländischer Branchenunternehmen), sog. Benchmarking.[63] Relative Kursziele sind vom Gesetz nicht zwingend vorgegeben, zumal auch nicht für jedes Unternehmen aussagekräftige Vergleichsindices existieren.[64] Sie sind aus Sicht der Anteilseigner aber besonders sinnvoll und, wenn sie vorgesehen werden, vom Beschluß mitzuerfas-

---

59 Vgl. *Schneider* (1996), S. 1775; *Feddersen* (1997), S. 269, 291; *Fürhoff* (1998), S. 85.
60 Vorbildlich hier der Aktienoptionsplan der Dresdner Bank 1998, Hauptversammlung vom 15. Mai 1998.Vgl. dazu auch den Beitrag in diesem Buch von *Clotten*.
61 „Trading windows"; interessanterweise sieht das französische Recht zu „Plans d'Options sur Actions" negative Ausübungsfenster vor. Vgl. *Schwarz/Michel* (1998), S. 489, 494.
62 So auch die Empfehlung des *Wertpapieraufsichtsamt*, siehe Rundschreiben (FN 57).
63 Siehe ausführlich *Baums* (1997), S. 12 ff.
64 Vgl. *Aha* (1997), S. 2225, 2227; die Lufthansa AG hat selbst einen Vergleichsindex aus den größten europäischen Wettbewerbern gebildet, der von der *Deutsche Schutzvereinigung für Wertpapierbesitz* (1998) S. 86, gelobt wird. Vgl. dazu auch den Beitrag in diesem Buch von *Ott*.

sen. Sie helfen, eine Ausübung bei haussierender Börse aber gleichzeitiger Unterperformance der konkreten Gesellschaft (windfall profits) zu vermeiden.

Es ist vielfach kritisiert worden, daß eine solche relative Hürde bei den 1996er-Aktienoptionsprogrammen der Deutschen Bank[65] und der Daimler Benz AG nicht eingezogen war.[66] Die konkrete Ausformulierung ist dort weitgehend dem Vorstand und Aufsichtsrat überlassen worden. Die Optionsprogramme aus 1997 der Henkel KGaA[67] und der Schwarz Pharma AG[68] sind schon sehr viel ehrgeiziger und reifer.

9.7   Kursziele als Erfolgsziele

Für die Orientierung an der Kursentwicklung sprechen mehrere Gründe:

- In einem funktionierenden Kapitalmarkt spiegelt der Kurs die Summe der Einschätzungen des Marktes über den Wert und die Zukunftschancen des Unternehmens wider. Gerade zukünftige Ertragserwartungen werden von den Märkten bewertet. Dazu zählen auch die Innovationskraft einschließlich der Forschungsanstrengungen und der Produktnachschub eines Unternehmens. Mit der Anbindung an den Kurs kann das Management zu einer Unternehmensstrategie motiviert werden, die auf langfristige Wertsteigerung zielt. Das ist aus Sicht der Shareholder, der anderen Stakeholder, aber auch gesamtwirtschaftlich sinnvoll.

- Die Anbindung eines Aktienoptionsprogramms an den Kurs macht seine Konstruktion besonders transparent und seine Steuerungswirkung besonders einleuchtend. Ein solches System ist als Signal an die Anleger gut zu kommunizieren.

9.8   Andere Targets

Der Begriff *Erfolgsziel* („hurdle") im Gesetz geht aber über reine Kursziele hinaus. Denkbar ist auch die Anbindung an die Steigerung des Gewinns pro Aktie oder an die

---

65 Vgl. dazu *LG Frankfurt/M.* (1997); Hauptversammlungsbeschluß abgedruckt bei *Lutter* (1997), S. 4, FN 26; offenbar beeindruckt von der Kritik will die Deutsche Bank nun ihr Modell ganz umstellen, vgl. FAZ vom 23.02.1998, S. 19.

66 Ausführlich etwa *Menichetti* (1996), S. 1692; kritisch auch *Wenger* (1997), S. 255: „Beide Optionspläne waren so konstruiert, daß schon bei einer Aktienkursentwicklung, die nicht einmal der langfristigen Verzinsung von Bundesanleihen entspricht, eine Bereicherung des Managements in dreistelliger Millionenhöhe fällig gewesen wäre." Zum Stock Options-Plan der Daimler Benz AG siehe aber *LG Stuttgart* (1997), S. 2421 und die kritischen Anmerkungen von *Hirte* in: Entscheidungen zum Wirtschaftsrecht (EWiR) § 186 AktG 1/98, S. 385.

67 Vgl. Bundesanzeiger 1997, S. 4779; vgl. auch *Claussen* (1997), S. 1827.

68 Vgl. Bundesanzeiger 1997, S. 5068, Hauptversammlungsbeschluß am 28.05.1997; vgl. auch *Claussen* (1997), S. 1828.

Ertragsentwicklung, evtl. mit einer bestimmten Mindeststeigerung als Hürde. Es scheint sogar einen gewissen Trend zu solchen Modellen zu geben.[69] Dies mag dann als sinnvoll erscheinen, wenn das Aktienoptionsprogramm deutlich unter die Vorstandsebene geht. Der kursbestimmende Einfluß von Mitarbeitern unterer Ebenen ist mitunter sehr gering und eine Orientierung nach dem Ergebnis einzelner Geschäftsbereiche zielgenauer und gerechter.[70]

Freilich ist hierbei immer zu bedenken: Alle nicht (absolut und relativ) an den Börsenkurs, sondern an Bilanzkennzahlen etc. knüpfenden Targets unterliegen gewissen Bedenken wegen ihrer Intransparenz, Manipulierbarkeit und schlechteren Vermittelbarkeit. Es sollten hier unbedingt einfache, leicht kommunizierbare und neutral ermittelte Parameter gesucht werden.

10 Die weiteren Bedingungen des Aktienoptionsplans

Weitere Bedingungen des Aktienoptionsplans können von der Hauptversammlung beschlossen werden, sie müssen es aber nicht. Sie sind dann von den für die Vergütung zuständigen Kompetenzebenen im einzelnen festzusetzen (Aufsichtsrat für den Vorstand der Gesellschaft, Vorstand für die Führungskräfte).[71] Dies läßt sich auch so vereinfachen, daß das Gesamtpaket von Vorstand und Aufsichtsrat gemeinsam für alle Ebenen beschlossen wird.[72]

10.1 Beispielfälle

Zu den weiteren Bedingungen, die nicht mehr von der Hauptversammlung festzusetzen sind, zählen etwa Mindesthaltefristen (Verkaufssperren) und Bindungsfristen für Mitarbeiter, ferner die Fragen der technischen Abwicklung, das Verfahren der Zeichnung und Ausübung, die Fragen der Einrichtung eines „Stock Option"-Kontos mit Depot, die Bankprovisionen, die Anpassungen bei zwischenzeitlichen Kapitalerhöhungen, die Unübertragbarkeit der Optionen, die selbstverständlich ist, sowie die Frage der Verpfändbarkeit, die Dividendenberechtigung, die Möglichkeiten einer Kreditfinanzierung, Einzelfragen bei Ausscheiden (insb. im Hinblick auf Bestellungszeiten der Vor-

---

69 Vgl. z.B. das neuaufgelegte Aktienoptionsprogramm 1998 der Deutschen Bank für die Hauptversammlung am 20. Mai 1998.
70 So z.B. die Argumentation des Vorstands für das Programm der Metallgesellschaft aus 1998, vgl. Handelsblatt v. 06.05.1998.
71 Ausführlich *Hüffer* (1997), S. 232; Die Auflegung eines Aktienoptionsplanes ist im übrigen keine Grundlagenentscheidung nach § 119 Abs. 1 AktG; vgl. *Hüffer* (1997), S. 224.
72 Vgl. *Kleindiek* (1997), S. 31.

stände), Eintritt in den Ruhestand und Todesfall des Bezugsberechtigten etc. sowie die Kündbarkeit durch die Gesellschaft.

10.2 Haltefristen

Das Gesetz schreibt keine Haltefristen vor, also Zeiträume, in denen die erworbenen Aktien nicht verkauft werden dürfen. Sie können aber vorgesehen werden und zur Erzeugung einer stärkeren Bindung auch sinnvoll sein. Sie bringen den Betroffenen in ein realeres Risiko. Es gibt aber Einschränkungen: Der für den Erwerb der Bezugsaktien zum Basispreis erforderliche Geldbetrag ist meist für die Bezugsberechtigten sehr erheblich. Sie werden deshalb regelmäßig dazu neigen oder gar gezwungen sein, die bezogenen Aktien sofort nach Erwerb wieder zu verkaufen und nur den Gewinn einzubehalten. Will man faire und auch von Mitarbeitern unterhalb der Vorstandsebene akzeptierte Haltefristen installieren, so könnten sie sich auf Aktien im Wert des Gewinns nach Steuern beziehen – also nur eine kleinere Teilmenge der bezogenen Anteile.

11   Bezugsrecht der Aktionäre

Ein allgemeines Bezugsrecht der Alt-Aktionäre gibt es nicht. Das liegt in der Natur dieser bedingten Kapitalerhöhung, die der Bereitstellung von jungen Aktien zur Belieferung der Optionsinhaber dient.[73] Auch das mediatisierte Bezugsrecht des § 221 Abs. 4 mit seiner Verweisung auf § 186 AktG gilt hier nicht[74]. Es bedarf also keines Bezugsrechtsausschlusses durch die Hauptversammlung. Damit entfällt auch der förmliche Vorstandsbericht,[75] der bekanntlich anfechtungsanfällig ist. Auch der Stock Options Plan der VW AG aus 1997 ist vor kurzem beim Landgericht Braunschweig an Defiziten des Vorstandsberichts gescheitert[76] – und nicht weil er so kompliziert war, daß ihn keiner mehr verstanden hat.

---

73   Bisher einhellige Meinung: Vgl. nur *Bungeroth* in Geßler et al. (1993), § 192 Rdnr. 1.
74   Allerdings tritt *Fuchs* (1997), S. 661, 664 dafür ein, § 221 auf die jetzt wesentlich erweiterte bedingte Kapitalerhöhung nach § 192 Abs. 2 Nr. 3 AktG doch für anwendbar zu erklären.
75   Zustimmend *Martens* (1997), S. 83, 89; *Lutter* (1997), S. 7 ff. hielt den Entwurf für EG-rechtswidrig. Dem entgegnet zurecht *Hüffer* (1997), S. 239. Ein Vorstandsbericht ist jedoch gemeinschaftsrechtlich nicht geboten, da jedenfalls die Ausnahmeregelung des Artikel 41 der zweiten Gesellschaftsrechtlichen Richtlinie der EG einschlägig wäre. Es versteht sich aber von selbst, daß der Vorstand der Hauptversammlung, der er einen Beschluß über ein bedingtes Kapital vorschlägt, eine ausführliche Begründung und nähere Erläuterung gibt und Rede und Antwort zu stehen hat. Dies bedarf keiner gesonderten gesetzlichen Regelung.
76   Vgl. *LG Braunschweig* (1998), S. 666, nicht rkr.

12 Ermächtigungsbeschluß der Hauptversammlung

Aufgrund der Anhörungen zu dem Referentenentwurf sieht § 192 Abs. 2 Nr. 3 AktG alternativ die Möglichkeit des Zustimmungs- aber auch des Ermächtigungsbeschlusses vor. Letzterer gibt der Verwaltung mehr Flexibilität zum Ob und zum Zeitpunkt der Auflegung des Aktienoptionsplans – eröffnet freilich auch Manipulationsmöglichkeiten für den Vorstand, dem z.B. daran gelegen sein könnte, den Stichtag für den Basispreis in eine Baisse zu legen.

13 Verhältnis Fixgehalt und Stock Options, Transparenz

Die Gewährung von gewinnabhängigen Vergütungsbestandteilen kann nicht ohne Auswirkung auf die fixen Vergütungskomponenten bleiben. Stock Options sollten nicht nur als verschleierte Gehaltserhöhung fungieren. Das ganze soll keine „Aktion warmer Regen"[77] sein. Nur wer auf Teile seines Fixgehalts oder zumindest auf Zuwächse zugunsten von Stock Options verzichtet, trägt auch ein wenig Risiko. Ansonsten sind Aktienoptionen eine one-way street[78]. Das ist im Gesetz aber nicht zu regeln[79].

Auskünfte über die Gesamtvergütung zumindest der Organe der Gesellschaft gibt § 285 Nr. 9a HGB, also der Anhang zum Jahresabschluß.[80] Mit dem KonTraG wird für § 285 HGB klargestellt, daß in diese Angabepflicht auch Aktienoptionen aufzunehmen sind. Da es sich bei der Angabe zur Gesamtvergütung lediglich um eine Klarstellung handelt, ist dieselbe Angabe auch im Konzernanhang zu machen (§ 314 Nr. 6 a HGB).[81] Das Auskunftsrecht der Aktionäre gemäß § 131 Abs. 1 AktG wird sich bei der Beschlußfassung zu einem Aktienoptionsplan auch über § 285 Nr. 9 HGB hinaus auf die anderen Vergütungselemente der Organe richten, also auf den Vergütungsmix.[82]

---

77 Zutreffend *Patrick Schwarz-Schütte*, Schwarz Pharma AG, in: Wirtschaftswoche v. 06.02.1997, S. 77.

78 Nur Chance, kein Verlustrisiko; vgl. *Bernhardt/Witt* (1997), S. 85, 90.

79 Es kann aber im Rahmen der Angemessenheit der Gesamtvergütung der Vorstandsbezüge von Bedeutung sein; vgl. dazu § 87 Abs. 1 Satz 1 AktG, § 138 BGB; siehe dazu auch *Hüffer* (1997), S. 214, 219 und 234.

80 Die *Deutsche Schutzvereinigung für Wertpapierbesitz* (1998), S. 87, plädiert dafür, die Bezüge nach den jeweiligen Personen aufzuschlüsseln.

81 Eine ausdrückliche Ergänzung des § 314 Nr. 6a HGB ist unterlassen worden, was aber keinen Willen zu differenzierter Behandlung erkennen läßt.

82 Zum Auskunftsanspruch hinsichtlich der Vorstandsbezüge zuletzt LG Köln, B. vom 18.12.1996, abgedruckt in: Der Betrieb, 50 Jg. (1997), S. 320.

Mehr Flexibilität erfordert mehr Transparenz.[83] Es ist deshalb außerdem noch die Offenlegungspflicht über das bedingte Kapital und über die Inanspruchnahme der Bezugsrechte erweitert worden (§ 160 Abs. 1 Nr. 3 und Nr. 5 AktG und Änderung der Börsenzulassungs-Verordnung - Artikel 7 des KonTraG). Die Diskussion über die bilanzielle Erfassung von Stock Options in Deutschland läuft erst an.[84]

14 Abschluß des Gesetzgebungsverfahrens - Inkrafttreten

Der Vorschlag zur erleichterten Zulassung von Stock Options im KonTraG ist in den Stellungnahmen der Wirtschaft sehr begrüßt worden. Auch die Wissenschaft hat in der Sache zugestimmt, was gegenüber früheren Jahren ein erhebliches Umdenken zeigt.[85] Verbleibenden Kritikern sei zum Abschluß nochmals gesagt: Der Gesetzgeber kann hier nur eine Entwicklung begleiten. Die Unternehmen werden in jedem Fall künftig verstärkt wertsteigerungsorientierte Vergütungsmodelle entwickeln[86] – mit der Neuregelung des KonTraG geht es nur rechtlich einfacher, sicherer und transparenter. Gerade die Einfachheit und Verständlichkeit eines Vergütungsmodells ist aber ganz wesentlich für seinen Erfolg, nämlich seine Vermittelbarkeit gegenüber den Mitarbeitern, den Aktionären und den Finanzmärkten.

Das KonTraG ist Teil einer Initiative der Koalition: Globale Kapitalmarktpolitik für mehr Beschäftigung",[87] in der eine ganze Reihe von kapitalmarktbedeutsamen Vorhaben zu einem Konzept zusammengefaßt sind (3. Finanzmarktförderungsgesetz, Kapitalaufnahmeerleichterungsgesetz, KonTraG, Stückaktie).

Das KonTraG ist am 5. März 1998 in 2. und 3. Lesung vom Deutschen Bundestag verabschiedet worden. Der Bundesrat hat das Gesetz am 27.3.98 passieren lassen. Es ist am 1. Mai 1998 in Kraft getreten.[88] Bereits kurz danach sind die ersten Programme auf der Grundlage der neuen Gesetzeslage beschlossen worden (Hoechst AG und Fresenius AG).[89]

---

83 Vgl. auch *Martens* (1996), S. 348; *Schwarz/Michel* (1998), S. 492.

84 Vgl. dazu ausführlich den Beitrag in diesem Buch von *Pellens/Crasselt*.

85 Zahlreiche technische Verbesserungsvorschläge sind berücksichtigt worden, vgl. u.a. die im Sonderheft August 1997, Die Aktiengesellschaft, abgedruckten Stellungnahmen (*Adams, Baums, Hopt, Kübler, Lutter, Wenger*) und den Aufsatz von *Martens* (1997).

86 Zutreffend *Claussen* (1997), S. 1827.

87 Siehe *Funke* (1998), S. 758.

88 Gesetz vom 27.04.98, BGBl. I, S. 786.

89 Hoechst: HV vom 05.05.1998 – ein Modell mit einem Kursziel als Erfolgsziel. Dieses Programm beweist, wie einfach und verständlich ein Aktienoptionsprogramm sein kann; Fresenius: HV am 18.06.1998, Fresenius Medical Care mit HV am 10.06.1998.

Literatur- und Rechtsprechungsverzeichnis

<u>Referentenentwurf zum KonTraG</u> mit Begründung abgedruckt in: Zeitschrift für Wirtschaftsrecht (ZIP), 18. Jg. (1996), S. 2129 (Teil I) und S. 2193 (Teil II)

<u>Regierungsentwurf</u> mit Begründung (teilw.) abgedruckt in: Zeitschrift für Wirtschaftsrecht (ZIP), 18. Jg. 1997, 2059 (Teil I, Aktienrecht) und S. 2100 (Teil II, HGB)

<u>Entwurf in endgültiger Fassung</u> (2./3. Lesung) mit Begründung des Rechtsausschusses (teilw.) abgedruckt in: Zeitschrift für Wirtschaftsrecht (ZIP), 19. Jg. (1998), S. 487 ff.

Aha, Christof (1997): Ausgewählte Gestaltungsmöglichkeiten bei Aktienoptionsplänen, in: Betriebs-Berater, 52. Jg., S. 2225 - 2228.

Baeck, Ulrich/Diller, Martin (1998): Arbeitsrechtliche Probleme bei Aktienoptionen und Belegschaftsaktien, in: Der Betrieb, 51. Jg., S. 1405 - 1412.

Baums, Theodor (1997): Aktienoptionen für Vorstandsmitglieder, in: Martens, K. (Hrsg.), Festschrift für Carsten Claussen, Köln u.a., S. 3 - 48.

Bernhardt, Wolfgang/Witt, Peter (1997): Stock Options und Shareholder Value, in: Zeitschrift für Betriebswirtschaft, 67. Jg., S. 85 - 101.

Bredow, Günther (1998): Mustervereinbarung zu Aktienoptionsplänen für das Management und leitende Angestellte (Stock Option Plans), in: Deutsches Steuerrecht, 36. Jg., S. 380 - 382.

Claussen, Carsten (1997): Aktienoptionen – eine Bereicherung des Kapitalmarktrechts, in: Wertpapiermitteilungen, 51. Jg., S. 1825 - 1832.

Deutscher Anwalt Verein (1997): RefE KonTraG - Stellungnahme des DAV, in: Zeitschrift für Wirtschaftsrecht (ZIP), 18. Jg., S. 163 - 174.

Deutsche Schutzvereinigung für Wertpapierbesitz (1998): Stock Options für Vorstände und Führungskräfte, in: Das Wertpapier, 46. Jg., Heft 1, S. 86 - 87.

Deutsches Aktieninstitut (1996): Aktienoptionspläne für Führungskräfte, Frankfurt/Main.

Deutsches Aktieninstitut (1998): Der Umgang von Führungskräften mit Aktien des eigenen Unternehmens im Rahmen von Aktienoptionsplänen, Frankfurt/Main.

Dietrich, Thomas (1996): Mitbestimmung im Aufbruch, in: Mitbestimmung, o.J., Heft 12, S. 56 - 57.

Feddersen, Dieter (1997): Aktienoptionsprogramme für Führungskräfte aus kapitalmarktrechtlicher und steuerlicher Sicht, in: Zeitschrift für das gesamte Handelsrecht und Wirtschaftsrecht, 161. Jg., S. 269 - 299.

Fuchs, Andreas (1997): Aktienoptionen für Führungskräfte und bedingte Kapitalerhöhung, in: Der Betrieb, 50. Jg., S. 661 - 668.

Funke, Rainer (1998): Kapitalmarktkonzept zur Förderung des Finanzplatzes Deutschland, in: Wertpapiermitteilungen, 52. Jg., S. 758 - 759.

Fürhoff, Jens (1998): Insiderrechtliche Behandlung von Aktienoptionsprogrammen und Management Buy-Outs, in: Die Aktiengesellschaft, 43. Jg., S. 83 - 87.

Geßler, Ernst et al. (1993): Aktiengesetz. Kommentar, München.

Hüffer, Uwe (1997): Aktienbezugsrechte als Bestandteil der Vergütung von Vorstandsmitgliedern und Mitarbeitern – gesellschaftsrechtliche Analyse, in: Zeitschrift für das gesamte Handelsrecht und Wirtschaftsrecht, 161. Jg., S. 214 - 245.

Kleindiek, Detlef (1997): Stock Options und Erwerb eigener Aktien, in: Hommelhoff, P./Röhricht, V. (Hrsg.), RWS Forum 10, Gesellschaftsrecht, S. 23 - 47.

Knoll, Leonhard (1997): Vorzeitige Ausübung bei Manager-Optionen – steuerliche Verzerrung oder schlechtes Vorzeichen?, in: Der Betrieb, 50. Jg., S. 2138 - 2140.

Kölner Kommentar zum Aktiengesetz (1988), 2. Auflage, Köln u.a.

Kohler, Klaus (1997): Stock Options für Führungskräfte aus der Sicht der Praxis, in: Zeitschrift für das gesamte Handelsrecht und Wirtschaftsrecht, 161. Jg., S. 246 - 268.

Landgericht Braunschweig, Urteil vom 11.03.1998 – 22 O 234/97 (Volkswagen AG Stock Options-Plan), abgedruckt in: Der Betrieb, 51. Jg. (1998), S. 666.

Landgericht Frankfurt/Main, Urteil vom 10.02.1997 – 3/1 O 119/96 (Deutsche Bank Stock Options-Plan), abgedruckt in: Zeitschrift für Wirtschaftsrecht (ZIP), 18. Jg. (1997), S. 1030.

Landgericht Stuttgart, Urt. v. 30.10.1997 – 5KfH O 96/97 (Daimler Benz AG Stock Options-Plan), abgedruckt in: Zeitschrift für Wirtschaftsrecht (ZIP), 18. Jg. (1997), S. 2421; Betriebs-Berater, 52. Jg. (1997), S. 2603; Die Aktiengesellschaft, 43. Jg. (1998), S. 41.

Lutter, Marcus (1997): Aktienoptionen für Führungskräfte – de lege lata und de lege ferenda, in: Zeitschrift für Wirtschaftsrecht (ZIP), 18. Jg., S. 1 - 9.

Martens, Klaus-Peter (1989): Die mit Optionsrechten gekoppelte Aktienemission, in: Die Aktiengesellschaft, 34. Jg., S. 69 - 77.

Martens, Klaus-Peter (1996): Erwerb und Veräußerung eigener Aktien im Börsenhandel, in: Die Aktiengesellschaft, 41. Jg., S. 337 - 349.

Martens, Klaus-Peter (1997): Eigene Aktien und Stock Options in der Reform, in: Die Aktiengesellschaft, Sonderheft zu Heft 8, S. 83 ff.

Mertens, Hans-Joachim (1990): Beratungsverträge mit Aufsichtsratsmitgliedern, in: Baur, J. et al. (Hrsg.), Festschrift für Ernst Steindorff, Berlin u.a., S. 173 - 186.

Menichetti, Marco (1996): Aktien-Optionsprogramme für das Top-Management, in: Der Betrieb, 49. Jg., S. 1688 - 1692.

Mülbert, Peter (1997): Shareholder Value aus rechtlicher Sicht, in: Zeitschrift für Unternehmens- und Gesellschaftsrecht, 26. Jg., S. 129 - 172.

Pellens, Bernhard/Crasselt, Nils (1998): Bilanzierung von Stock Options, in: Der Betrieb, 51. Jg., S. 217 - 223.

Peltzer, Martin (1996): Steuer- und Rechtsfragen bei der Mitarbeiterbeteiligung und der Einräumung von Aktienoptionen (Stock Options), in: Die Aktiengesellschaft, 41. Jg., S. 307 - 315.

Portner, Rosemarie (1997): Lohnsteuerliche Behandlung der Gewährung von Stock Options durch die ausländische Muttergesellschaft, in: Deutsches Steuerrecht, 35. Jg., S. 1876 - 1879.

Prangenberg, Arno (1996): Der Shareholder-Value, in: Mitbestimmung, o.J., Heft 7+8, S. 76 - 77.

Schneider, Uwe H. (1996): Aktienoptionen als Bestandteil der Vergütung von Vorstandsmitgliedern, in: Zeitschrift für Wirtschaftsrecht (ZIP), 17. Jg., S. 1769 - 1776.

Schmidt, Reinhard/Spindler, Gerhard (1997): Shareholder-Value zwischen Ökonomie und Recht, in; Assmann H.-D. et al. (Hrsg.), Wirtschaft- und Medienrecht in der offenen Demokratie (Festschrift für Friedrich Kübler), Heidelberg, S. 515 - 555.

Schwarz, Günther Christian/Michel, Jörg (1998): Aktienoptionspläne: Reformvorhaben in Deutschland – Erfahrungsvorsprung in Frankreich, in: Der Betrieb, 51. Jg., S. 489 - 494.

Seibert, Ulrich (1997): Kontrolle und Transparenz im Unternehmensbereich (KonTraG) - Der Referenten-Entwurf zur Aktienrechtsnovelle, in: Wertpapiermitteilungen, 51. Jg., S. 1 - 9.

Towers Perrin (1998): Perspectives on Management Pay, February.

Wenger, Ekkehard (1997): Im Selbstbedienungsladen des Konzernmanagements wird der Privatanleger noch immer verhöhnt, in: Wirtschaftsdienst V, S. 254.

Werder, Axel v. (1998): Shareholder Value-Ansatz als (einzige) Richtschnur des Vorstandshandelns?, in: Zeitschrift für Unternehmens- und Gesellschaftsrecht, 27. Jg., S. 69 - 91.

Wolff, Lutz Christian (1997): Bedingtes Kapital für warrant-Anleihen, Huckpack-Emissionen und naked warrants?, in: Wirtschaftsrechtliche Beratung, 4. Jg., S. 505 - 511.

Heinz Evers*

Variable Bezüge für Führungskräfte: Wertorientierung als Herausforderung

1	Paradigmenwechsel der Vergütungspolitik	55
2	Aktueller Stand der variablen Bezüge	58
3	Zielbonussysteme als Gestaltungsform der Zukunft	59
4	Unternehmenswertsteigerung als Zielgröße variabler Bezüge	63
5	Stock Options als neues Vergütungselement	65

---

* Dr. Heinz Evers,
Partner Kienbaum Vergütungsberatung, Gummersbach

1 Paradigmenwechsel der Vergütungspolitik

Vergütung umfaßt die Gesamtheit der materiellen Leistungen, die die Unternehmen ihren Mitarbeitern als Gegenwert für ihre Arbeitsleistungen bieten. Sie setzt sich im Management durchweg aus den drei Hauptkomponenten zusammen: Grund- oder Festgehälter, variable Bezüge sowie Zusatz- und Sozialleistungen.

Die Vergütungspolitik deutscher Unternehmen befindet sich seit Anfang der 90er Jahre in einem tiefgreifenden Wandel. Die traditionelle Vergütungspolitik war vorwiegend von Kostenerwägungen bestimmt. Man betrachtete die Mitarbeiter primär als Kostenverursacher, ihre Vergütung als drückende Kostenlast, die es zu vermindern oder doch in engen Grenzen zu halten galt.

Diese einseitig kostenorientierte Mitarbeitersicht beherrscht heute noch das Bilanzrecht. Obwohl längst als entscheidender Erfolgsfaktor erkannt, sucht man die Mitarbeiter mit ihren Qualifikationen und Potentialen unter den Aktiva der Bilanz vergeblich. Sie finden sich statt dessen lediglich als kontinuierlicher Aufwand in der GuV-Rechnung.

Inzwischen hat in den Unternehmen ein Prozeß des Umdenkens eingesetzt. Die Erkenntnis setzt sich zunehmend durch, daß Mitarbeiter nicht als Kostenverursacher, sondern als Gewinnproduzenten zu betrachten sind. Sie werden eingestellt, damit sie durch ihre Arbeit Beiträge zur Unternehmenszielerreichung leisten. Die Personal- und Vergütungspolitik muß sie in dieser Funktion wirksam unterstützen.

Indem die Vergütung die Unternehmensziele nachdrücklich mit den Interessen der Mitarbeiter verbindet, wird sie zum Umsetzungshebel der Firmenzielsetzungen und -strategien. Sie wandelt sich damit vom bloßen Kostenfaktor zum zentralen Anreiz- und Steuerungsinstrument. Diese Neuorientierung der Vergütung verdeutlicht sich in der Umsetzungspyramide (Abb. 1).

Ein an den Unternehmenszielen ausgerichtetes Vergütungssystem beschließt wirksam den Umsetzungsprozeß. Durch die erforderliche intensive Information und Kommunikation der Unternehmensziele verbessert ein solches System die Eigensteuerung der Mitarbeiter, erhöht ihre Identifikation mit den Zielen und zugleich ihr Engagement für die Zielerreichung. Es entwickelt sich eine stärker erfolgs- und leistungsorientierte Unternehmenskultur. Die angestrebten Unternehmensziele werden in höherem Maße erreicht.

Daß dieser Funktionswandel der Vergütungssysteme mehr ist als eine flüchtige Modewelle, belegen die Gründe, die diese Entwicklung maßgeblich ausgelöst haben, sie derzeit noch stetig verstärken und beschleunigen.

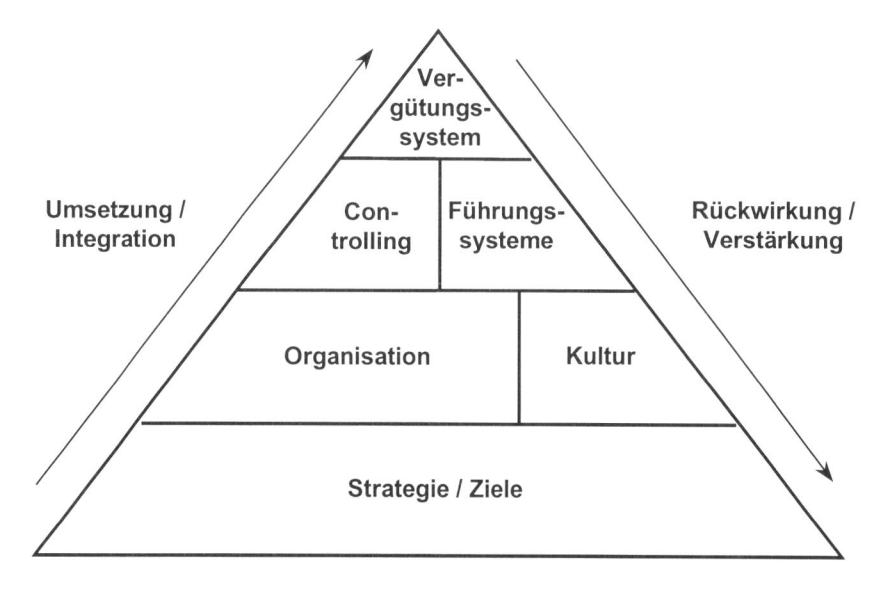

```
                    Ver-
                  gütungs-
                   system
Umsetzung /    Con-    Führungs-      Rückwirkung /
Integration   trolling  systeme       Verstärkung

           Organisation    Kultur

              Strategie / Ziele
```

Abb. 1: Vergütung als Umsetzungshebel

Das ist zum einen die grundsätzliche Veränderung der allgemeinen Wirtschaftssituation in Deutschland (Stichworte: Globalisierung des Wettbewerbs, Ende des Wachstums, Standort-Diskussion). Konsequente Ausrichtung der Unternehmen auf den Markt und die Kundenbedürfnisse, aber auch Rationalisierung und Kostenmanagement werden zu betrieblichen Daueraufgaben. In dieser Situation lassen sich durch eine stärker zielorientierte Ausrichtung aller Unternehmensaktivitäten erhebliche Ergebnis- und Rationalisierungspotentiale mobilisieren.

Zum anderen wird dieses vergütungspolitische Umdenken durch die Krise der Großorganisationen bewirkt. Mit ihrer Vielzahl von Leitungsebenen und ihren bürokratischen Arbeitsabläufen erweisen sie sich nur noch als bedingt steuerbar und bedürfen daher dringend der Revitalisierung. „Aus dem Elefant muß die Antilope werden." Dieses Motto wird für viele Großunternehmen zur existenziellen Herausforderung. Als geeigneter Lösungsansatz bietet sich die Aufgliederung in Geschäftsfelder mit entsprechender Dezentralisierung der Verantwortung und Profit-Center-Organisation an. Letztlich geht es dabei um die Schaffung kleiner, überschaubarer Einheiten, die unternehmerisch, innovativ am Markt agieren und auf Veränderungen rasch und flexibel reagieren.

Für die Leitung dieser Einheiten benötigt man aber unternehmerisch denkende, engagierte Mitarbeiter, die in ihren Verantwortungsbereichen in hoher Selbständigkeit ihre Beiträge zur Unternehmenszielerreichung leisten. Dies gilt im weiteren Sinne nicht nur für die oberen Führungskräfte und nicht nur für einzelne Geschäftsfelder, sondern letztlich für jeden Mitarbeiter. Er wird damit zum Intrapreneur, zum Unternehmer im

Unternehmen. Unternehmerisch agierende Mitarbeiter benötigen aber nicht nur einen eindeutig definierten Zielrahmen, sie beanspruchen auch die Partizipation an den Erfolgen ihrer Arbeit. Dies verlangt eine entsprechend erfolgs- und leistungsorientierte Ausgestaltung ihrer Bezüge.

Gefördert wird dieser Veränderungsprozeß schließlich durch den Wertewandel bei der nachwachsenden Generation. Aufgrund höherer Qualifikation verfügen die Mitarbeiter heute über ein höheres Mitwirkungs- und Innovationspotential. Sie streben nach sinnhafter Tätigkeit und vor allem nach größeren Freiräumen in ihrer Arbeit. Sie lehnen die traditionellen autoritären Führungsstrukturen ab und verlangen nach zielorientierter statt handlungsorientierter Führung.[1]

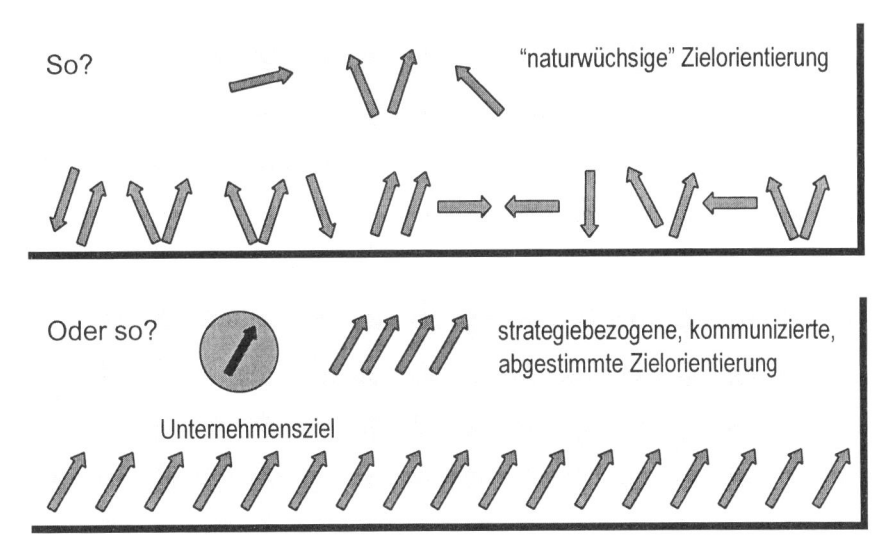

Abb. 2: Zielorientierung im Unternehmen

Führen durch Zielvereinbarungen erweist sich dazu als das passende Managementkonzept. Konsequente Ergänzung und zugleich notwendige Voraussetzung für den Erfolg dieses Konzeptes ist eine an der Erreichung der vereinbarten Ziele ausgerichtete Vergütung. Mit Hilfe dieser Führungs- und Vergütungskonzeption wird aus der "naturwüchsigen" Zielorientierung, die viele Unternehmen heute noch kennzeichnet, eine strategiebezogene, kommunizierte und abgestimmte Zielausrichtung (Abb. 2). Sie ermöglicht die Konzentration aller Kräfte in die gleiche Richtung und führt damit zu einer höheren Effizienz und Effektivität der Unternehmensaktivitäten.

---

1 Vgl. *Opaschowski* (1991), S. 35 ff.

2 Aktueller Stand der variablen Bezüge

Betrachtet man vor diesem Hintergrund die Managementvergütung in deutschen Unternehmen, so bieten sowohl die Festgehälter als auch die Zusatzleistungen aufgrund ihrer mangelnden Flexibilität für eine zielorientierte Ausrichtung derzeit nur geringe Ansatzpunkte. Als Gestaltungsfeld verbleiben insofern primär die variablen Bezüge. Diese erweisen sich in der aktuellen Praxis allerdings in ihrer Höhe und Ausgestaltung von diesem Umdenkprozeß noch wenig berührt. Sie sind statt dessen weithin noch von überkommenen Denkmustern geprägt. Zwar erhält seit längerem die überwiegende Zahl der Führungskräfte – wie die aktuelle Kienbaum-Vergütungsuntersuchung[2] für die Leitungsebenen unterhalb des Top-Managements belegt (Abb. 3) – leistungs- und erfolgsabhängige variable Bezüge. Doch können diese kaum den Ansprüchen an ein wirksam gestaltetes zielorientiertes Anreiz- und Steuerungsinstrument genügen.

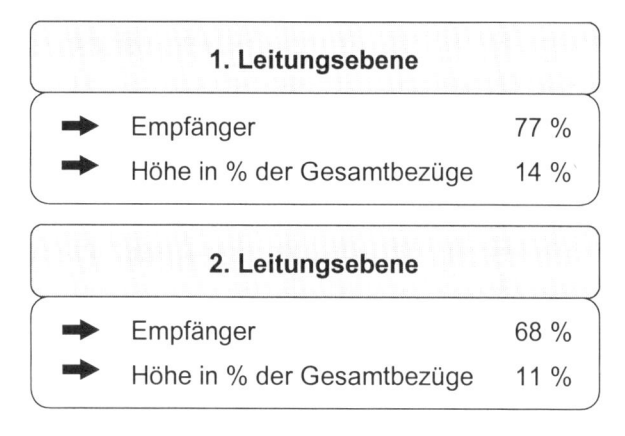

1. Leitungsebene
- Empfänger 77 %
- Höhe in % der Gesamtbezüge 14 %

2. Leitungsebene
- Empfänger 68 %
- Höhe in % der Gesamtbezüge 11 %

Abb. 3: Variable Bezüge im Management

Zum einen ist es angesichts des geringen Volumens der variablen Bezüge fraglich, ob der gewünschte Anreizeffekt in ausreichendem Maße eintreten kann. Bei ca. 40 % aller Führungskräfte erreichen die jährlichen Zahlungen kaum die Höhe eines Monatsgehaltes. Zum anderen – und das erscheint problematischer – erweist sich die konkrete Ausgestaltung der Vergütungsregelungen als unzulänglich: Nur bei der Hälfte der Führungskräfte, für die eine leistungs- oder erfolgsabhängige Vergütung vorgesehen ist, sind Anspruch und Bemessungsgrundlage der variablen Bezüge vertraglich fixiert. Bei den übrigen Führungskräften enthält der Anstellungsvertrag entweder nur den grundsätzlichen Anspruch auf variable Bezüge oder überhaupt keine diesbezügliche Bestimmung.

---

2 Vgl. *Kienbaum* (1997a), S. 49 ff.

Bei den vertraglich zwingenden Regelungen zur Vergütungsbemessung spielt die Bezugnahme auf den Unternehmensgewinn, das Betriebsergebnis oder ähnliche globale Erfolgsgrößen die dominierende Rolle. Die Erreichung von spezifischen auf den Positionsinhaber bzw. seinen Verantwortungsbereich zugeschnittenen Zielen bildet bislang nur bei einer Minderheit der Führungskräfte die Bezugsgrundlage.

Die gleichen Feststellungen gelten letztlich auch für die variablen Bezüge der Top-Manager. Zwar liegen hier sowohl der Empfängerkreis mit ca. 85 % und auch die Höhe mit 20 % bis 30 % der Gesamtbezüge deutlich höher.[3] Doch ist die inhaltliche Ausgestaltung der Vergütungsregelungen ähnlich unzureichend. Die Bezugsgrößen sind auch hier vielfach globale Erfolgsgrößen, die die spezifischen strategischen Zielsetzungen der Unternehmen nur ungenügend reflektieren.

Insgesamt erscheint aufgrund der Kienbaum-Erhebungen die Aussage zulässig, daß heute allenfalls ein Drittel der deutschen Unternehmen zweckmäßig gestaltete zielorientierte Vergütungssysteme praktizieren. Die große Zahl der Unternehmen muß sich dieser Herausforderung noch in nächster Zukunft stellen.

3 Zielbonussysteme als Gestaltungsform der Zukunft

Obwohl sie erst von einer Minderheit der Unternehmen praktiziert werden, so spielen zielorientierte Vergütungssysteme gleichwohl in der vergütungspolitischen Planung der meisten Unternehmen inzwischen eine dominierende Rolle. In ihren Grundstrukturen lassen sich diese Systeme wie folgt charakterisieren:[4]

Zielbonussysteme honorieren die Erreichung von Ergebnis- und Leistungszielen, die mit den Führungskräften jährlich vereinbart werden, und ergänzen die ebenfalls zunehmend praktizierten Managementsysteme „Führen mit Zielen" zu integrierten Gesamtkonzepten erfolgsorientierter Unternehmenssteuerung.

Die Führungskräfte handeln in diesem Konzept wie Subunternehmer. Nach umfassender Information über die Unternehmens- und Bereichsziele definieren sie zu Beginn des Geschäftsjahres gemeinsam mit ihren Vorgesetzten ihre individuellen Beiträge zur Erreichung dieser Zielsetzungen. Zugleich wird als Anreiz zur Erbringung dieser Beiträge und zu ihrer Honorierung eine Bonusvereinbarung getroffen. Innerhalb des Geschäftsjahres arbeiten die Führungskräfte weitgehend eigenständig an der Realisierung ihrer Leistungsbeiträge. Am Jahresende werden die tatsächlichen Zielerreichungen gemeinsam festgestellt und die daraus resultierenden Boni ermittelt. Auf diese Weise

---

3 Vgl. *Kienbaum* (1997b), S. 48 ff.
4 Vgl. dazu *Evers/von Hören* (1996), S. 456 ff.; *Evers* (1994), S. 448 f.

werden Unternehmens- und Mitarbeiterziele eng miteinander verbunden, die Vergütung zu einem wirksamen Umsetzungshebel der Unternehmensziele ausgestaltet.

Die Ergebnis- und Leistungsziele, die mit den Führungskräften individuell vereinbart werden, leiten sich unmittelbar aus der jährlichen Unternehmensplanung und -budgetierung ab oder ergeben sich aus der spezifischen Aufgabenstellung der Führungsfunktion vor dem Hintergrund der generellen Unternehmens- bzw. Bereichsstrategien.

Sie beinhalten zum einen zentrale Leistungsstandards zu den Hauptaufgaben der jeweiligen Funktion. Zu diesen durchweg quantitativ faßbaren Zielkategorien zählen vor allem das Erreichen von Ergebnis- und Umsatzzielen oder die Durchsetzung von Kostenreduzierungen. Zum anderen leiten sie sich situationsbezogen aus der laufenden Geschäftstätigkeit ab, zielen auf Verbesserung bestehender Zustände und Abläufe oder umfassen einmalige Aktions- oder Projektziele, wie z. B. die Erschließung neuer Marktsegmente, den Abschluß von Reorganisationsmaßnahmen oder die erfolgreiche Einführung neuer Controlling-Systeme. Die Zielsetzungen dieser Kategorie lassen sich vielfach nicht quantitativ fassen, sondern verlangen eine qualitative Beurteilung.

Drei bis vier solcher Zielvorgaben, nach betrieblicher Priorität gewichtet, bieten eine fundierte Basis für leistungsmotivierende variable Bezüge. Die Untermauerung der Vorgaben durch Maßnahmen- und Zeitpläne ermöglicht die laufende Fortschrittskontrolle durch die Vorgesetzten und zugleich die erwünschte Eigensteuerung.

Neben der Honorierung positionsspezifischer Zielbeiträge werden für die Führungskräfte regelmäßig Teile ihrer variablen Bezüge mit der Erreichung übergeordneter Firmenziele verknüpft. Diese Verknüpfung unterstreicht die gemeinsame Verantwortung der Führungskräfte für das Gesamtunternehmen und seine Geschäftsprozesse, fördert ihren Teamgeist und beugt zugleich unerwünschten Ressortegoismen vor.

In dem dargestellten Beispiel (Abb. 4), das in seiner Struktur für die Bonussysteme für die Leitungsebenen unterhalb des Top-Managements typisch ist, reicht der Bonus-Swing von null bis sechs Monatsgehältern. Für eine hundertprozentige Zielerreichung sind drei Monatsgehälter ausgesetzt. Die Gewichtung zwischen persönlichen Positionszielen und übergeordneten Unternehmenszielen beläuft sich auf 2:1.

Entsprechend dem angestrebten Gleichklang von Unternehmens- und Mitarbeiterinteressen honoriert der Zielbonus primär erzielte Resultate, nicht bloße Leistungsbemühungen. Die Führungskräfte partizipieren auf diese Weise in angemessener Form an den Chancen und Risiken ihres Unternehmens sowie am Erfolg oder Mißerfolg ihres eigenen Verantwortungsbereiches.

Struktur eines Zielbonussystems

Zieleinkommen p.a.: (15 Monatsgehälter)

Variabler Zielbonus (3 Monatsgehälter) — 20%

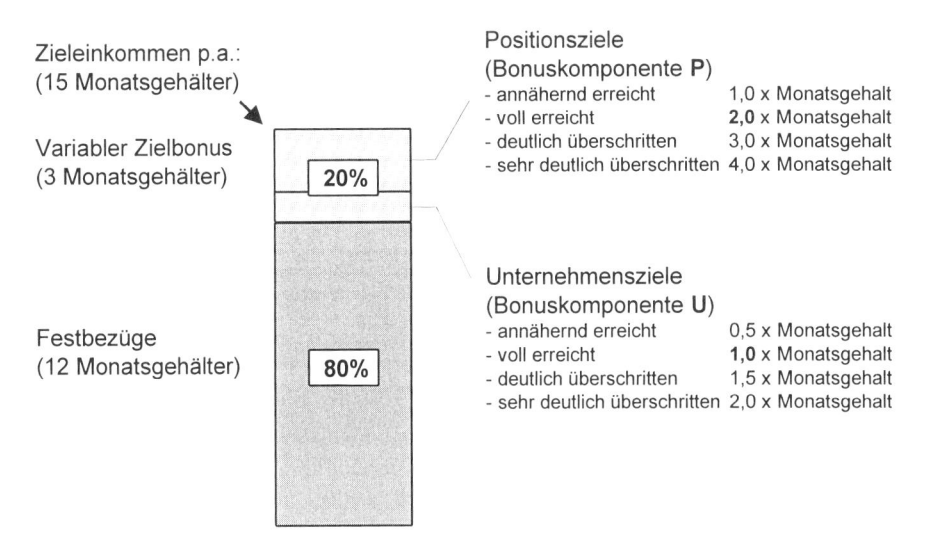

Festbezüge (12 Monatsgehälter) — 80%

Positionsziele (Bonuskomponente P)
- annähernd erreicht: 1,0 x Monatsgehalt
- voll erreicht: **2,0** x Monatsgehalt
- deutlich überschritten: 3,0 x Monatsgehalt
- sehr deutlich überschritten: 4,0 x Monatsgehalt

Unternehmensziele (Bonuskomponente U)
- annähernd erreicht: 0,5 x Monatsgehalt
- voll erreicht: **1,0** x Monatsgehalt
- deutlich überschritten: 1,5 x Monatsgehalt
- sehr deutlich überschritten: 2,0 x Monatsgehalt

Abb. 4: Struktur eines Zielbonussystems

Für die Wirksamkeit der Bonussysteme ist es im übrigen wesentlich, die für die Zielerreichung verantwortlichen Führungskräfte weitgehend in den Prozeß der Zielfindung und -festlegung einzubeziehen. Dies erhöht ihre Identifikation mit den vereinbarten Zielen und steigert so ihr Engagement für die Zielerfüllung. Diese Einbeziehung darf allerdings nicht dazu führen, daß die vereinbarten Ziele ihren herausfordernden Charakter einbüßen und statt dessen einer übervorsichtigen Planungsmentalität Vorschub geleistet wird. Hier ist die Unternehmensplanung in besonderer Weise gefordert, für anspruchsvolle, aber realistische Zielsetzungen die fundierte Informationsbasis zu schaffen.

Erfahrungen bei der Entwicklung und Implementierung von Zielbonussystemen in einer Vielzahl von Unternehmen zeigen im übrigen, daß die Hauptschwierigkeiten mit diesen Systemen weniger aus Mängeln im Systemdesign, sondern aus der Verletzung bestimmter Grundregeln resultieren (Abb. 5).

Die wichtigste Regel besteht in der Integration des Zielbonussystems in das gesamte Führungssystem. Dies verlangt die Identität der Zielgrößen der Unternehmensplanung und -steuerung mit denen des Bonussystems. Der Zielbonus verstärkt damit das Bemühen der Mitarbeiter um das Erreichen der geplanten Ziele. Andererseits stoßen Zielvereinbarungen und Mitarbeitergespräche, die lediglich zum Zweck der Vergütungsfindung erfolgen, wegen des damit verbundenen hohen Aufwandes schnell auf Widerstand und verkümmern zu formalen Ritualen.

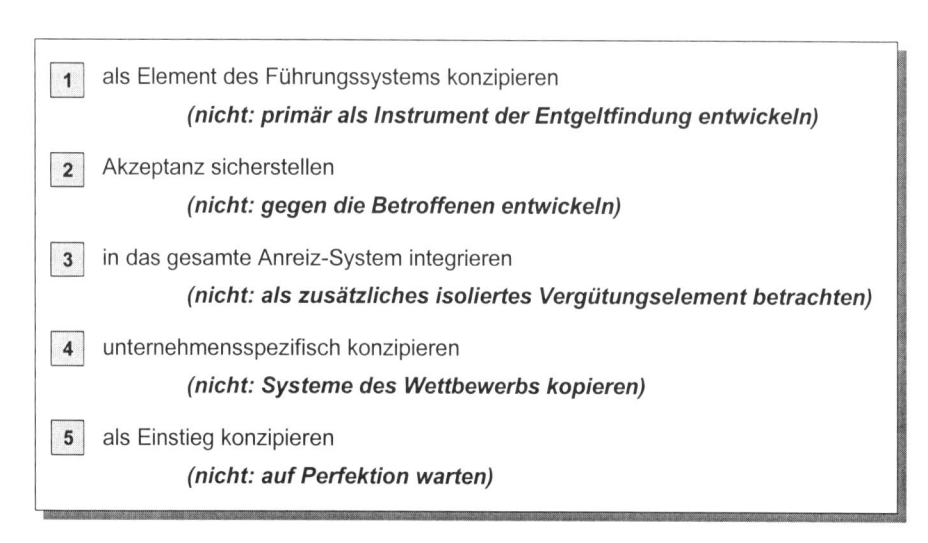

> **1** als Element des Führungssystems konzipieren
> *(nicht: primär als Instrument der Entgeltfindung entwickeln)*
>
> **2** Akzeptanz sicherstellen
> *(nicht: gegen die Betroffenen entwickeln)*
>
> **3** in das gesamte Anreiz-System integrieren
> *(nicht: als zusätzliches isoliertes Vergütungselement betrachten)*
>
> **4** unternehmensspezifisch konzipieren
> *(nicht: Systeme des Wettbewerbs kopieren)*
>
> **5** als Einstieg konzipieren
> *(nicht: auf Perfektion warten)*

Abb. 5: Regeln der Systementwicklung

Von größerer Bedeutung als die sachlich-inhaltliche Perfektion des Bonussystems ist, daß die Mitarbeiter, die mit diesem Instrument arbeiten und von ihm betroffen sind, das System weitgehend akzeptieren. Veränderungen – speziell beim Einkommen – lösen regelmäßig Mißtrauen und Ängste aus, die oft noch von tatsächlichen personalpolitischen Fehlern und Versäumnissen der Vergangenheit genährt werden. Um so wichtiger ist die Beteiligung der Mitarbeiter an der Systemkonzeption und -implementierung, aber auch am laufenden Systemvollzug.

Die Akzeptanz seitens der Mitarbeiter hängt auch davon ab, inwieweit der Zielbonus als glaubwürdiger Bestandteil des gesamten Anreizsystems angenommen wird. Das gesamte Anreizsystem muß den Bedürfnissen und Interessen der Mitarbeiter gerecht werden. Wahrgenommene Defizite bei anderen Anreizelementen gefährden den Erfolg des Zielbonus und beeinträchtigen damit das Gesamtsystem zielorientierter Führung. Insofern hat der Zuschnitt des Vergütungssystems auf die Unternehmensspezifika und seine Integration in die jeweilige Unternehmens-, Führungs- und Anreizkultur eine entscheidende Bedeutung.

Schließlich ist das Bonussystem als „lernendes System" zu konzipieren und im Vollzug zu verstehen. Es ist nicht allein veränderten Unternehmensstrategien anzupassen, sondern es ist zugleich offen zu halten für Verbesserungen der Controlling- und Führungssysteme, aber auch für sich wandelnde Motivationsstrukturen der Mitarbeiter. Das Bemühen um möglichst perfekte, dauerhafte Lösungen in diesem Bereich ist insofern verfehlt. Es verhindert nach unseren Erfahrungen vielfach lediglich die Systemeinführung.

Der Erfolg des Managementkonzeptes „Führen mit Zielen" hängt im übrigen wesentlich davon ab, daß die Unternehmensziele kaskadenförmig über die Leitungsebenen hinweg bis auf die einzelnen Mitarbeiter bzw. Mitarbeitergruppen heruntergebrochen werden, die durch ihre Leistungsbeiträge diese Zielerreichung letztlich bewirken. Aus diesem Grund werden auch die Zielbonussysteme künftig über den Kreis der Führungskräfte hinaus erheblich an Bedeutung gewinnen. Am Ende dieser Entwicklung steht ein integriertes Gesamtkonzept der Führung und Vergütung, das für die gesamte Belegschaft gilt und sich konsequent an den Unternehmenszielen ausrichtet.

4 Unternehmenswertsteigerung als Zielgröße variabler Bezüge

In den letzten Jahren finden Konzepte wertorientierter Unternehmensführung nicht nur in der betriebswirtschaftlichen Literatur, sondern auch in der Führungspraxis deutscher Unternehmen zunehmende Beachtung. Fundamentale Unternehmenszielsetzung ist danach die langfristige Maximierung der Eigentümerrendite. Der Unternehmenserfolg wird am ökonomischen Wert gemessen, der für die Eigentümer geschaffen wird. Die herkömmlichen Erfolgsgrößen des Rechnungswesens, wie Jahresüberschuß oder Bilanzgewinn, erscheinen zur wertorientierten Steuerung des Unternehmens unzureichend; sie sind zu kurzfristig angelegt, durch vielfältige Bewertungswahlrechte manipulierbar und vernachlässigen zudem die Kosten des Eigenkapitals.

Die statt dessen entwickelten Shareholder-Value-Ansätze[5] verbinden Methoden der dynamischen Investitionsrechnung, der strategischen Planung und Unternehmensbewertung. Die verschiedenen Konzepte basieren bei allen Unterschieden letztlich auf dem Grundprinzip der Diskontierung zukünftiger Cash-flows. Wurden sie zunächst vor allem eingesetzt, um das operative Management hinsichtlich Investitionsentscheidungen bzw. der Ressourcenallokation zu verbessern, so entwickelten sie sich in der Folge zu umfassenden Planungs- und Steuerungssystemen. Sie dienen heute nicht allein der Bewertung der Gesamtunternehmen sowie einzelner Geschäftsbereiche, sondern liefern gleichermaßen Maßstäbe zur Bewertung verschiedener Geschäftsstrategien und zielen damit auf eine umfassende Performance-Steigerung der Unternehmen.

Da nur die Identität bzw. Kompatibilität der Zielgrößen im Steuerungs- und Vergütungssystem die konsequente Umsetzung der Wertorientierung garantieren kann, stellt sich die Frage, inwieweit die Shareholder-Value-Ansätze bereits in den Vergütungssystemen deutscher Unternehmen, insbesondere bei den variablen Bezügen der Führungskräfte ihre Verankerung gefunden haben.

---

5 Vgl. dazu *Bühner* (1994), S. 9 ff.; *Rappaport* (1995).

Der diesbezügliche empirische Befund ist eher enttäuschend. Obwohl in Deutschland bei aller berechtigten Kritik an einer überzogenen Shareholder-Value-Ausrichtung die grundsätzliche Zweckmäßigkeit dieses Ansatzes durchweg bejaht wird und auch mit den Zielbonussystemen längst ein geeignetes Instrumentarium zur Verfügung steht, um die Wertsteigerungszielsetzung anreizwirksam zu verankern, ist dies bei nur sehr wenigen Großunternehmen sowie Tochtergesellschaften US-amerikanischer Konzerne – und dabei oft nur partiell – erfolgt.

Dieses offenkundige Defizit erklärt sich aus verschiedenen Tatbeständen. Zum einen verlangt die hohe Komplexität der Berechnungskonzepte eine Qualität des internen Berichtswesens, wie sie sich in vielen Unternehmen erst noch erarbeitet werden muß. Auch können Zielsysteme nur dann als Bezugsbasen für Vergütung anreizwirksam eingesetzt werden, wenn sie nicht nur hinreichend professionell konzipiert, sondern in den Unternehmen bereits eine praktische Erprobungsphase hinter sich gebracht haben. Dies ist aber erst bei einer ganz geringen Zahl von Unternehmen der Fall. Im Gegensatz zur regen öffentlichen Diskussion steckt die praktische Umsetzung des Shareholder-Value-Ansatzes in Deutschland noch in den Kinderschuhen.[6]

Doch auch in den wenigen Unternehmen, in denen die wertorientierten Steuerungssysteme bereits diesen Kinderschuhen entwachsen sind, verhindert vielfach die mangelnde Akzeptanz der ermittelten Zielgrößen durch die Führungskräfte ihren vergütungswirksamen Einsatz. Die Akzeptanzprobleme rühren daher, daß das Verständnis der Systeme erheblichen finanzwirtschaftlichen Sachverstand erfordert, der insbesondere bei den Managern in den technischen Unternehmensbereichen nicht ohne weiteres vorausgesetzt werden kann. Zudem muß bei den wesentlichen Modellparametern, etwa beim Wert des gebundenen Vermögens, aber auch beim ökonomischen Ergebnis oder den Kapitalkosten mit einer Reihe von Annahmen und Schätzungen gearbeitet werden, so daß sich von daher Möglichkeiten der Manipulation bzw. der willkürlichen Festlegung eröffnen.

Die Akzeptanz solcher als wenig objektiv empfundener Größen in Vergütungssystemen setzt aber ein hohes Maß an Vertrauen bei den betroffenen Mitarbeitern voraus, wie es in vielen Unternehmen nicht vorausgesetzt werden kann. Die Feststellung: Es bedarf „im Unternehmen eines längeren Überzeugungs- und Argumentationsprozesses, um die neue Perspektive so zu verankern, daß Value-Based-Management ein akzeptiertes Steuerungsinstrument für die Entscheidungsträger in einem Unternehmen wird"[7], gilt für die Verknüpfung mit der Managementvergütung noch in verstärktem Maße.

---

6 Vgl. *Bühner* (1994), S. 71; *Baan* (1994), S. 143.
7 *Siegert* (1994), S. 126.

Da sich die Akzeptanzprobleme in besonderem Maße bei Wertsteigerungszielsetzungen nicht selbständig bilanzierender Geschäftsbereiche ergeben, könnte ein gangbarer Weg der Bonusgestaltung darin bestehen, daß man die Wertzielsetzung zunächst nur in der übergeordneten Unternehmenszielkomponente des Bonus verankert. Als Mannschaftsziel dürfte die Wertgröße noch am ehesten akzeptiert werden. Dies gilt vor allem, wenn zugleich auch die Top-Manager am gleichen Wertmaßstab gemessen werden. Diese Parallelität der Interessen dürfte in den Augen der Führungskräfte der Gefahr einer willkürlichen Wertfeststellung überzeugend entgegenwirken.

Bei den positionsindividuellen Zielsetzungen sollte man für eine Übergangszeit, anstatt umstrittene Bereichswertgrößen zu wählen, sich mehr auf die erfolgreiche Durchführung von Geschäftsstrategien, Investitionsmaßnahmen und Projekten konzentrieren, von denen man mit Sicherheit nachhaltige Wertbeiträge erwarten kann. Dies dürfte die Akzeptanz seitens der betroffenen Führungskräfte erleichtern und zugleich die gewünschte Wertorientierung der Führung vorantreiben.

5 Stock Options als neues Vergütungselement

Neben der Entwicklung wertorientierter betrieblicher Steuerungssysteme hat die stärkere Propagierung des Shareholder-Value-Gedankens bei börsennotierten Gesellschaften in Deutschland den Börsenkurs als Bewertungsmaßstab zunehmend in den Blickpunkt gerückt. Die Steigerung des Börsenkurses spiegelt langfristig quasi objektiv die Wertsteigerung des Unternehmens und damit die Leistung des Managements wider.

Als geeignetes Mittel, um die Interessen der Manager enger mit denen der Aktionäre zu verknüpfen, werden daher Stock Options-Programme empfohlen. Diese Programme, die in den USA in verschiedenen Ausführungen[8] seit Jahrzehnten zum Vergütungsstandard im Management zählen, konnten bislang aufgrund der in dieser Hinsicht restriktiven gesellschafts- und steuerrechtlichen Rahmenbedingungen in Deutschland kaum Fuß fassen. Mit der zunehmenden Globalisierung sowohl der Kapital- als auch der Personalmärkte hat sich dies in den letzten Jahren grundsätzlich verändert. Den endgültigen Durchbruch in dieser Hinsicht markieren die im Jahre 1996 aufgelegten Stock Options-Pläne von Daimler-Benz und der Deutschen Bank. Zwar hat die in der Folge einsetzende, außerordentlich kontrovers geführte öffentliche Diskussion die weitere Ausweitung der Programme zunächst gebremst, doch ist nach Verabschiedung des KonTraG, das hier wesentliche Erleichterungen bringt, eine rasche Zunahme der Optionspläne zu verzeichnen. So dürfte die Zahl der Unternehmen, die ihrem Mana-

---

8 Vgl. *Becker* (1990), S. 36 ff.

gement Stock Options gewähren, bis zum Ende dieses Jahres auf mindestens 20 anwachsen.

Über die ökonomische Wirksamkeit der bislang gebotenen Optionspläne – und dies entscheidet über ihren Wert als Steuerungs- und Motivationsinstrument – kann bislang noch keine Aussage gemacht werden; dies bleibt der Zukunft vorbehalten. Dennoch wirft die Gewährung von Stock Options, wie sie in den wenigen deutschen Unternehmen bislang praktiziert wird, durchaus kritische Fragen auf.[9]

So stellt sich die grundsätzliche Frage, ob es die Zielsetzung einer langfristigen Gleichschaltung von Aktionärs- und Managerinteressen fördert, daß Manager über Stock Options-Programme an kurzfristigen Kursgewinnen partizipieren, die sich ungeachtet der langfristigen Werthaltigkeit der Unternehmen allein aufgrund externer Einflußgrößen des Kapitalmarktes oder besonderer betrieblicher Umstände ergeben. Wäre es nicht sinnvoller, diese Verbindung der langfristigen Interessen durch Gewährung von Aktien sicherzustellen? Man könnte zu diesem Zweck den Managern Teile der variablen Bezüge statt in Geld in Aktien gewähren, die möglichst während ihrer gesamten Beschäftigungsdauer im Unternehmen gesperrt blieben.

Auch muß man sich angesichts der Konzentration der Optionspläne auf das Top-Management sowie die kleine Gruppe oberer Führungskräfte fragen, ob es in einer Zeit, die durch stagnierende Löhne, Massenentlassungen und hohe Arbeitslosigkeit gekennzeichnet ist, sinnvoll sein kann, zusätzliche Verdienstmöglichkeiten allein Mitarbeitern einzuräumen, die ohnehin aufgrund ihrer variablen Bezüge bereits an der Gewinnsteigerung des Unternehmens hinreichend partizipieren.

In dieser Situation wären Aktienoptionspläne für Gesamtbelegschaften zweifellos passender. Sie könnten ein geeignetes Mittel darstellen, um dem gesellschaftlichen Konflikt vorzubeugen, der sich zwischen Kapitaleignern und Belegschaft aus der Stagnation der Löhne bei gleichzeitig erheblicher Steigerung der Gewinne anbahnt. Stock Options bieten die Möglichkeit, die Gesamtbelegschaft ohne weitere Personalkostenerhöhungen an wachsenden Unternehmensgewinnen zu beteiligen und damit den positiven Konsens zwischen Arbeitgebern und Arbeitnehmern auch künftig sicherzustellen.

---

9   Vgl. dazu *Bernhardt/Witt* (1997), S. 85 ff.; *Gaugler* (1997), S. 168 ff.

Literaturverzeichnis

Baan, Willem (1994): Die Rolle des Shareholder-Value-Konzeptes in der strategischen Planung des RWE-Konzern, in: Bühner, R. (Hrsg.), Der Shareholder-Value-Report, Landsberg/Lech, S. 127 - 143.

Becker, Fred G. (1990): Anreizsysteme für Führungskräfte, Stuttgart.

Bernhardt, Wolfgang/Witt, Peter (1997): Stock Options und Shareholder Value, in: Zeitschrift für Betriebswirtschaft, 67. Jg., S. 85 - 101.

Bühner, Rolf (1994): Unternehmerische Führung mit Shareholder-Value, in: Bühner, R. (Hrsg.): Der Shareholder-Value-Report, Landsberg/Lech, S. 9 - 75.

Evers, Heinz (1994): Zukunftsweisende Anreizsysteme für Führungskräfte, in: Kienbaum, J. (Hrsg.), Visionäres Personalmanagement, 2. Aufl., Stuttgart, S. 439 - 455.

Evers, Heinz (1995): Entgeltpolitik für Führungskräfte. In Kieser, A./Reber, G./Wunderer, R. (Hrsg.), Handwörterbuch der Führung, 2. Aufl., Stuttgart, Sp. 297 - 306.

Evers, Heinz/von Hören, Martin (1996): Bonussysteme als Umsetzungshebel zielorientierter Unternehmensführung, in: Personal, 48. Jg., S. 456 - 461.

Evers, Heinz/Näser, Christian/Grätz, Frank (1997): Doe Gehaltsfestsetzung bei GmbH-Geschäftsführern, 4. Aufl., Köln.

Gaugler, Eduard (1997): Shareholder Value und Personalmanagement, in: Personal, 49. Jg., S. 168 - 175.

Kienbaum Vergütungsberatung (Hrsg.) (1997a): Vergütung 1997, Bd. I: Leitende Angestellte, Gummersbach.

Kienbaum Vergütungsberatung (Hrsg.) (1997b): Vergütung 1997, Bd. II: Geschäftsführer, Gummersbach.

Opaschowski, Horst W. (1991): Von der Geldkultur zur Zeitkultur. Neue Formen der Arbeitsmotivation für zukunftsorientiertes Management, in: Schanz, G. (Hrsg.), Handbuch Anreizsysteme in Wirtschaft und Verwaltung, Stuttgart, S. 35 - 51.

Rappaport, Alfred (1995): Shareholder Value. Wertsteigerung als Maßstab für die Unternehmensführung, Stuttgart.

Siegert, Theo (1994): Marktwertorientierte Unternehmenssteuerung, in: Bühner, R. (Hrsg.), Der Shareholder-Value-Report, Landsberg/Lech, S. 107 - 126.

Michael Greth[*]

Managemententlohnung aufgrund des Economic Value Added (EVA)[**]

1	Einleitung	71
2	Unternehmensführung auf der Grundlage des Konzepts „Economic Value Added"	72
	2.1 Kalkül des „Economic Value Added"	72
	2.2 Das Konzept „Economic Value Added" im Kontext marktwertorientierter Unternehmensführung	74
	2.3 Ermittlung der Basiselemente	76
	2.3.1 Wert des in der Unternehmung gebundenen operativen Vermögens („capital")	77
	2.3.2 Operatives Ergebnis nach Korrektur um Ertragsteuern (NOPAT)	82
	2.3.3 Kapitalkostensatz (c*)	85
3	Berücksichtigung des „Economic Value Added" bei der Gestaltung von Entlohnungssystemen	90
	3.1 Bezug zwischen Managemententlohnung und Eigentümerinteressen	91
	3.2 Beeinflußbarkeit des „Economic Value Added" durch Maßnahmen des Managements	93
	3.3 Wesentlichkeit der variablen Entlohnungskomponente	94
	3.4 Förderung langfristigen Handelns des Managements	94
	3.5 Kommunizierbarkeit und Wirtschaftlichkeit	96
4	Anwendungsprobleme	97

---

* Dipl.-Wirtsch.-Ing. Dr. rer. pol. Michael Greth, Controlling Business Support, ITT Automotive Europe GmbH, Frankfurt/Main

** An dieser Stelle sei Herrn Dipl.-Betriebswirt (FH) MBA Axel Dreher für seine wertvolle Unterstützung beim Zustandekommen dieses Beitrages gedankt.

1 Einleitung

Seit nunmehr einigen Jahren beschäftigt sich auch in Deutschland die betriebswirtschaftliche Literatur und die Managementpraxis mit dem in den USA als „Shareholder Value Creation" entwickelten Ansatz einer marktwertorientierten Unternehmensführung. Vor allem institutionelle Kapitalanleger haben diese Entwicklung vorangetrieben, indem sie auch in Deutschland die Steigerung des kapitalmarktorientierten Unternehmenswertes oder „Shareholder Value" vom Management des jeweiligen Unternehmens fordern.

Die konzeptionellen Ansätze einer solchen Shareholder Value-Orientierung verlangen neben der Ausrichtung der Unternehmensführung auf die Eigentümerinteressen eine Kompatibilität zwischen internen Plan- und Kontrollgrößen sowie den Bezugsgrößen für eine variable Entlohnung des Managements.[1] Ein solchermaßen ausgestaltetes Entlohnungssystem soll dazu beitragen, daß die Mitarbeiter durch die Verfolgung eigener Ziele gleichzeitig zur Steigerung des Unternehmenswertes beitragen. Auf diese Weise wird erreicht, „that executive compensation plans help to align managers' and shareholders' interests"[2].

Nachfolgend soll am Beispiel der ITT Industries Inc. (IIN) ein Einblick in die Handhabung des Konzepts „Economic Value Added (EVA)" als ein marktwertorientierter Ansatz zur Unternehmensführung und in die Implementierung dieses Konzepts in das Entlohnungssystem der Unternehmung gegeben werden.[3]

Die IIN ist in ihrer heutigen Struktur eine an der New York Stock Exchange seit Dezember 1995 börsennotierte Gesellschaft[4], deren Anteile ausschließlich von institutionellen Anlegern und Kleinaktionären gehalten werden. Gegenwärtig sind in dieser Gesellschaft in Form von weltweit ergebnisverantwortlichen Geschäftsbereichen die nachfolgenden industriellen Geschäftsfelder zusammengefaßt: ITT Defense & Electro-

---

1 Vgl. z.B. *Stewart* (1991), S. 223 - 249.
2 *Jensen/Zimmerman* (1985), S. 8. Vgl. zu der entsprechenden Zielsetzung von auf dem „Economic Value Added" basierenden Entlohnungssystemen *Stern* (1993), S. 35.
3 Die vorliegende Ausarbeitung bezieht sich lediglich auf börsennotierte Unternehmen. Die nachfolgenden Ausführungen sind teilweise nur durch Analogiebildung auf andere Gesellschaftsformen übertragbar.
4 Die IIN wurde im Dezember 1995 zur Rechtsnachfolgerin der ehemaligen ITT Corporation, nachdem von dieser die Geschäftsfelder „Versicherungen" (ITT Hartford) und „Übernachtung, Unterhaltung & Informationsdienstleistungen" (ITT Destinations) abgetrennt und als eigenständige Unternehmungen an der New York Stock Exchange eingeführt wurden. Die Aktien der neu entstandenen Unternehmungen wurden an die Aktionäre der ehemaligen ITT Corporation ausgegeben. Nach der Aufteilung änderte die ehemalige ITT Corporation ihre Firma zu IIN und die ITT Destinations änderte anschließend ihre Firma zu ITT Corporation.

nics (1.668 Mio. US$ Umsatz; ca. 15.000 Mitarbeiter), ITT Fluid Technology (1.755 Mio. US$ Umsatz; ca. 10.800 Mitarbeiter) und ITT Automotive (5.167 Mio US$ Umsatz; ca. 32.700 Mitarbeiter).

Das Bekenntnis zu einer marktwertorientierten Unternehmensführung ist für die IIN von grundlegender Bedeutung und deswegen ein wesentlicher Bestandteil der Unternehmensgrundsätze. Zur Steuerung der Unternehmung im Sinne einer Abstimmung der operativen Leistung der IIN auf die Erwartungen der Aktionäre wurde im Jahre 1997 das Konzept des EVA in Anlehnung an *Stewart*[5] eingeführt, das seit diesem Zeitpunkt zur Beurteilung der finanziellen Leistungsfähigkeit der IIN und ihrer Geschäftsbereiche sowie zur Bewertung von Investitionen herangezogen wird. Außerdem wurde das Entlohnungssystem dahingehend angepaßt, daß sich der variable Teil der Entlohnung des Managements an dem durch den jeweiligen Geschäftsbereich erzielten EVA orientiert. Zusätzlich wurde letztlich noch das Stock Options Programm im Hinblick auf die Anzahl der Beteiligten deutlich erweitert.

2 Unternehmensführung auf der Grundlage des Konzepts „Economic Value Added"

2.1 Kalkül des „Economic Value Added"

Das in den USA von der Unternehmensberatung Stern Stewart & Co. erarbeitete Konzept des „Economic Value Added" (EVA) wird zunehmend auch im deutschsprachigen Raum diskutiert[6].

Die Grundidee bei der Bestimmung des EVA ist die Messung der betragsmäßigen Differenz zwischen dem bewerteten Output einer Unternehmung und allen dafür benötigten bewerteten Inputs. Diese Messung zeigt, ob das erwirtschaftete Ergebnis gemessen an dem eingesetzten Kapital ausreicht, um das Fortbestehen der Unternehmung weiterhin zu sichern.

Im Hinblick auf die Leistungsbeurteilung einer Unternehmung ist der kaufmännische Periodengewinn, insbesondere hinsichtlich der Ermittlung von Kosten für die Bereitstellung des Kapitals als einem wesentlichen Input-Faktor, unzureichend. Ausgehend von dem pagatorischen Kostenbegriff finden beim kaufmännischen Periodengewinn lediglich die vertraglich vereinbarten Zinsbelastungen als Entgelt für das Fremdkapital und Dividendenzahlungen als dem Eigenkapital direkt zurechenbar Berücksichtigung.

---

5   Vgl. *Stewart* (1991).
6   Vgl. *Röttger* (1994); *Hesse* (1996); *Hostettler* (1997).

Den Zielvorstellungen und dem Entscheidungsfeld der Kapitalgeber kann auf diese Weise regelmäßig keine Rechnung getragen werden.

Das Defizit der traditionellen Vorgehensweise versucht der EVA auszugleichen, wobei er für die Ermittlung der Kapitalkosten einen Ansatz wählt, der auch die Zielvorstellung der Kapitalgeber berücksichtigt. Diese Zielvorstellung wird operationalisiert, indem für die Kapitalgeber eine Orientierung an Opportunitätskosten unterstellt wird. Auf diese Weise wird als Zielvorstellung eine Kapitalverzinsung in der Höhe einer risikoäquivalenten Anlagemöglichkeit außerhalb der Unternehmung angenommen.[7]

Als EVA gilt das „residual income left over from operating profits after the cost of capital has been subtracted"[8]. Es wird berechnet, indem die Differenz zwischen der betrieblichen Kapitalrendite (r, „return on capital") und dem Kapitalkostensatz (c*, „cost of capital") mit dem Wert des in der Unternehmung gebundenen operativen Vermögens („capital", „Economic book value of all cash invested in going-concern business activities") multipliziert wird:[9]

$$EVA = (r - c^*) \times capital$$

durch Ausmultiplizieren wird daraus:

$$EVA = r \times capital - c^* \times capital$$

Da das Produkt $r \times capital$ nichts anderes darstellt als das operative Ergebnis nach Korrektur um Ertragsteuern (NOPAT, „Net Operating Income After Tax") kann die Gleichung umgeformt werden als:

$$EVA = NOPAT - c^* \times capital$$

Ein positives Ergebnis für den EVA zeigt an, daß das Ergebnis der betrieblichen Tätigkeit über die Deckung der gesamten Finanzierungskosten des betrieblich genutzten Vermögens (Eigen- und Fremdkapital) hinaus zu einem betrieblichen Übergewinn[10] geführt hat. Ist der EVA negativ, reichte das Ergebnis der betrieblichen Tätigkeit nicht aus, die Finanzierungskosten zu decken. Aus Sicht der an der Unternehmung beteiligten Investoren sind hier Werte in dem Sinne vernichtet worden, als das gebundene Kapital in einer anderen Unternehmung mit ähnlichem Risikoprofil angemessener hätte verzinst werden können.

---

7 Vgl. *Copeland/Koller/Murrin* (1994), S. 239.
8 *Stern* (1994), S. 49.
9 Vgl. *Stewart* (1991), S. 136 f.
10 Vgl. zum Begriff *Hostettler* (1997), S. 38.

Die Ausführungen zum Berechnungsansatz des EVA zeigen, daß dieses Konzept unmittelbar auf den leistungswirtschaftlichen Erfolg ausgerichtet ist. Bei der Berechnung werden im Hinblick auf die berücksichtigte Erfolgsgröße wie auch bei der zugrundegelegten Vermögensgröße lediglich die betrieblichen Aktivitäten einbezogen. Erträge aus dem nicht betriebsnotwendigen Vermögen werden ebensowenig berücksichtigt wie Zinsaufwendungen.

Durch die Eliminierung der Zinsaufwendungen in der Erfolgsgröße und die gleichzeitige Berücksichtigung einer Mindestverzinsung von Eigen- und Fremdkapital aus der Sicht der Investoren bei der Ermittlung des Kapitalkostensatzes (c*) umgeht dieses Konzept die Schwäche des kaufmännischen Periodengewinns bei der Leistungsbeurteilung einer Unternehmung.

2.2 Das Konzept „Economic Value Added" im Kontext marktwertorientierter Unternehmensführung

Eine marktwertorientierte Unternehmensführung verlangt die Ausrichtung der Unternehmensstrategie an der Steigerung des als „Shareholder Value" bezeichneten kapitalmarktorientierten Unternehmenswertes.[11]

Zwischenzeitlich sind unterschiedliche Ansätze für eine marktwertorientierte Unternehmensführung entwickelt worden. Die größte Verbreitung haben wohl der Ansatz nach *Rappaport*[12], der Ansatz nach *Copeland et al.* (McKinsey)[13], der Ansatz nach *Lewis* (Boston Consulting Group)[14] und der Ansatz nach *Stewart* (Stern Stewart & Co.)[15]. Ohne auf die Unterschiede im einzelnen einzugehen, beschränken sich die Ausführungen im folgenden auf den Ansatz von *Stewart*.

Ein auf der Grundlage des Shareholder Value-Ansatzes ermittelter Unternehmenswert stellt nichts anderes dar, als den finanziellen Wert des Eigenkapitals einer Unternehmung für deren Eigentümer. Dieser Unternehmenswert entspricht im Sinne der dynamischen Investitionsrechnung dem Barwert aller dem Aktieninvestor künftig zufließenden Einzahlungsüberschüsse. Unter der Annahme eines effizienten Kapitalmarktes entspricht ein so ermittelter Unternehmenswert dem Marktwert des Eigenkapitals.

Die marktwertorientierte Unternehmensführung als Handlungsmaxime des Managements zielt auf die Wertsteigerung des Eigenkapitals. Die Determinanten der Wertstei-

---

11 Vgl. zu einem Überblick z.B. *Ballwieser* (1994) m.w.N.; *Wagenhofer* (1998).
12 Vgl. *Rappaport* (1986).
13 Vgl. *Copeland/Koller/Murrin* (1994).
14 Vgl. *Lewis* (1995); *Lehmann* (1994).
15 Vgl. zu einem Überblick *Bühner* (1996).

gerung werden Werttreiber genannt. *Stewart* differenziert ausgehend von den zahlungswirksamen Nettobetriebsergebnissen nach Steuern vier vom Management beeinflußbare Werttreiber.[16] Hierbei handelt es sich um die bei gegebener Aktiva erzielbaren Nettobetriebsergebnisse, den Steuervorteil der Fremdfinanzierung bei gegebener Zielkapitalstruktur, der durchschnittliche Betrag für Erweiterungsinvestitionen und die Cash-Flow-Rendite nach Steuern auf solche Investitionen.

Grundsätzlich ist das Konzept des „Shareholder Value" nicht neu. Vergleichbare Konzepte werden zumindest im Zusammenhang mit dem Eigentumswechsel von Unternehmungen oder Teilen von Unternehmungen schon seit langer Zeit angewendet. Innovativ am Ansatz einer marktwertorientierten Unternehmensführung ist insbesondere „die Verwendung eines solchen Ertragswertes zur strategischen Steuerung und Kontrolle ganzer Unternehmen, einzelner Konzerngesellschaften und Geschäftsbereiche"[17].

Im Unterschied zu anderen marktwertorientierten Ansätzen basiert das Konzept des EVA nicht auf der Diskontierung zukünftiger Cash-Flows, sondern auf dem Residualgewinn-Konzept. Nach dem Lücke-Theorem ist allerdings unter bestimmten Voraussetzungen der Barwert des zukünftigen Cash-Flows aus einem Investitionsprojekt gleich dem Barwert der zukünftigen Residualgewinne.[18]

Die Größe EVA mißt den Erfolg eines Zeitraumes, im Regelfall eines Jahres. Die Verbindung zum Kapitalmarkt und damit zum kapitalmarktorientierten Unternehmenswert wird im Konzept nach Stewart durch die Einführung eines weiteren Wertmaßstabes hergestellt. Der hierzu berechnete „Market Value Added (MVA)" ergibt sich aus der Differenz zwischen Marktwert des investierten Kapitals und dem „capital" zum Zeitpunkt der Gründung.[19] Dieser Wertmaßstab gibt an, welchen Wert eine Unternehmung über das investierte Kapital hinaus am Kapitalmarkt seit der Gründung geschaffen hat. Konzeptionell entspricht dieser MVA im Zeitpunkt t=0 dem Barwert der zukünftigen EVAs.

Die Ausrichtung der Unternehmensführung auf den EVA führt für sich allein betrachtet nicht zwangsläufig zu einer Steigerung des kapitalmarktorientierten Unternehmenswertes im Sinne des Ansatzes einer marktwertorientierten Unternehmensführung, sondern bei konsequenter Umsetzung bestenfalls zu einer Maximierung zukünftiger

---

16 Vgl. *Stewart* (1991), S. 299 f.
17 *Busse von Colbe* (1997), S. 272.
18 Vgl. im Zusammenhang mit EVA *Stewart* (1991), S. 3 u. 192; zu einem formalen und quantitativen Vergleich von EVA und Dicounted-Cash-Flow vgl. *Hostettler* (1997), S. 191 - 197. Die Identität der Konzepte ergibt sich allerdings nur unter der Annahme, daß sich die Bruttoinvestitionen und die Abschreibungen nach dem Prognosehorizont entsprechen.
19 Vgl. zum Konzept des MVA *Stewart* (1991), S. 154, S. 174 u. S. 179 - 222.

EVAs. Nur wenn das Management regelmäßig glaubhaft unter Beweis stellen kann, daß der Barwert der zukünftigen EVAs über den Erwartungen der Aktionäre liegen wird, kann eine Steigerung des kapitalmarktorientierten Unternehmenswertes angenommen werden, sofern die Veränderung dieses Barwertes nicht durch Veränderungen des Fremdkapitals zu Marktwerten kompensiert wird.

2.3 Ermittlung der Basiselemente

Die Umsetzung des Konzepts des EVA bedeutete für die IIN die umfassende Implementierung dieser Größe in das Instrumentarium zur Führung der Geschäftsbereiche. Dies beinhaltet insbesondere die Planung und Kontrolle des Erfolgs der Geschäftsbereiche sowie die Beurteilung und Entlohnung des jeweils verantwortlichen Managements. Im Hinblick auf die Planung und Kontrolle ist der EVA wesentlicher Bestandteil der operativen (für die folgenden 2 Geschäftsjahre) und der strategischen Planung (für die folgenden 5 Geschäftsjahre), die beide regelmäßig jedes Jahr durchgeführt werden. Darüber hinaus werden alle Investitionen in Anlagen und Beteiligungen anhand des Barwertes der zukünftigen EVAs im Zusammenhang mit dem jeweiligen Projekt bewertet.

Vor dem Hintergrund einer so umfassenden Implementierung wurde bei der IIN nach einem Vorgehen gesucht, das unter Inkaufnahme von bestimmten Vereinfachungen eine effiziente Ermittlung der notwendigen Rechengrößen sicherstellt. Beeinflußt wurden die Überlegungen insbesondere von der Auffassung, daß manuelle Anpassungen die Komplexität der Ermittlung des EVA insbesondere auf der Ebene der Geschäftsbereiche deutlich erhöhen sowie die gewünschte Transparenz der einfließenden Größen negativ beeinflussen.

Im Ergebnis führten die internen Diskussionen zur Festlegung der nachfolgenden Grundsätze, die den internen Rahmen für die Umsetzung des Konzepts EVA für die IIN und ihrer Geschäftsbereiche darstellen:

- Die Beurteilung des EVA konzentriert sich nicht auf die isolierte Betrachtung einzelner periodischer Werte, sondern auf die Entwicklung der Kennzahl im Zeitverlauf.

- Das Kalkül des EVA soll in einer Form umgesetzt werden, die durch reduzierte Komplexität sicherstellt, daß sich das operative Management auf die direkte Beeinflussung der wirklichen Werttreiber konzentrieren kann. Ein „managen" der Berechnungselemente des EVA soll unbedingt vermieden werden.

- Als Basis der Ermittlung sollen die im Rahmen der Zusammenstellung der Plan- und Ist-Werte (Monats-, Quartals-, und Jahresabschlüsse) routinemäßig ermittelten Rechengrößen dienen. Hierbei ist auf manuelle Ermittlungen und Anpassungen weitestgehend zu verzichten.

2.3.1 Wert des in der Unternehmung gebundenen operativen Vermögens („capital")

Das „capital" ergibt sich entsprechend dem ursprünglichen Konzept des EVA in guter Näherung aus der Differenz der Aktivseite der Bilanz und den zinsfreien betriebsbedingten Verbindlichkeiten der Passivseite, nachdem folgende weiteren Anpassungen vorgenommen wurden[20]:

- Das Vermögen ist um börsengängige Wertpapiere und Anlagen in Bau zu bereinigen.
- Der Barwert nicht aktivierter Leasingverpflichtungen ist dem Anlagevermögen hinzuzurechnen.
- Die ausgewiesenen Forderungen sind um berücksichtigte Wertberichtigungen zu erhöhen.
- Bei den Vorräten ist eine im Einzelfall vorhandene LIFO-Reserve additiv zu berücksichtigen.
- Die aufgelaufenen Wertberichtigungen auf Geschäfts- oder Firmenwerte sind diesen wieder hinzuzurechnen.
- Die Aufwendungen für Forschung und Entwicklung sind zu aktivieren und über 5 Jahre abzuschreiben.
- Die aufgelaufenen ungewöhnlichen Verluste (Gewinne) sind im Sinne eines langfristigen Investments zu behandeln.

Ausgehend von der Bilanzsumme zielt die Analyse der Aktiv- und der Passivseite darauf ab, einerseits aktivierte, jedoch nicht betrieblich genutzte und andererseits nicht aktivierte, jedoch betrieblich genutzte Vermögensgegenstände zu identifizieren und das gesamte betrieblich genutzte Vermögen um betriebsbedingte nicht zu verzinsende Verbindlichkeiten zu kürzen.

Anknüpfend an die durch angelsächsische Rechnungslegung geprägten Anpassungen wurden die notwendigen Anpassungen der Aktivseite der Bilanz und die Ermittlung der relevanten Verbindlichkeiten auch für die Verhältnisse bei deutschen Rechnungs-

---

20 Vgl. *Stewart* (1991), S. 744.

legungsvorschriften weitergehend analysiert,[21] wobei allerdings bisher kein allgemeingültiges Anpassungsschema entwickelt wurde. Die bisherige Diskussion in Deutschland ist vor allem beeinflußt durch die Probleme der externen Analyse, nicht betrieblich genutzte Vermögensteile zu identifizieren. Für die Zwecke von Entlohnungssystemen ist diese Problematik ohne Relevanz, da die internen Beteiligten einer Unternehmung relativ genau ermitteln können, welche Teile des gesamten Vermögens betrieblich genutzt werden. In Abhängigkeit vom jeweiligen Einzelfall können dann individuelle Anpassungsmaßnahmen notwendig sein.

Unter dem Aspekt der Aktivierung von nicht betrieblich genutzten Vermögensgegenständen wird das Vermögen in dem ursprünglichen Konzept um börsengängige Wertpapiere und Anlagen in Bau bereinigt und um den Barwert nicht bilanzierter Leasingverpflichtungen ergänzt. Bei der IIN wird das betriebsnotwendige Vermögen wegen geringer Bedeutung und aus Gründen der Vereinfachung nicht um Anlagen in Bau und börsengängige Wertpapiere gekürzt. Allerdings eliminiert die IIN in diesem Schritt die in der Bilanz ausgewiesenen flüssigen Mittel. Dadurch werden die gesamten Barmittel sowie die Investitionen in liquide Mittel mit einer Laufzeit von weniger als drei Monaten in Abzug gebracht. Dieser Ansatz negiert gemäß den oben dargestellten Grundsätzen bewußt die Notwendigkeit des Haltens liquider Mittel im operativen Geschäft.

Bei Unternehmungen, die geplante Investitionen nicht selbst direkt finanzieren, sondern durch Leasing abwickeln, ist das bilanzierte Anlagevermögen verzerrt, indem diese Investitionen regelmäßig nicht beim Leasing-Nehmer aktiviert werden. Zur Neutralisierung der Auswirkungen von Leasing-Geschäften schlägt *Stewart* vor, die Leasingzahlungen der nächsten fünf Jahre zu kapitalisieren und deren Barwert sowohl dem Anlagevermögen wie auch dem langfristigen Fremdkapital zuzuschlagen und den überschlägig geschätzten Zinsanteil in den Leasingraten dem operativen Ergebnis wieder hinzuzuaddieren.[22] Die IIN geht im Rahmen ihres operativen Geschäftes ausschließlich Leasingverpflichtungen ein, die nach US-GAAP gemäß SFAS No. 13 als operatives Leasing zu betrachten und somit nicht zu aktivieren sind. Bei der Ermittlung des EVA werden die hier bestehende Leasingverpflichtungen dem für den EVA zu berechnenden betriebsnotwendigen Vermögen hinzugerechnet. Die Ermittlung des gesamten Barwerts der zukünftigen Leasingverpflichtungen erfolgt im Rahmen einer Einzelberechnung für alle Leasingverträge.[23]

---

21 Vgl. *Röttger* (1994), S. 82 - 102; für die Schweiz *Hostettler* (1997), S. 111 - 149.
22 Vgl. *Stewart* (1991), S. 98 f.
23 Entgegen dem Vorschlag von *Copeland/Koller/Murrin* werden dabei die in der Leasingrate enthaltenen Anteile für Instandhaltung nicht aus dem ermittelten Barwert herausgerechnet. Vgl. *Copeland/Koller/Murrin* (1994), S. 178.

Alle weiteren Korrekturen im ursprünglichen Konzept dienen der Überführung des bilanziellen Vermögens in eine Vermögensgröße, die der Perspektive der Eigentümer gerecht wird. Hierbei handelt es sich um die Berücksichtigung von Vermögensgegenständen, die in der Bilanz eines traditionellen Rechnungswesens vor allem wegen dem handelsrechtlichen Vorsichtsprinzip keine Beachtung finden.[24] Wesentliche Aspekte sind in diesem Zusammenhang die Behandlung der Wertberichtigungen auf Forderungen, der LIFO-Reserve, der Wertberichtungen auf Geschäfts- und Firmenwerte und von Ausgaben für Forschung und Entwicklung.

Wertberichtigungen auf Forderungen ergeben sich üblicherweise aufgrund einer Analyse einzelner Forderungen im Hinblick auf das Risiko eines Forderungsausfalls. Neben der Beurteilung des individuellen Ausfallrisikos wird im Rahmen der Wertberichtigungen auf Forderungen aber auch das allgemeine Ausfallrisiko durch das Delkredere berücksichtigt. Die Bemessung dieses Teils der Wertberichtigungen erfolgt im Regelfall pauschal vor dem Hintergrund von Erfahrungswissen und in Anlehnung an steuerrechtliche Vorschriften.

Unter der Annahme, daß solche Wertberichtigungen zu einem hohen Grad den Charakter von stillen Reserven haben und zur Ergebnissteuerung eingesetzt werden können, wird im ursprünglichen Konzept folgende Behandlung vorgeschlagen: „Reserves for bad debts [...] should be considered to be equity equivalent if they are a recurring part of the business and will grow along with the general level of business activity. If they are more episodic in nature, it may be appropriate to leave them as offsets to capital"[25]. Nach der von der IIN vertretenen Auffassung geht eine solche Korrektur zu weit. Bei Anwendung des true and fair view-Prinzips erscheint höchstens eine Korrektur in Höhe des Delkrederes gerechtfertigt. Zur Berechnung des „capitals" in den Geschäftsbereichen der IIN wird auf eine entsprechende Korrektur verzichtet.

Durch die Anwendung des strengen Niederstwertprinzips führt die Verwendung des Verbrauchsfolgeverfahrens „LIFO" bei steigenden Marktpreisen zu stillen Reserven im Umlaufvermögen. Bei Anwendung dieser Verbrauchsfolge geht *Stewart* davon aus, daß „Inventory and equity are outdated and understated"[26] und schlägt konsequenterweise eine Korrektur der Aktiva um den Bewertungsunterschied aus der Anwendung von „LIFO" im Vergleich zu „FIFO" vor, der nach US-GAAP als LIFO-Reserve aus-

---

24 Vgl. *Stewart* (1991), S. 91; „Equity Equivilants eliminate accounting distortions by converting from accrual to cash accounting, from a pessimistic lenders' to a realistic shareholder' perspective, and from successful-efforts to full-cost accounting". Ähnlich *Copeland/Koller/Murrin* (1994), S. 159 ff.
25 *Stewart* (1991), S. 117; Auslassung durch den Verfasser.
26 *Stewart* (1991), S. 113.

weispflichtig ist.[27] Für die IIN ist eine solche Anpassung ohne Bedeutung, da entsprechend der Konzernbilanzierungsrichtlinie als Verbrauchsfolgeverfahren zwingend „FIFO" anzuwenden ist.

Beim Geschäfts- oder Firmenwert handelt es sich üblicherweise um die aktivische Differenz zwischen Anschaffungskosten für eine Beteiligung und dem mit der Beteiligung verbundenen anteiligen Eigenkapital, nachdem stille Reserven und Lasten zugeschrieben bzw. verrechnet wurden. Dieser Unterschiedsbetrag stellt nichts anderes dar, als die Differenz zwischen Kaufpreis für eine Unternehmung und dem Wert der übernommenen Vermögensgegenstände und Schulden. Auch in Deutschland gilt, daß „heute bei Akquisitionen häufig mehr als die Hälfte des Kaufpreises auf den miterworbenen Goodwill entfällt"[28].

Nach US-GAAP ist der Geschäfts- oder Firmenwert gemäß APB Opinion No. 17 in Verbindung mit APB Opinion No. 16 zu aktivieren und abzuschreiben.[29] Das deutsche Bilanzrecht sieht eine Fülle von Varianten bei der Behandlung solcher Unterschiedsbeträge vor,[30] die sich auf zwei grundsätzliche Methoden verdichten lassen. Entweder wird ein entsprechender Unterschiedsbetrag unter den immateriellen Vermögensgegenständen als Geschäfts- oder Firmenwert aktiviert und erfolgswirksam planmäßig abgeschrieben, oder der Unterschiedsbetrag wird direkt und sofort in voller Höhe offen mit den Konzerngewinn- oder auch -kapitalrücklagen erfolgsneutral verrechnet.

Gemäß *Stewart*[31] sind erworbene Geschäfts- oder Firmenwerte als langfristige Investitionen zu betrachten, die nicht abgeschrieben werden sollten. Hintergrund dieses Vorgehens ist die Überzeugung, daß der gewöhnliche Geschäftsbetrieb zu einer Erhaltung des erworbenen Geschäfts- oder Firmenwertes in Form von z.B. der Qualität des Managements, Kostenvorteilen gegenüber Konkurrenten oder Wettbewerbsvorteilen aufgrund der Produktpalette führt. Ein Wertverfall des erworbenen Geschäfts- oder Firmenwert sollte in der Realität üblicherweise vermieden werden.[32] Aufgrund dieser Überzeugung sieht das Konzept des EVA vor, daß die aufgelaufenen Wertberichtigungen den ausgewiesenen Geschäfts- oder Firmenwerten wieder hinzuzurechnen sind.

---

27 Vgl. zur Ausweispflicht der LIFO-Reserve nach GAAP z.B. *Williams* (1997), S. 27.07.
28 *Piltz* (1990), S. 10.
29 Vgl. zur Behandlung des Goodwills gemäß APB Opinion No. -16 und APB Opinion No. 17 z.B. *Williams* (1997), S. 3.01 - 3.36 u. S. 23.01 - 23.12.
30 Vgl. zu konzernbilanzpolitischen Gestaltungsmöglichkeiten bei der Behandlung von Unterschiedsbeträgen aus der Kapitalkonsolidierung *Greth* (1996), S. 182 - 189.
31 Vgl. *Stewart* (1991), S. 114.
32 A.A. *Röttger* (1994), S. 92; *Hostettler* (1997), S. 146 f.

Basierend auf den Vorschriften der US-GAAP aktiviert die IIN den Geschäfts- oder Firmenwert und schreibt diesen gemäß APB Opinion No. 16/17 über die Laufzeit von 40 Jahren linear ab. Bei der Berechnung des EVA wird bei der IIN allerdings auf eine Korrektur des „capitals" um die Wertberichtigungen verzichtet. Dies geschieht insbesondere vor dem Hintergrund der von der IIN festgelegten Rahmenbedingungen für die Umsetzung des Konzepts des EVA.

Die Ermittlung des „capitals" gemäß *Stewart* berücksichtigt auch selbsterstellte immaterielle Vermögensgegenstände in Form von Forschungs- und Entwicklungsaufwendungen. Diese Aufwendungen zeichnen sich dadurch aus, daß relativ hohe Vorleistungen erbracht werden, deren Erträge sich jedoch erst in der Zukunft einstellen. Einen vergleichbaren Charakter besitzen auch Aufwendungen für die Aus- und Fortbildung von Mitarbeitern sowie Marketingaufwendungen. Diese Aufwendungen sind entsprechend US-GAAP gemäß SFAS No. 2[33] und auch gemäß den Bilanzierungsvorschriften des HGB[34] im Regelfall nicht aktivierungsfähig und werden in der Periode, in der sie anfallen, in voller Höhe ergebnismindernd verbucht. Unter betriebswirtschaftlichen Gesichtspunkten erscheint es sinnvoll, diese periodischen Ausgaben zu aktivieren und über die geschätzte Laufzeit der jeweils relevanten Projekte bzw. mit den mit diesen Projekten verbundenen Erträgen abzuschreiben.[35] Durch dieses Vorgehen würde insbesondere die Vergleichbarkeit von sachanlageintensiven Unternehmungen mit forschungs- und marketingintensiven Unternehmungen hinsichtlich der Vermögens- und Ergebnisstruktur verbessert.[36]

Die IIN hat sich bei der Einführung des Konzepts dafür entschieden, bei der Berechnung des EVA im Hinblick auf die Berücksichtigung der Ausgaben für Forschung und Entwicklung die handelsrechtlich übliche, wenn auch konservative Praxis beizubehalten. Die jährlichen Ausgaben für Forschung und Entwicklung im Konzern waren in der Vergangenheit relativ konstant und auch in der näheren Zukunft ist nicht mit einer signifikanten Veränderung dieser jährlichen Ausgaben zu rechnen. Vor dem Hintergrund, daß sich die Beurteilung des EVA bei der IIN auf die Entwicklung der Größe im Zeitverlauf konzentriert, erschien ein Verzicht auf diese Anpassung des „capitals" vertretbar.

Im Ergebnis entsteht für die IIN und ihre Geschäftsbereiche nachfolgendes Berechnungsschema für „capital":

---

33 Vgl. zur Behandlung von F&E-Aufwand gemäß SFAS No. 2 z.B. *Williams* (1997), S. 42.01 - 42.16.
34 Vgl. zur Behandlung von F&E-Aufwand gemäß HGB z.B. *Knop/Küting* (1990), S. 999 - 1001.
35 Vgl. *Stewart* (1991), S. 115 f.
36 Vgl. *Röttger* (1994), S. 88.

    Bilanzielles Vermögen
./. Flüssige Mittel
 + Barwert zukünftiger Leasingverpflichtungen
./. Zinsfreie betriebsbedingte Verbindlichkeiten
 = „capital"

Als zinsfreie betriebsbedingte Verbindlichkeiten werden alle unverzinslichen betriebsnotwendigen Positionen der Passiva eliminiert, da die Unternehmung für dieses Kapital aufgrund der Zinsfreiheit keine Rendite erwirtschaften muß. Hierzu gehören Verbindlichkeiten aus Lieferungen und Leistungen, Anzahlungen von Kunden und passive latente Steuern.

In der skizzierten Form wird das „capital" für jedes Quartal eines Kalenderjahres berechnet. Maßgeblich für die Ermittlung des Kapitalkostensatzes (c*) ist jedoch nicht der Wert des aktuellen Quartals, sondern ein Durchschnittswert aus den letzten vier Quartalen.[37]

2.3.2 Operatives Ergebnis nach Korrektur um Ertragsteuern (NOPAT)

Die Ermittlung des operativen Ergebnisses ist zunächst abhängig von den zugrundeliegenden Rechnungslegungsvorschriften. Auf der Grundlage von US-GAAP bildet das in der Gewinn- und Verlustrechnung ausgewiesene „operating income" den Ausgangspunkt für die weiteren Betrachtungen. Auch dem Konzept zur Gliederung der Gewinn- und Verlustrechnung nach HGB liegt eine klare Trennung der betrieblichen Sphäre vom Finanz- und Beteiligungsbereich zugrunde.[38] Mit Ausnahme von den sonstigen betrieblichen Erträgen und den sonstigen betrieblichen Aufwendungen können alle Positionen innerhalb des Ergebnisses der gewöhnlichen Geschäftstätigkeit einem der beiden Bereiche zugeordnet werden. Die Positionen sonstige betriebliche Erträge und Aufwendungen verlangen allerdings eine weitergehende Analyse im Einzelfall.

Die wichtigsten Anpassungen für das in der Gewinn- und Verlustrechnung ausgewiesene operative Ergebnis ergeben sich aus der Ermittlung des „capital". Sofern der Barwert nicht aktivierter Leasingverpflichtungen dem Anlagevermögen hinzugerechnet wurde, ist das operative Ergebnis um den Teil dieser Zahlungen zu bereinigen, die über die notwendigen Abschreibungen hinausgehen. Dies sind regelmäßig die in den Leasingraten enthaltenen Zinsanteile. Des weiteren müssen bei den Anpassungen, die der Überführung des bilanziellen Vermögens in eine Vermögensgröße aus Eigentü-

---

37 Entgegen dem von *Stewart* vorgeschlagenen Ansatz wählt die IIN eine genauere Ermittlungsmethode, um die zeitliche Verfügbarkeit des operativen Vermögens besser berücksichtigen zu können. Vgl. *Stewart* (1991), S. 742.
38 Vgl. *Röttger* (1994), S. 102 m.w.N.

mersicht dienen und die in einem direkten Zusammenhang mit dem Jahresergebnis stehen, deren jährliche Änderungen als Anpassungen zum operativen Ergebnis berücksichtigt werden.

Zum Zwecke der Neutralisierung der Zinsanteile in den Leasingaufwendungen werden bei der IIN und ihren Geschäftsbereichen die vorhandenen Leasingverpflichtungen dergestalt abgezinst, daß der verbleibende Barwert dem alternativen Kaufpreis der jeweiligen Investition entspricht. Der dabei ermittelte Zinsfuß kann dann zur Ermittlung des in der Leasingrate enthaltenen Zinsanteils herangezogen werden.[39]

Auch die im operativen Ergebnis berücksichtigten Aufwendungen für Pensionen und ähnliche Leistungen enthalten Zinsbestandteile.[40] Entsprechend den Zinsanteilen in den Leasingaufwendungen werden diese bei der IIN dem operativen Ergebnis wieder hinzugerechnet. Der hierbei angewandte Zinssatz entspricht dem für die Zwecke der externen Rechnungslegung zur Bestimmung des Barwertes der Pensionsverpflichtungen herangezogenen Satz.

Im Rahmen der Zusammenarbeit zwischen der IIN als Management Holding und ihren Geschäftsbereichen muß jeder dieser Bereiche gemäß den ITT Industries Financial Policies eine Konzernumlage an die Hauptverwaltung der IIN abführen. Mit dieser Belastung beteiligt die IIN alle operativen Einheiten an den Kosten der Hauptverwaltung für Verwaltung und kommerzielle Unterstützung der Geschäftsbereiche. Der hierdurch in der Gewinn- und Verlustrechnung der Geschäftsbereiche zu berücksichtigende Aufwand wird dort nicht im operativen Ergebnis sondern als sonstiges Ergebnis ausgewiesen. Bei einer isolierten Bewertung der finanziellen Performance der Geschäftsbereiche mittels EVA ist dieser Aufwand jedoch der Leistungssphäre des Bereiches zuzuordnen, da diese Leistungen – vor dem fiktiven Hintergrund des Geschäftsbereiches als konzernunabhängige Organisation – von dem Bereich entweder selbst erbracht oder eingekauft werden müßten. Aus diesem Grund wird die Konzernumlage zur Ermittlung des EVA auf der Ebene der Geschäftsbereiche und darunter in das operative Ergebnis umgegliedert. Auf der Ebene der Gesamtunternehmung ist dieser Schritt ohne Bedeutung.

Sofern Beteiligungen betrieblich notwendig (z.B. wegen Liefervereinbarungen), strategisch bedingt (z.B. wegen umfassenden Kooperationsverträgen) oder vom Manage-

---

39 *Stewart* bemerkt hierzu: „Moreover, the after-tax interest component of the rents should be added back to earnings and extracted from rent expense". Entgegen diesem Vorschlag werden die Zinsen ohne Berücksichtigung des tax-shield dem Operating Income in vollem Umfang hinzugerechnet. Vgl. *Stewart* (1991) S. 98.

40 Vgl. zur Rechnungslegung nach US-GAAP für Pensionen SFAS No. 87 und für „Other Post Employment Benefits" SFAS No. 81.

ment erklärtermaßen auf Dauer gehalten werden, können diese Beteiligungen der Leistungssphäre einer Unternehmung zugerechnet werden.[41] Aus der Perspektive von Investoren repräsentieren entsprechende Beteiligungen gebundenes Kapital, das für eine alternative Nutzung nicht zur Verfügung steht. Vor diesem Hintergrund müssen auch diese Beteiligungen eine vom Investor geforderte Rendite erwirtschaften. Da die Beteiligungserträge im Normalfall nicht Bestandteil des operativen Ergebnisses sind, muß das operative Ergebnis um solche Beteiligungsergebnisse angepaßt werden, bei denen die entsprechende Beteiligung der Leistungssphäre der Unternehmung zuzuordnen ist. Häufig wird dies bei Beteiligungen der Fall sein, die auf der Grundlage der Equity-Methode in den Konzernabschluß einbezogen werden.

Beteiligungen bei denen der Anteil der IIN bis zu 50 % beträgt, werden im Regelfall auf Grundlage der Equity-Methode in den Konzernabschluß einbezogen. Bei diesen Beteiligungen handelt es sich überwiegend um Joint Ventures, die den operativen Aktivitäten der Geschäftsbereiche der IIN zuzurechnen sind. Da die der IIN zustehenden Erträge aus assoziierten Unternehmen auf der Ebene der Geschäftsbereiche nicht im operativen Ergebnis reflektiert sind, müssen diese zur Ermittlung des EVA diesem hinzugerechnet werden.

Da von dem in der Leistungssphäre einer Unternehmung erwirtschafteten Ertrag nur der nach Ertragbesteuerung verbleibende Rest zur Verteilung an die Kapitalgeber zur Verfügung steht, geht in die Berechnung des EVA nur eine um die Ertragsteuern bereinigte Größe ein.

Ausgangspunkt für die Berechnung des zu berücksichtigenden Steueraufwandes ist der Teil des in der Gewinn- und Verlustrechnung ausgewiesenen Steueraufwandes, der Zahlungen der betrachteten Periode entspricht.[42] „For valuation and analytical purposes, income taxes should be stated on a cash basis."[43] Um zu einer solchen Größe zu gelangen, ist der in der Gewinn- und Verlustrechnung ausgewiesene Steueraufwand zumindest um die in der Rechnungsperiode verbuchten latenten Steuern zu korrigieren.

Ausgehend von diesem um Nicht-Zahlungen bereinigten Steueraufwand sind zusätzlich noch die Steuereffekte von nichtbetrieblichen Positionen rückgängig zu machen. Hierbei handelt es sich insbesondere um das Finanzergebnis und die Teile des Beteiligungsergebnisses, die nicht im operativen Ergebnis der Gewinn- und Verlustrechnung berücksichtigt wurden. Der zu verwendende Steuersatz kann sowohl individuell für

---

41 Vgl. *Hostettler* (1997), S. 152.
42 Vgl. zu einem Berechnungsschema *Stewart* (1991), S. 104 f.
43 *Copeland/Koller/Murrin* (1994), S. 159. Ähnlich *Stewart* (1991), S. 105.

jede Position festgelegt werden, als auch in Form der Konzernsteuerrate als Mischsatz zur Anwendung kommen.

Bei der Berechnung des EVA wird in der IIN im Hinblick auf die Berechnung der Ertragsteuern auf das operative Ergebnis für sämtliche Geschäftsbereiche der als Mischsatz ermittelte effektive Konzernsteuersatz angewendet. Veränderungen der latenten Steuern finden bei der Bildung dieses Mischsatzes keine Berücksichtigung.

Im Ergebnis ergibt sich für die Berechnung von NOPAT für die IIN und ihre Geschäftsbereiche das nachfolgende Schema:

	Operatives Ergebnis gemäß Gewinn- und Verlustrechnung
+	Zinsanteile in Leasingaufwendungen
+	Zinsanteile in Aufwendungen für Pensionen und ähnlichen Verpflichtungen
+	Erträge aus assoziierten Unternehmen*
+	Konzernumlage IIN*
./.	Ertragsteuern
=	Operatives Ergebnis nach Korrektur um Ertragsteuern (NOPAT)

* Umgliederung, die nur auf den Ebenen Geschäftsbereich und darunter vorgenommen wird

2.3.3 Kapitalkostensatz (c*)

Auf dem Opportunitätskostenprinzip aufbauend bestimmt sich die Höhe des Kapitalkostensatzes (c*) durch die vom Investor erwartete Rendite auf dem Kapitalmarkt für Anlagen ähnlicher Laufzeit und ähnlichen Risikos. Ausgangspunkt für die Berechnung von c* ist nachfolgende Gleichung zur Abschätzung des gewogenen Durchschnitts der Fremd- und Eigenkapitalkostensätze[44], die sich aus den Elementen Eigenkapitalkostensatz (k_{EK}), Fremdkapitalkostensatz nach Steuern (k_{FK}) sowie dem jeweiligen Anteil des Eigenkapitals (EK) und Fremdkapitals (FK) am Gesamtkapital (GK) zusammensetzt:

$$c^* = k_{EK} * EK/GK + k_{FK} * FK/GK$$

Für die Größen Eigen- und Fremdkapital wird die Verwendung von Marktwerten verlangt und ihr Verhältnis soll eine Ziel-Kapitalstruktur widerspiegeln.[45]

---

44 Vgl. ausführlich zum Konzept z.B. *Brealey/Myers* (1996), S. 517 - 525.
45 Vgl. *Stewart* (1991), S. 85; *Copeland/Koller/Murrin* (1994), S. 241.

Das zugrundezulegende Fremdkapital setzt sich aus den Anleihe- und Bankverbindlichkeiten sowie aus nicht durch Pensionsfonds gedeckten Pensionsverpflichtungen[46] und Leasingverpflichtungen[47] zusammen. Die nicht zu verzinsenden betriebsbedingten Verbindlichkeiten wurden schon bei der Berechnung des „capital" berücksichtigt. Die anderen Rückstellungen, die sonstigen Verbindlichkeiten und die passiven Rechnungsabgrenzungsposten bleiben bei der Festlegung des Fremdkapitals üblicherweise unberücksichtigt.

Die bei der körperschaftlichen Formierung der IIN entstandene Fremdkapitalquote liegt nach heutigem Stand noch deutlich über der von Analysten für eine Industrieunternehmung in den USA als adäquat betrachteten Zielgröße von 50 %.[48] Vor diesem Hintergrund ist der in der Literatur geforderten Berücksichtigung der Zielkapitalstruktur bei der Ermittlung des EVA der IIN und ihrer Geschäftsbereiche eine große Bedeutung zuzuschreiben.

Die im Hinblick auf die „Rule-of-Thumb" auf Buchwertbasis berechnete Kapitalstruktur unterstellt, daß alle Pensionsverpflichtungen über Pensionsfonds gedeckt sind und Verpflichtungen aus operativem Leasing regelmäßig unberücksichtigt bleiben. Im Unterschied dazu berücksichtigt die IIN beim Fremdkapital zur Bestimmung der Ziel-Kapitalstruktur auf Marktwertbasis und damit auch bei der Berechnung des Kapitalkostensatzes zusätzlich nicht durch Pensionsfonds gedeckte Pensionsverpflichtungen und die Verpflichtungen aus operativem Leasing.[49] Die Transformation der Ziel-Kapitalstruktur auf Buchwertbasis in eine Ziel-Kapitalstruktur auf Basis von Marktwerten ergibt für den Konzern ein Verhältnis von einem Drittel Fremdkapital und zwei Dritteln Eigenkapital als Basis für die Ermittlung des Kapitalkostensatzes.

Der Kostensatz für das Fremdkapital orientiert sich entweder an den tatsächlichen Finanzierungskosten der individuellen Unternehmung oder aber an der aktuellen Rendite eines risikolosen Wertpapiers, die durch Zuschläge an die individuelle Situation der einzelnen Unternehmung angepaßt werden kann. Außerdem ist der ermittelte Kostensatz noch um die ertragsteuerlichen Effekte zu korrigieren, da den Investoren im Sinne

---

46 Vgl. zur Behandlung von Pensionsrückstellungen *Röttger* (1994), S. 113 bzw. zur Behandlung von „unfunded pensions" *Brealey/Myers* (1996), S. 777.

47 "Long-term lease obligations ought to be regarded as debt whether or not they appear on the balance sheet"; *Brealey/Myers* (1996), S. 743.

48 Diese von Analysten gegenüber der ITT Industries Inc. vertretene „Rule-of-Thumb" ermittelt die Zielgröße von 50 % Fremdkapitalquote für Industrieunternehmungen auf Basis der in der Bilanz ausgewiesenen Buchwerte, wobei eine Unterscheidung von kurzfristigen und langfristigen Verbindlichkeiten unterbleibt.

49 Letzteres geschieht in Übereinstimmung mit der Berücksichtigung der Leasingverpflichtungen bei der Berechnung des „capital".

der Opportunitätskosten lediglich der um den Steueranteil gekürzte Zins zur Verfügung steht.[50] Der für diese Korrektur zu verwendende Steuersatz kann sich an der Konzernsteuerrate als Mischsatz orientieren[51] oder wird in Abhängigkeit von den Gegebenheiten der verschiedenen Fremdkapitalgeber individuell für eine Unternehmung bestimmt.[52]

Bei der Berechnung des Kostensatzes für das Fremdkapital der IIN sind die Kosten für Anleihe- und Bankschulden, für nicht durch Pensionsfonds gedeckte Pensionsverpflichtungen sowie für Leasingverpflichtungen zu berücksichtigen. Bei dem Teil der Pensionsverpflichtungen wird hierzu der für Zwecke der externen Rechnungslegung zur Anwendung kommende Zinssatz verwendet. Für die Leasingverpflichtungen wird der für die Berechnung von NOPAT ermittelte Zinsfuß angesetzt. Die Bestimmung der Kosten für Anleihe- und Bankschulden basiert auf der Verzinsung einer Regierungsanleihe mit 10 Jahren Laufzeit. Die zweite wesentliche Determinante der Wiederbeschaffungskosten dieser Schulden ist das spezifische Kreditrisiko der IIN, welches derzeit mit einem „BBB" Rating bewertet wird. Ausgehend von dieser Einstufung als „BBB" wird der am Markt gehandelte Risikozuschlag für solche Wertpapiere ermittelt. Unter Addition dieses Zuschlages zur Rendite der risikolosen 10-jährigen Anleihe gelangt man zu den Kosten für Anleihe- und Bankschulden der IIN. Der Kostensatz wird nun jeweils mit dem als Mischsatz ermittelten Konzernsteuersatz der IIN beaufschlagt.

Die Abschätzung des Kostensatzes für das Eigenkapital geschieht allgemein unter Heranziehung von Aktien- bzw. Wertpapierbewertungsmodellen. In Wissenschaft und Praxis zur Unternehmensbewertung wurden bisher unterschiedlichste Modelle entwickelt,[53] von denen insbesondere in den USA das „Capital Asset Pricing Modell (CAPM)"[54] die größte Verbreitung erlangte, auch wenn dessen empirische Validität mittlerweile zumindest in Zweifel zu ziehen ist.[55]

---

50 Vgl. *Brealey/Myers* (1996), S. 538.
51 Vgl. zu einem solchen Vorgehen *Hostettler* (1997), S. 171 f.
52 Vgl. zu einem Vergleich der steuerlichen Auswirkungen beim Investor in den USA und der BRD *Röttger* (1994), S. 57 - 61.
53 Vgl. zu unterschiedlichen Modellen zur Abschätzung des Kostensatzes für das Eigenkapital *Stewart* (1991), S. 431 - 473; *Röttger* (1994), S. 61 - 80 u. S. 117 - 141; *Hostettler* (1997), S. 160 - 167 u. S. 172 - 176.
54 Vgl. zu einer umfassenden Darstellung des CAPM z.B. *Brealey/Myers* (1996), S. 173 - 196. Vgl. insbesondere im Hinblick auf die kritischen Einwände auch die Darstellung von *Schneider* (1992), S. 511 - 545.
55 Vgl. zur empirischen Validität des CAPM *Fama/French* (1992), S. 427 - 465; *Loistl* (1990), S. 47 - 84; *Freygang* (1993), S. 225 ff. Die Gültigkeit des Modells ist insbesondere für den Aktienmarkt in Deutschland zweifelhaft. Vgl. zu empirischen Tests für den deutschen Aktienmarkt *Möller* (1988); *Frantzmann* (1990); *Geyer/Hauer* (1991).

Das CAPM berechnet den Erwartungswert für die Aktienrendite bzw. die Renditeforderung eines Aktieninvestors und damit den Kostensatz für das Eigenkapital auf der Grundlage nachfolgender Gleichung:

$$r_i = r_f + (r_M - r_f) \times \beta_i = k_{EK}$$

Die Renditeforderung berechnet sich demnach, indem zum risikolosen Zinssatz (r_f) ein unternehmensspezifischer Risikozuschlag hinzuaddiert wird. Dieser Risikozuschlag ergibt sich, indem die am Aktienmarkt langfristig zu erzielenden Überrendite als Differenz zwischen der Rendite des Aktienmarktes (r_M) und dem risikolosen Zinssatz (r_f) mit einem unternehmungsindividuellen β-Faktor (β_i) multipliziert wird. Der β-Faktor einer Unternehmung als Volatilität der Rendite eines individuellen Wertpapiers gegenüber der Rendite des Aktienmarktes wird mit Hilfe der Covarianz statistisch ermittelt und gibt den Zusammenhang zwischen der Renditeentwicklung des Marktes und der Aktien der betreffenden Unternehmung an; ist $\beta_i > 1$ deutet dies auf ein gegenüber dem Aktienmarkt erhöhtes Risiko hin; bei $\beta_i < 1$ kann verglichen mit dem Aktienmarkt von einem geringeren Risiko ausgegangen werden.

Um den Kostensatz für das Eigenkapital zu schätzen, wird demnach neben dem Zinssatz für eine risikolose Anlage, der β-Faktor und die Überrendite benötigt, aus denen sich der Risikozuschlag zusammensetzt. Für die Schätzung der Überrenditen orientiert man sich üblicherweise an Vergangenheitswerten.[56] Für die USA werden dabei für die risikolose Anlage im Regelfall Regierungsanleihen mit langer Laufzeit unterstellt und der Aktienmarkt wird hier üblicherweise durch den Standard & Poors 500 Index[57] abgebildet. Für die β-Schätzung wird in den USA bei börsennotierten Unternehmungen auf veröffentlichte Schätzwerte[58] zurückgegriffen. Alternativ kann allerdings auch auf Branchen-Betas zurückgegriffen werden.

Als beste Annäherung für die Rendite einer risikolosen Anlage (r_f) wird bei der IIN in Übereinstimmung mit der Analysepraxis die Rendite einer Regierungsanleihe mit einer Laufzeit von 30 Jahren unterstellt. Dabei werden die Schwächen einer solchen Vorge-

---

56 Für die USA werden solche vergangenheitsorientierte Renditeberechnungen z.B. jährlich von Ibbotson Associates veröffentlicht. Für die Bundesrepublik Deutschland sind entsprechende Berechnungen bisher selten zu finden. Vgl. zu entsprechenden Berechnungen z.B. *Uhlir/Steiner* (1991), S. 161; *Bimberg* (1991), S. 96; *Stehle/Hartmond* (1991), S. 398 u. 403.

57 Vgl. Diskussion von Indices *Sharpe/Alexander* (1990), S. 197 ff., S. 671 ff., S. 774 ff. Insbesondere die leichte Verfügbarkeit der Daten, sowie die Länge des Beobachtungszeitraums sprechen für die Verwendung dieses Index.

58 Große Verbreitung hat in den USA in diesem Zusammenhang das sogenannte „Beta-Book" von Merril Lynch/Pierce/Fenner/Smith, darüberhinaus ist auch der „Value Line Investment Survey" und der „Value Line Equity Survey" zu nennen. Für die Bundesrepublik ist ein entsprechendes Datenmaterial zur Zeit noch nicht allgemein verfügbar.

hensweise, wie die Überbewertung der künftigen Inflationsentwicklung in der Rendite dieser Regierungsanleihen sowie die Divergenz zwischen der üblichen Lebensdauer der Vermögensgegenstände einer Unternehmung (Annahme eines Durchschnitts von 10 Jahren) und der Laufzeit einer solchen Regierungsanleihe (30 Jahre), bewußt in Kauf genommen.

Zur Bestimmung der Rendite des Aktienmarktes (r_M) bedient sich auch die IIN des Standard & Poor 500-Index, wobei wir das arithmetische Mittel der Renditen dieses Index mit dem Schwerpunkt auf den Jahren 1961 bis 1996 zugrunde legen.

Zur Ermittlung des unternehmungsindividuellen β_i der IIN dient als Annäherung an den Aktienmarkt wiederum der Standard & Poor 500 Index. Die Aktien der IIN werden allerdings erst seit Dezember 1995 an der New York Stock Exchange gehandelt. Selbst unter Zugrundelegung der wöchentlichen Renditen erscheint der Erhebungszeitraum als zu kurz, um eine statistisch haltbare Aussage über den ß-Faktor der IIN machen zu können.[59] Alternativ stützt man sich auf ß-Faktoren vergleichbarer Unternehmungen aus Branchen, in denen die Geschäftsbereiche der IIN operativ tätig sind. Die um die Einflüsse der jeweiligen Kapitalstruktur bereinigten ß-Faktoren (unlevered Betas)[60] dieser Unternehmungen werden mittels den angestrebten Umsatzanteilen des jeweiligen Geschäftsbereichs am Gesamtumsatz der IIN gewichtet, um zu einem „unlevered Beta" für die Gesamtunternehmung zu gelangen. Dieser ß-Faktor spiegelt jedoch die spezifische Kapitalstruktur der IIN noch nicht wieder.

Von der Mehrzahl der Investmentbanken werden die auf Basis historischer Daten ermittelten ß-Faktoren nach firmeninternen Modellen angepaßt. Diese Anpassungen erfolgen alle unter der Annahme, daß sich die ß-Faktoren im Zeitverlauf dem ß-Faktor des Marktportfolio (entspricht einem Wert von 1,0) annähern.[61] Die IIN führt in Anlehnung an die Vorgehensweise der Firma Merril Lynch die folgende Anpassung durch:

$$\beta_{adjusted} = 0{,}667 \times \beta_{raw} + 0{,}335$$

---

59 Zur Bestimmung des notwendigen Beobachtungszeitraumes bei Verwendung des arithmetischen Mittels vgl. *Sharpe/Alexander* (1990), S. 420. Der sich aus dem bisherigen Kursverlauf ergebende ß-Faktor der ITT Industries Inc. beträgt zur Zeit 0,86.

60 Bei der Bereinigung der ß-Faktoren um die Einflüsse der jeweiligen Kapitalstruktur wurde auf die Berücksichtigung von Leasing- und Pensionsverpflichtungen verzichtet. Wir vertreten in diesem Punkt die Meinung, daß seitens der Finanzanalysten solche Anpassungen aufgrund der mangelnden Verfügbarkeit der Daten üblicherweise nicht vorgenommen werden.

61 Vgl. hierzu *Sharpe/Alexander* (1990), S. 427 ff.

Dieses ermittelte ß$_{adjusted}$ muß als ß$_{unlev}$ nun noch auf die Kapitalstruktur der IIN angepaßt werden (relevering), wobei nicht durch Pensionsfonds gedeckte Pensionsverpflichtungen und Leasingverpflichtungen der IIN keine Berücksichtigung finden. Die Ermittlung des ß$_{levered}$ geschieht mit nachfolgender Gleichung:

$$ß_{lev} = ß_{unlev} \times (1 + (1 - s) \times M_{FK}/M_{EK})$$

Mit:

ß$_{lev}$ = Levered ß-Faktor der IIN
ß$_{unlev}$ = Unlevered ß-Faktor der IIN
s = Konzernsteuersatz der IIN
M$_{FK}$ = Marktwert des Fremdkapitals
M$_{EK}$ = Marktwert des Eigenkapitals

Im Ergebnis errechnet sich für die IIN auf dem beschriebenen Weg ein Kapitalkostensatz von 10 %. In der Überzeugung, daß die Veränderung des Kapitalkostensatzes im Zeitverlauf auf die Entwicklung des EVA bei der IIN nur einen untergeordneten Einfluß ausübt, wird der Kostensatz nicht regelmäßig angepaßt, sondern für zukünftige Perioden zunächst konstant gehalten.

3 Berücksichtigung des „Economic Value Added" bei der Gestaltung von Entlohnungssystemen

Gegenwärtig bemißt sich der variable Teil der Entlohnung des Managements in Deutschland noch häufig an aus dem handelsrechtlichen Jahresabschluß abgeleiteten Größen wie z.B. dem Jahresüberschuß, der Eigenkapital- oder der Gesamtkapitalrentabilität und der Dividende.[62] Diesen Größen ist allerdings gemein, daß sie, wie an anderer Stelle schon ausgeführt, zur Leistungsbeurteilung der Unternehmung und damit auch zur Leistungsbeurteilung des Managements[63] nur sehr eingeschränkt geeignet sind.

Vor dem Hintergrund einer marktwertorientierten Unternehmensführung wird vielmehr gefordert, daß die Bezugsgrößen für die variablen Anteile bei der Entlohnung des Managements kompatibel zu den internen Plan- und Kontrollgrößen der Unternehmung sind. Für eine Unternehmung, die sich am Konzept des EVA orientiert, bedeutet diese Forderung, daß der EVA auch als Zielgröße im Managemententlohnungssystem

---

62 Vgl. z.B. *Busse von Colbe* (1997), S. 288. Vgl. zu empirischen Befunden z.B. *Pellens/Rockholtz/ Stienemann* (1997), S. 1938.
63 Vgl. *Stern* (1974).

berücksichtigt sein sollte. Bei der IIN wurde dieser Schritt mit der Einführung des EVA-Konzepts vollzogen.

Bei der Definition von Entlohnungssystemen wird allgemein davon ausgegangen, „dass Anreize, die als Stimuli bereitgestellt werden, Einfluss auf das Verhalten und Handeln von Mitarbeitern haben"[64]. Im Hinblick auf die Konzeption eines Entlohnungssystems, daß die Eigentümerinteressen im Sinne einer Steigerung des kapitalmarktorientierten Unternehmenswertes berücksichtigt, sollte diese Konzeption nachfolgende Kriterien erfüllen:[65]

- Die Möglichkeit zur Steigerung der variablen Anteile der Managemententlohnung und die Eigentümerinteressen müssen einen direkten Bezug aufweisen.

- Die Zielgröße des Entlohnungssystems und damit die Höhe des zu erzielenden variablen Anteils der Managemententlohnung muß durch das Management beeinflußbar sein.

- Die Höhe des zu erzielenden variablen Anteils der Managemententlohnung muß für das Management wesentlich sein.

- Die Konzeption des Entlohnungssystems muß ein langfristig orientiertes Handeln des Managements fördern.

- Die Konzeption des Entlohnungssystems muß einfach zu kommunizieren und wirtschaftlich sein.

Es läßt sich zeigen, daß die Berücksichtigung dieser Kriterien bei der Auslegung eines auf dem Konzept des EVA basierenden Entlohnungssystems durchaus bewältigt werden kann.[66]

3.1 Bezug zwischen Managemententlohnung und Eigentümerinteressen

Unter der allgemeinen Annahme, daß bei einem auf dem Konzept des EVA basierenden Entlohnungssystem der variable Teil der Managemententlohnung von der Steigerung des EVA abhängig ist, ergibt sich nur dann ein direkter Bezug zwischen der Steigerung des Unternehmenswertes als von den Aktieninvestoren angestrebtes Handlungsergebnis und der Entlohnung des Managements, wenn zwischen dem EVA und

---

64 *Bleicher* (1992), S. 12.
65 Vgl. *Hostettler* (1997), S. 295 m.w.N.
66 Vgl. zu nachfolgenden Ausführungen insbesondere *Hostettler* (1997), S. 294 - 312 m.w.N.

dem Unternehmenswert, ausgedrückt durch zukünftige Aktienrenditen, eine Abhängigkeit nachgewiesen werden kann.

Unter der Annahme, daß eine über den Erwartungswert der Aktienrendite hinausgehende Überrendite ein geeignetes Maß für die Schaffung von Shareholder Value darstellt, wurde in einer umfangreichen statistischen Analyse[67] zum Kapitalmarkt in den USA untersucht, in welchem Umfang der EVA und eine solche Überrendite derselben Periode korrelieren und in welchem Ausmaß der EVA fähig zur Vorhersage entsprechender zukünftiger Überrenditen ist. Dabei konnte nachgewiesen werden, daß zwischen der Veränderung des EVA einer Unternehmung und der Entwicklung der über den Erwartungswert der Aktienrenditen hinausgehenden Überrendite im Verlauf einer Periode ein signifikant positiver Zusammenhang besteht. Im Hinblick auf die Abschätzung zukünftiger Überrenditen erscheint EVA auf der Grundlage dieser Untersuchungen eingeschränkt geeignet; bessere Ergebnisse im Vergleich zum EVA werden mit einer Größe erzielt, die als „refined economic value added (REVA)" in der Berechnungsformel für den EVA als „capital" anstatt des Wertes des in der Unternehmung gebundenen operativen Vermögens den gesamten Marktwert der Unternehmung (Marktwert des Eigenkapitals und Buchwert des zu verzinsenden Fremdkapitals) verwendet.

Unterstellend, daß der Unternehmenswert durch den Wert des in der Unternehmung gebundenen operativen Vermögens und durch die Unternehmungsstrategie bestimmt wird und Mitglieder der obersten Führungsebene Einfluß auf diese beiden Faktoren haben, schlagen die Autoren ein Entlohnungssystem vor, bei dem Mitglieder der obersten Führungsebene an REVA gemessen werden.[68] Da Manager der unteren Hierarchieebenen im Regelfall insbesondere Einfluß auf das in der Unternehmung gebundene operative Vermögen haben, sollten diese Managementebenen an EVA gemessen werden.

Vor dem Hintergrund der skizzierten Ergebnisse erscheint die Vermutung, daß der „EVA appproach is good news for a company's shareholders because it relates company performance directly to shareholder value"[69] nicht widerlegt, so daß bei Abhängigkeit der Managemententlohnung und erwirtschaftetem EVA, von einem direkten Bezug zwischen Höhe der Entlohnung und vom Aktieninvestor angestrebten Handlungsergebnis ausgegangen werden kann. Auch wenn zur nachhaltigen Bewährung der Vermutung noch weitere empirische Untersuchungen notwendig sind, erfährt das im

---

67 Vgl. *Bacidore/Boquist/Milbourn/Thakor* (1997).
68 Vgl. *Bacidore/Boquist/Milbourn/Thakor* (1997), S. 12, 16 u. 20.
69 *Jones* (1995), S. 19.

nachfolgenden skizzierte Vorgehen der IIN durch die vorliegenden Ergebnisse eine gewisse wissenschaftliche Rechtfertigung.

3.2 Beeinflußbarkeit des „Economic Value Added" durch Maßnahmen des Managements

Ein auf dem Konzept des EVA beruhendes Entlohnungssystem sollte sowohl die Veränderung wie auch die absolute Höhe des erwirtschafteten EVA honorieren.[70] Die Beeinflußbarkeit des variablen Entlohnungsanteils des Managements ist demnach dann gegeben, wenn das Management durch gezielte Maßnahmen auf die Höhe und die Veränderung dieser Zielgröße des Entlohnungssystems Einfluß nehmen kann.

Der Kapitalkostensatz c^*, der insbesondere das Geschäfts- und Finanzierungsrisiko zum Ausdruck bringt, kann im Regelfall nur von sehr wenigen Mitgliedern des Managements maßgeblich direkt beeinflußt werden. Dieses sind üblicherweise ausschließlich die Mitglieder der obersten Führungsebene, die die langfristige Unternehmensstrategie und damit auch das damit verbundene Risiko festlegen. Der Einfluß des Managements von Geschäftsbereichen und darunter liegenden Hierarchieebenen auf diesen Prozeß ist regelmäßig eingeschränkt. Aus diesem Grund sollte die Größe c^* für das operative Management vorgegeben werden. Diese Überzeugung hat sich auch die IIN zu eigen gemacht, indem der zur Zeit mit 10 % berechnete Kapitalkostensatz auf alle Geschäftsbereiche zur Anwendung kommt.

Im Unterschied zum Kapitalkostensatz c^* sind die Berechnungselemente „NOPAT" und „capital" allerdings sehr wohl auch vom operativen Management direkt beeinflußbar. Durch eine gesteigerte Wettbewerbsfähigkeit hinsichtlich Produkt und Service wie auch durch Maßnahmen zur Effizienzsteigerung im Hinblick auf Personaleinsatz, Materialeinsatz, Overheads und Technologie kann der operative Gewinn bei gleichem Kapitaleinsatz nachhaltig gesteigert werden. Gleichzeitig kann der EVA positiv beeinflußt werden, indem die Vermögensintensität verbessert wird. Die Analyse des gebundenen Kapitals und/oder ganzer Geschäftsbereiche kann z.B. dazu führen, daß bestimmte Vermögensteile mit entsprechend positiven Auswirkungen auf „NOPAT" und „capital" abgebaut bzw. veräußert werden. Des weiteren kann EVA bewußt gesteigert werden, indem Investitionen lediglich für solche Projekte vorgenommen werden, deren Rendite die mit dem Projekt verbundenen Kapitalkosten übersteigt.

Die IIN erwartet unter dem Aspekt der Beeinflussung des EVA durch Maßnahmen des Managements insbesondere eine maximale Auslastung der vorhandenen Fertigungskapazitäten, einen möglichst hohen Nutzungsgrad vorhandener Fertigungsanlagen bei der Einführung neuer Produkttechnologien, die Optimierung des Lagerumschlages sowie

---

70 Vgl. *Stewart* (1991), S. 247.

auch eine Anpassung der Ausgaben für Forschung und Entwicklung an die Verkürzung der Lebenszyklen der Produkte der IIN.

3.3 Wesentlichkeit der variablen Entlohnungskomponente

Die Wesentlichkeit der Höhe des variablen Anteils der Managemententlohnung ist nicht direkt abhängig von der Zielgröße des Entlohnungssystems. Vielmehr wird die Wesentlichkeit für das Management durch die Höhe der variablen Entlohnungskomponente im Vergleich zur Gesamtentlohnung bestimmt.

In den USA hat das Management bei mehr als 90 % aller Top-500 Unternehmen einen variablen Entlohnungsanteil, der zwischen 20 % und 90 % der Gesamtvergütung liegt. Vor diesem Hintergrund sollte von einer Wesentlichkeit ausgegangen werden können, wenn der variable Anteil der Managemententlohnung mindestens 20 % der Gesamtentlohnung beträgt.

Die Wesentlichkeit kann noch verstärkt werden, wenn die Konzeption des Entlohnungssystems auch ein persönliches Verlustpotential beinhaltet. Dies kann realisiert werden, indem das Basisentgelt deutlich unterhalb des marktüblichen Gehaltes liegt. Kommt in einem solchen Fall kein variabler Entlohnungsanteil zur Auszahlung, realisiert die Führungskraft einen Verlust in Form der Differenz zwischen dem marktüblichen Gehalt und dem eigenen Basisentgelt.

Die Regelungen des IIN Executive Compensation Plans[71] führen dazu, daß sich der vom Erreichen bestimmter EVA-Ziele abhängige variable Anteil der Managemententlohnung in unserer Unternehmung bei der betroffenen Personengruppe überwiegend zwischen 20 % und 30 % bewegt und damit einen wesentlichen Bestandteil der gesamten Entlohnung darstellt. Das Basisentgelt der betroffenen Mitarbeiter liegt dabei allerdings im Bereich des marktüblichen Gehalts.

3.4 Förderung langfristigen Handelns des Managements

Allgemein wird vor dem Hintergrund einer marktwertorientierten Unternehmensführung gefordert, daß die Auslegung von Entlohnungssystemen insbesondere die langfristig wirksamen Entscheidungen des Managements beeinflussen soll.

---

71 Bei den ITT Industries Executives handelt es sich um eine Personengruppe von ca. 550 Mitarbeitern, die aus der Sicht der IIN beziehungsweise deren Geschäftsbereiche eine für den Unternehmenserfolg bedeutende Schlüsselstellung innehaben. In der Regel definiert sich die Kerngruppe der Executives über die Organisationshierarchien bis einschließlich der direkt an das Management eines Geschäftsbereichs berichtenden Führungskräfte und entsprechenden Positionen in der Hauptverwaltung der IIN.

Ein entsprechendes Gestaltungsziel kann z.B. dadurch erreicht werden, daß die Auszahlung der in einer Periode erwirtschafteten finanziellen Erfolgsprämie über z.B. drei zukünftige Perioden abgegrenzt wird. „Deferring bonus payments provide a key advantage, lengthening the manager's decision horizon"[72]. Die Idee bei einem solchen Vorgehen besteht darin, daß jährlich ein Drittel der insgesamt über die letzten drei Jahre abgegrenzten Erfolgsprämien zur Auszahlung kommen. Abgegrenzt werden sowohl positive wie negative Beträge. Bei einem Auszahlungssatz von einem Drittel wird ein mindest dreijähriger Entscheidungshorizont als zeitlich minimale Orientierung der Führungskraft impliziert. In Abhängigkeit von der individuellen Unternehmenssituation können allerdings auch andere Zeiträume gewählt werden.

Die Regelungen des IIN Executive Compensation Plans sehen ein ähnliches Vorgehen zur Ermittlung des prozentualen Auszahlungssatzes (PP) für die Auszahlung der jährlichen Erfolgsprämie vor. Ausgangspunkt der Berechnung ist die Definition eines bei einem Auszahlungsatz von 100 % für jeden Geschäftsbereich insgesamt zur Auszahlung kommenden Betrages (Prämien-Pool). Wie nachfolgend gezeigt, basiert die Berechnung des zur Anwendung kommenden Auszahlungssatzes auf der Zielerreichung der drei zurückliegenden Jahre, wobei die jeweilige Zielerreichung gewichtet wird. Der so ermittelte Auszahlungssatz wird dann auf den für jeden Geschäftsbereich definierten Prämien-Pool angewandt, um den tatsächlich zur Auszahlung kommenden Betrag zu ermitteln.

$$PP_t = 0{,}25 \times x_{(t-3)} + 0{,}25 \times x_{(t-2)} + 0{,}5 \times x_{(t-1)}$$

Mit:

PP = Payment Percentage (Auszahlungssatz)
t = Kalenderjahr der Auszahlung
x = EVA-Zielerreichungsgrad der einzelnen Periode

Das für die einzelne Periode zu formulierende EVA-Ziel hat die Gestalt einer Bandbreite und ist verknüpft mit einer Skala für den Auszahlungssatz. Für den Geschäftsbereich „Automotive" entsprachen z.B. die Eckwerte der Bandbreite für das Jahr 1997 am unteren Ende einem Auszahlungssatz von 50 % und am oberen Ende einem Satz von 150 %, wobei eine betragsmäßige Veränderung von EVA unterhalb von 100 % zu vergleichsweise geringeren Auswirkungen hinsichtlich des Auszahlungssatzes führte wie die gleiche Veränderung oberhalb von 100 %. Auf diese Weise zahlten sich positive Veränderungen über 100 % hinaus überproportional aus. Das EVA-Ziel der einzelnen Periode wird im Rahmen des Budgetierungsprozesses jedes Jahr neu festgelegt, indem das Management eines Geschäftsbereichs einen Vorschlag unterbreitet, der vom

---

72 *Stern* (1994b), S. 43.

Management der IIN akzeptiert und vom Aufsichtsorgan der IIN genehmigt werden muß.

Die bei der IIN vorgesehene Berücksichtigung mehrerer Periodenergebnisse trägt auch hier dazu bei, das Erzielen kurzfristiger Erfolge hinter die mittel- und längerfristige Erzielung positiver EVA-Werte zurückzustellen. Eine Gewichtung der periodenbezogenen EVA-Zielerreichungsgrade führt zu einer Glättung des Auszahlungssatzes. Hierdurch werden starke periodische Schwankungen im EVA-Zielerreichungsgrad „entschärft" und somit die Schwankungsbreite des zur Auszahlung kommenden Bonus eingeschränkt.

Die individuelle Verteilung des Prämien-Pools auf die Gruppe der IIN Executives innerhalb eines Geschäftsbereichs erfolgt in Abhängigkeit vom Ergebnisbeitrag der Produktgruppe, in welcher der Executive tätig ist, sowie zusätzlich nach einem Schlüssel, welcher den sogenannten „Job Grade" – eine Eingruppierung der Stelle nach inhaltlichen und hierarchischen Gesichtspunkten – sowie die Beurteilung der individuellen Leistung berücksichtigt. Zur Beurteilung der individuellen Leistung der IIN Executives wird das Instrument des „Executive Performance Review" eingesetzt, mit dem das Erreichen von zu Beginn der Periode individuell festgelegten Zielen (Finanzziele und wichtige qualitative Ziele) hinterfragt wird.

Die Ausführungen zusammenfassend gibt es somit hinreichende Möglichkeiten bei der Auslegung eines auf dem Konzept des EVA basierenden Entlohnungssystems, Einfluß auf langfristig wirksame Entscheidungen des Managements im Sinne der Eigentümerinteressen auszuüben.

3.5 Kommunizierbarkeit und Wirtschaftlichkeit

Letztlich ist der Erfolg der Konzeption eines Entlohnungssystems davon abhängig, daß es leicht kommunizierbar sowie einfach aufgebaut und damit wirtschaftlich ist.

Unter der Annahme, daß der Kapitalkostensatz üblicherweise vorgegeben wird, erscheint dies für ein EVA-basiertes Entlohnungssystem grundsätzlich gegeben. Die notwendigen Daten sind größtenteils im finanziellen Berichtswesen bereits vorhanden, sie basieren auf einem traditionellen Buchhaltungsverständnis und die „Mechanik" zur Berechnung des EVA ist einfach verständlich und transparent.

Bei einzelnen Berechnungskomponenten sind möglicherweise manuelle Anpassungen an die im Berichtswesen vorhandenen Daten notwendig. Nach der in der IIN vorherrschenden Auffassung sollten vor dem Hintergrund der internen Performance-Messung diese Anpassungen auf ein Mindestmaß beschränkt werden. Wie an anderer Stelle gezeigt, erscheint dies auch mit einem tolerablen Einfluß auf die Aussagefähigkeit des zu berechnenden EVA möglich.

Im Ergebnis stellt das auf dem Konzept des EVA basierende Entlohnungssystem der IIN ein relativ einfach zu kommunizierendes und wirtschaftliches Instrument dar. Es fördert ein eigentümerorientiertes Handeln durch das Management im Sinne einer marktwertorientierten Unternehmensführung.

4 Anwendungsprobleme

Der Erfolg der Implementierung einer Performance-Messung auf der Grundlage des Konzepts des EVA unter gleichzeitiger Anpassung des Systems zur Managemententlohnung kann durch unterschiedliche Faktoren negativ beeinflußt werden.

Zur Gewährleistung einer hohen Akzeptanz des neuen Konzepts ist sicherzustellen, daß möglichst mehrere Managementebenen in die Vorbereitung der Einführung eingebunden sind. Hierbei sollte das neue Konzept zunächst zur Diskussion gestellt und den verschiedenen Managementebenen die Möglichkeit zur Einflußnahme eingeräumt werden. Bei der IIN wurde das neue Konzept schon im Jahr vor der Einführung in einem Kreis von Experten unterschiedlicher Managementebenen beleuchtet und seine Umsetzung im Hinblick auf die IIN-spezifischen Anforderungen in diesem Kreis erarbeitet.

Im Hinblick auf eine marktwertorientierte Unternehmensführung ist insbesondere darauf zu achten, daß das Konzept konsequent bei der finanziellen Beurteilung aller Managemententscheidungen zur Anwendung kommt und vor allem in diversifizierten Unternehmungen einheitlich gehandhabt wird. Dies ist im Regelfall nur zu erreichen, wenn alle Mitglieder des Managements und auch alle anderen betroffenen Mitarbeiter wirksam geschult werden.

In entsprechenden Schulungs- und Kommunikationsmaßnahmen ist die Berechnung und die Wirkungsweise des EVA offenzulegen, wobei der Darstellung der vom Management beeinflußbaren Parameter in der Berechnungsvorschrift für den EVA besondere Bedeutung beizumessen ist. Nur wenn die Zusammenhänge zwischen Managemententscheidung, EVA und Kapitalmarkt vermittelt werden können, ist nach den Erfahrungen bei der IIN mit einer breiten Akzeptanz des Konzepts und einer erfolgreichen Einführung zu rechnen.

Neben dem eigentlichen Problemfeld des Konzepts des EVA ist bei diesen Schulungsmaßnahmen auch die Internationalität und das kulturelle Umfeld der jeweiligen Unternehmung zu berücksichtigen. Vor dem Hintergrund der Erfahrungen bei der IIN muß insbesondere dem letzten Aspekt große Bedeutung beigemessen werden. Das Hintergrundwissen und die individuellen Erfahrungen hinsichtlich der Wirkungsmechanismen der Kapitalmäkte und der Auswirkungen von Managemententscheidungen auf diese Märkte sind bei dem betroffenen Management und auch bei anderen Mitarbeitern im Vergleich z.B. „USA versus Deutschland" zum Teil sehr unterschiedlich, was bei den notwendigen Schulungsmaßnahmen entsprechend kompensiert werden muß.

Die einheitliche Handhabung wird nach den Erfahrungen bei der IIN auch signifikant durch eine Reduktion von manuellen Anpassungen der Finanzdaten auf ein notwendiges Maß gefördert. Durch ein solches Vorgehen wird der Spielraum zu unterschiedlicher Auslegung bei bestimmten Rechenschritten stark eingeschränkt, was letztlich zu einer einfachen Handhabung des Konzepts auf allen Ebenen und bei allen Entscheidungen beiträgt.

Hinsichtlich der Einführung eines Managemententlohnungssystems auf der Grundlage des Konzepts des EVA ist darauf zu achten, daß die Plan- und Ist-Größen für den EVA bei der Unternehmenssteuerung kompatibel zu den im Entlohnungssystem unterstellten Größen sind. Nur so ist sichergestellt, daß das Management den Zusammenhang zwischen den eigenen Entscheidungen und dem variablen Teil der Entlohnung erkennt und damit das Entlohnungssystem akzeptiert. Diese Akzeptanz läßt sich nach den Erfahrungen der IIN noch zusätzlich optimieren, sofern diejenigen Soll-Größen im Rahmen der Ermittlung des NOPAT, die vom Management kaum beeinflußbar sind (z.B. Zinsanteile in den Pensionsaufwendungen), auch als Ist-Größen herangezogen werden.

Ein besonderes Problem kann bei der Einführung eines Entlohnungssystems auftreten, bei dem der variable Anteil der Managemententlohnung von der Leistung in mehreren Perioden abhängig ist. Zum Zeitpunkt der Einführung muß das Management durch die rückwirkende Berechnung des EVA möglicherweise finanzielle Einbußen hinnehmen, ohne daß die neue Methode zur Leistungsbeurteilung in der Vergangenheit bekannt war. Zur Vermeidung solcher Effekte sollte darauf geachtet werden, daß in den ersten Perioden nach Einführung der Einfluß der Ergebnisse aus den Perioden vor Einführung dieses Konzepts im Hinblick auf den neuen Performance-Maßstab möglichst neutralisiert wird. Dies geschieht bei der IIN, indem für die Jahre 1995 und 1996 ein EVA-Zielerreichungsgrad von 100 % unterstellt wird. Alternativ wäre in der Übergangszeit auch eine Wahlmöglichkeit zwischen altem und neuem Entlohnungssystem vorstellbar.

Obgleich die skizzierten Problemfelder allgemeingültig erscheinen, ist ihre Relevanz von der unternehmensindividuellen Situation abhängig. Außerdem sind diese Faktoren um unternehmungsspezifische Einflußgrößen beliebig erweiterbar. Allgemein wird die Anzahl und die Bedeutung der Anwendungsprobleme bei der Einführung einer Managemententlohnung auf der Grundlage des Konzepts des EVA durch den Grad der Zugrundelegung marktwertorientierter Maßstäbe bei der finanzwirtschaftlichen Beurteilung der Leistung der Unternehmung in der Vergangenheit maßgeblich beeinflußt.

Literaturverzeichnis

Bacidore, Jeffrey M./Boquist, John A./Milbourn, Todd T./Thakor Anjan V. (1997): The Search for the Best Financial performance Measure, in: Financial Analysts' Journal, Vol. 53 No. 3, S. 11 - 20.

Ballwieser, Wolfgang (1994): Adolf Moxter und der Shareholder Value-Ansatz, in: Ballwieser, W./Böcking, H.-J./Drukarczyk, J./Schmidt, R. (Hrsg.): Bilanzrecht und Kapitalmarkt, Düsseldorf S. 1377 - 1405.

Bimberg, Lothar H. (1991): Langfristige Renditeberechnungen zur Ermittlung von Risikoprämien, Frankfurt am Main.

Bleicher, Knut (1992): Strategische Anreizsysteme: Flexible Vergütungssysteme für Führungskräfte, Stuttgart/Zürich.

Brealey, Richard A./Myers, Stewart C. (1996): Principles of Corporate Finance, 5th edition, New York.

Bühner, Rolf (1996): Kapitalmarktorientierte Unternehmenssteuerung; Grundidee und Varianten des Shareholder Value, in: Wirtschaftswissenschaftliches Studium, 25. Jg., S. 392 - 396.

Busse von Colbe, Walther (1997): Was ist und was bedeutet Shareholder Value aus betriebswirtschaftlicher Sicht, in: Zeitschrift für Unternehmens- und Gesellschaftsrecht, 26. Jg., S. 271 - 290.

Copeland, Tom/Koller, Tim/Murrin, Jack (1994): Valuation - Measuring and Managing the Value of Companies, 2nd Edition, New York u.a.

Fama, Eugene F./French, Kenneth R. (1992): The Cross-Section of Expected Stock Returns, in: Journal of Finance, Vol. 47 No. 2, S. 427 - 465.

Frantzmann, Hans-Jörg (1990): Zur Messung des Marktrisikos deutscher Aktien, in: Zeitschrift für betriebswirtschaftliche Forschung, 42. Jg. S. 67 - 83.

Freygang, Winfried (1993): Kapitalallokation in diversifizierten Unternehmen, Wiesbaden.

Geyer, Alois/Hauer, Susanna (1991): ARCH-Modelle zur Messung des Marktrisikos, in: Zeitschrift für betriebswirtschaftliche Forschung, 43. Jg., S. 65 - 74.

Greth, Michael (1996): Konzernbilanzpolitik, Wiesbaden.

Hesse, Thomas (1996): Periodischer Unternehmenserfolg zwischen Realisations- und Antizipationsprinzip, Vergleich von Aktienrendite, Cash-Flow und Economic Value-Added, Stuttgart/Wien.

Hostettler, Stephan (1997): Das Konzept des Economic Value Added (EVA), Stuttgart/Wien.

Jensen, Michael C./Zimmerman, Jerold L. (1985): Management compensation and the Managerial Labor Market, in: Journal of Accounting and Economics, Vol. 7, S. 3 - 9.

Jones, Thomas P. (1995): Corporate Financial Decision Making and Equity Analysis. In: AIMR (Hrsg.): Proceedings of the AIMR seminar, January 18th, Washington, S. 12 - 19.

Knop, Wolfgang/Küting, Karlheinz (1990): Kommentierung des § 255 HGB, in: Küting, K./Weber, C.-P.: Handbuch der Rechnungslegung, Kommentar zur Bilanzierung und Prüfung, 3. Auflage, Stuttgart, S. 911 - 1041.

Lehmann, Steffen (1994): Neue Wege in der Bewertung börsennotierter Aktiengesellschaften. Ein Cash-Flow-orientiertes Ertragswertmodell, Wiesbaden.

Lewis, Thomas G. (1995): Steigerung des Unternehmenswertes. Total-value-Management, 2. Auflage, Landsberg/Lech.

Loistl, Otto (1990): Zur neueren Entwicklung der Finanzierungstheorie, in: Die Betriebswirtschaft, 50. Jg., S. 47 - 84.

Möller, Hans Peter (1988): Die Bewertung risikobehafteter Anlagen an deutschen Wertpapierbörsen, in: Zeitschrift für betriebswirtschaftliche Forschung, 40. Jg., S. 779 - 797.

Pellens, Bernhard/Rockholtz, Carsten/Stienemann, Marc (1997): Marktwertorientiertes Konzerncontrolling in Deutschland, in: Der Betrieb, 50. Jg., S. 1933 - 1939.

Piltz, Klaus (1990): Bilanzpolitik heute, in: Busse von Colbe, W./Reinhard, H. (Hrsg.): Erste Erfahrungen mit den neuen Rechnungslegungsvorschriften, Stuttgart, S. 3 - 19.

Rappaport, Alfred (1986): Creating Shareholder Value: The new standard for business performance, New York.

Röttger, Bernhard (1994): Das Konzept des Added Value als Maßstab für die finanzielle Performance, Kiel.

Schneider, Dieter (1992): Investition, Finanzierung und Besteuerung, 7. Auflage, Wiesbaden.

Sharpe, William F./Alexander, Gordon J. (1990): Investments, 4th edition, Englewood Cliffs.

Stehle, Richard/Hartmond, Anette (1991): Durchschnittsrenditen deutscher Aktien 1954 - 1988, in: Kredit und Kapital, 25. Jg., S. 371 - 409.

Stern, Joel M. (1974): Earnings Per Share Don't Count, in: Financial Analysts' Journal, Vol. 30 No. 4, S. 39 - 43 und S. 67 - 75.

Stern, Joel M. (1993): Value and People Management, in: Corporate Finance, Vol. 40 July, S. 35 - 47.

Stern, Joel M. (1994a): EVA Roundtable, in: Journal of Applied Corporate Finance, Vol. 7 No. 2, S. 46 - 70.

Stern, Joel M. (1994b): No Incentive for Bad Management. In: Corporate Finance, Vol. 41 March, S. 43 - 44.

Stewart, G. Bennet (1991): The quest for value: The EVA^{TM} management guide, New York.

Tully, S. (1993): Creating Wealth, in: Fortune, Sep. 20th 1993, S. 24 - 32.

Uhlir, Helmut/Steiner, Peter (1991): Wertpapieranalyse, 2. Auflage, Heidelberg.

Wagenhofer, Alfred (1998): Share Holder Value-Konzept, in: Busse von Colbe, W./Pellens, B. (Hrsg.): Lexikon des Rechnungswesens, 4. Auflage, München/Wien, S. 642 - 644.

Williams, Jan R. (1997): MILLER GAAP GUIDE, A comprehensive restatement of current promulgated Generally Accepted Accounting Principles, San Diego u.a.

Cornelius Clotten[*]

Management Stock Options - Grundsätzliche Überlegungen und das Modell des Dresdner Bank Konzerns

1	Einführung	103
2	Management Stock Options als wichtiges Element moderner Personalpolitik und Unternehmensführung	103
3	Eckpunkte für erfolgreiche Stock Option Plans	106
4	„Long Term Incentive Plan" des Dresdner Bank Konzerns	108
	4.1 Zielsetzung und Konzeption	108
	4.2 Eckpunkte des Long Term Incentive Plan	109
	4.2.1 Instrument	109
	4.2.2 Kreis der Berechtigten	109
	4.2.3 Performanceindex als Referenz	109
	4.2.4 Referenzperioden	110
	4.2.5 Performanceabhängige Ausübungshürde	110
	4.2.6 Performanceabhängiger Wandlungspreis	111
	4.2.7 Wandlungsperiode	111
	4.2.8 Sonstiges	111
	4.3 Beispiele	112
	4.3.1 Keine Outperformance	112
	4.3.2 Outperformance kleiner 5%	112
	4.3.3 Outperformance gleich oder größer 5%	113

---

[*] Assessor jur. Cornelius Clotten,
Projektleiter für innovative Management- und Mitarbeiter-Beteiligungsprogramme bei Dresdner Kleinwort Benson, Global Corporate Finance,
Dresdner Bank AG, Frankfurt/Main

1 Einführung

Management Stock Options, Shareholder Value, Benchmarking und Windfall Profits waren Begriffe, die in einigen Hauptversammlungen der vergangenen beiden Jahre die Gemüter von Vorständen, institutionellen Investoren, Schutzvereinigungen für Kleinaktionäre und akademischen Kapitalmarktbeobachtern erhitzten. Gegen Hauptversammlungsbeschlüsse, die Stock Option Plans genehmigten, wurde Widerspruch zu Protokoll gegeben und Anfechtungsklage mit dem Argument erhoben, daß sich das Management ungerechtfertigt auf Kosten der Aktionäre bereichere und Ausübungsgewinne in erster Linie auf haussierenden Börsen und nicht auf der Managementleistung beruhten.

Nachdem sich der Sturm, den Management Stock Option Plans der ersten Generation in Deutschland hervorriefen, gelegt hat, scheint die Diskussion um Stock Option Plans der zweiten Generation ruhiger zu verlaufen, da die genannten Kritikpunkte in die moderne Programmarchitektur einflossen. Wesentlichen Anteil an der Beruhigung hat auch der Gesetzgeber, der mit dem am 1. Mai 1998 in Kraft getretenen Gesetz zur Kontrolle und Transparenz im Unternehmensbereich (KonTraG) erstmals Standards für Stock Options aus bedingtem Kapital definiert und die Bedienung von nackten Stock Options aus bedingtem Kapital zuläßt. Solche nackten Stock Options ergänzen in Zukunft den Einsatz von Wandel- und Optionsanleihen, die bisher als Vehikel zum Transport von Optionen an das Management genutzt wurden.

Eine Annäherung an die auch heute noch nicht überwundene kontroverse Diskussion über Stock Options auf dem deutschen Kapitalmarkt gelingt vielleicht am besten mit der berühmten Frage von Cicero: Cui bono? Stehen sich tatsächlich das „sich selbst bedienende" Management und die „verwässerten" Aktionäre unüberwindlich gegenüber? Oder profitieren nicht bei ausgewogen strukturierten Stock Option Plans in einer Art „triple-win"-Situation alle Beteiligten: das Unternehmen, das Management und die Aktionäre?

2 Management Stock Options als wichtiges Element moderner Personalpolitik und Unternehmensführung

Stock Options werden von Unternehmen als Personalakquisitions- und Motivationsinstrument eingesetzt; sie sind ein wichtiges Element jeder modernen Personalpolitik. Unternehmen können sich im globalen Wettbewerb um die besten Führungskräfte gegenüber Konkurrenten einen Wettbewerbsvorteil schaffen. Junge innovative Unternehmen gewinnen mit Stock Option Plans geeignetes Führungspersonal, ohne ihre Gewinn- und Verlustrechnung langfristig durch hohe fixe Personalkosten zu belasten. Besondere Bedeutung haben Stock Options auch für die Motivation des Managements und dessen Bindung an das Unternehmen. Sie bieten darüber hinaus dem mittleren Management einen zusätzlichen Anreiz, in das mit Stock Options incentivierte Top-Management vorzudringen.

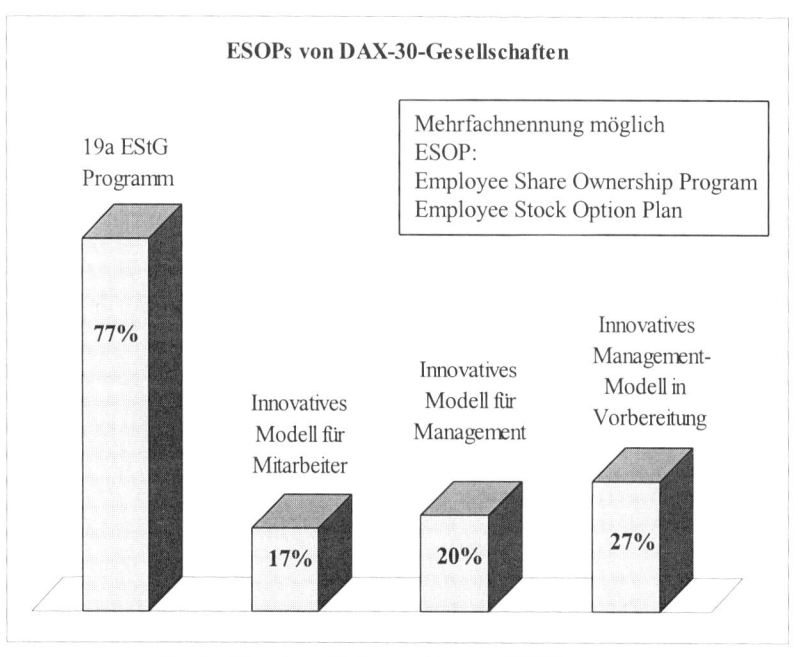

ESOPs von DAX-30-Gesellschaften

- 19a EStG Programm: 77%
- Innovatives Modell für Mitarbeiter: 17%
- Innovatives Modell für Management: 20%
- Innovatives Management-Modell in Vorbereitung: 27%

Mehrfachnennung möglich
ESOP: Employee Share Ownership Program
Employee Stock Option Plan

Quelle: Dresdner Kleinwort Benson ESOP Monitor

Aus diesen Gründen müssen Stock Option Plans für die Manager „werthaltig" sein. Denn Programme, die mit einem zu sparsamen Auszahlungsprofil oder einer zu ambitionierten Ausübungshürde ausgestaltet sind, werden vom Management entweder nicht gezeichnet oder nach der Zeichnung sozusagen ad acta gelegt. Wenn der Manager zur Programmteilnahme eigene Mittel aufwenden muß, sollte die Teilnahme freiwillig und die potentielle Auszahlung höher sein, als in dem Fall, in dem der Manager die Stock Options als „Sahnehäubchen" neben Fixgehalt und Bonus zusätzlich erhält.

Stock Options dienen auch als Instrument, das „Principal-Agent"-Problem in Aktiengesellschaften zu entschärfen. Nach der Principal-Agent-Theorie decken sich die Interessen von Management und Aktionären einer börsennotierten Gesellschaft nicht vollständig. Während der Aktionär sich in erster Linie für die Erhöhung des Wertes des von ihm eingesetzten Kapitals, also für seine Rendite (Dividenden und Aktienkurssteigerung) interessiert, kann der Manager auch andere Ziele, wie zum Beispiel den Wunsch nach einem niedrigen Anstrengungsniveau bei hohem Fixgehalt, einer Erhöhung der internen und externen Reputation sowie nach einer Diversifikation in prestigeträchtige Geschäftsfelder verfolgen.

ESOPs von Neuer Markt-Gesellschaften

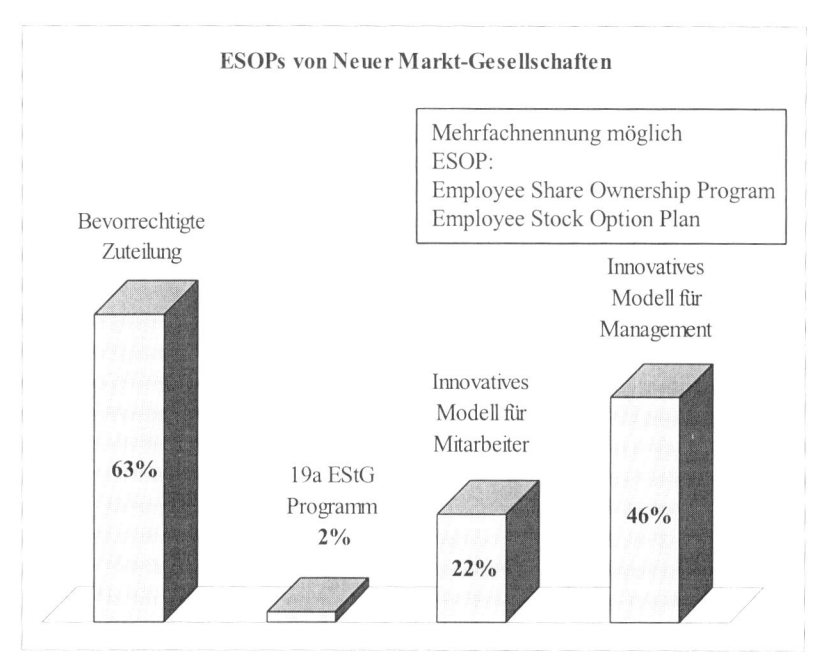

Mehrfachnennung möglich
ESOP:
Employee Share Ownership Program
Employee Stock Option Plan

- Bevorrechtigte Zuteilung: 63%
- 19a EStG Programm: 2%
- Innovatives Modell für Mitarbeiter: 22%
- Innovatives Modell für Management: 46%

Quelle: Dresdner Kleinwort Benson ESOP Monitor

Stock Options helfen, die Interessen der Unternehmensführung und der Eigentümer in größerem Umfang zur Deckung zu bringen. Damit das Management das Renditeinteresse der Aktionäre nachhaltig als eigenes persönliches Interesse erkennt, kann mit Stock Options ein Teil der Management-Vergütung auf Basis der Aktionärsrendite, dem Total Shareholder Return, berechnet werden. Die Kosten für einen Stock Option Plan können dann als sogenannte „agency costs" ausgewiesen werden, da sie auch den Interessen der Aktionäre dienen.

Da die Aktionäre und potentielle Investoren diese Funktion von Stock Options als Shareholder-Value-Instrument erkannt und weitestgehend positiv bewerten, ist kaum eine Investoren-Veranstaltung in den vergangenen zwei Jahren beendet worden, ohne daß die Frage nach der Beteiligung des Managements am „eigenen" Unternehmen und deren Motivation zu einer langfristigen Wertsteigerungsstrategie gestellt worden wäre. Insbesondere international agierende institutionelle Anleger investieren mit Präferenz in Aktiengesellschaften, die dem Management Stock Options anbieten.

Stock Option Plans gehören damit zu den einfachsten Instrumenten, dem Kapitalmarkt eine shareholder-value-orientierte Unternehmensführungspolitik zu dokumentieren. Im hartumkämpften Asset Management werben mittlerweile einige Fondsgesellschaften mit der Aussage, nur in Aktiengesellschaften zu investieren, die ihrem Management Stock Options anbieten. Mit Stock Options verschaffen sich Unternehmen also auch einen Vorteil im weltweiten Wettbewerb um die knappe Resource Kapital.

Damit lautet die Antwort auf das Cicero-Zitat: Allen Beteiligten! Denn Stock Options können „triple-win"-Situationen schaffen. Für eine Aktiengesellschaft sind sie im Wettbewerb um Führungskräfte und Kapital von Vorteil, das Management begreift werthaltige Programme als zusätzliche Motivation, und den Aktionären nutzen sie in ihrer die „agency-costs" reduzierenden Funktion.

3 Eckpunkte für erfolgreiche Stock Option Plans

Doch nicht alle Stock Option Plans schaffen „triple-win"-Situationen. Zu einfach können Vorteile zugunsten eines Beteiligten verschoben werden. Wie also sollten Stock Option Plans ausgestaltet werden, um für alle Beteiligten von Vorteil zu sein? Eine Antwort vorab: der „Highlander Plan" – es kann nur einen geben – existiert nicht. Zu varianten- und facettenreich sind die Möglichkeiten der konkreten Ausgestaltung, zu unterschiedlich ist die Situation von Unternehmen und deren Interessen. Daher sollen im folgenden einige wesentliche Eckpunkte aufgezeigt werden, die bei der Ausgestaltung eines Stock Options Plans diskutiert werden sollten.

Grundlegende Bedeutung hat die Bestimmung des Maßstabs, an dem die wertschöpfende Leistung des Managements gemessen wird. Die Programme der ersten Generation haben als Maßstab die absolute Steigerung des Aktienkurses definiert. Diese Modelle sahen sich insbesondere in Zeiten einer haussierenden Börse dem massiven Vorwurf der Selbstbedienung ausgesetzt. Diese Kritik hat bei Modellen der zweiten Generation zum Teil eine unglückliche Wirkung gezeigt: Einige Akteure verließ der Mut zu einem klaren Bekenntnis zum Aktienkurs. Sie führten wenig transparente, schwierig nachvollziehbare interne Kennziffern als Maßstab ein.

Außerdem führen Steigerungen von internen Kennziffern nicht automatisch auch zu einer Steigerung des Aktienkurses. Auf internen Kennziffern basierende Stock Option Plans verlieren zum Teil ihren Shareholder-Value-Charakter. Das Management sollte mit Stock Option Plans nur dann zusätzlich verdienen, wenn auch der Aktionär verdient. Grundsätzlich sollte der Manager über Stock Options nichts verdienen, wenn der Aktionär Vermögen verliert. Eine zu geringe Transparenz und eine zu hohe Komplexität von Stock Option Plans können darüber hinaus zu einem sehr hohen Erklärungsbedarf und damit zu geringen Teilnahmequoten führen. Bei niedrigen Teilnahmequoten könnten Investoren davon ausgehen, daß das Management nicht an eine positive Entwicklung des Unternehmens glaubt und die Entscheidung treffen, keine Aktien zu kaufen bzw. die Aktien zu verkaufen.

Daraus folgt, daß Maßstab für einen Stock Option Plan letztlich nur der Aktienkurs sein sollte. Im Regelfall sollte dieser jedoch relativ zu einer Benchmark gesetzt werden. Eine solche Benchmark kann ein deutscher oder internationaler Aktienindex oder ein speziell für das Unternehmen entwickelter Aktienkorb von Wettbewerbern sein. Als Maßstab denkbar ist auch eine jährliche Mindestrendite, die sich beispielsweise aus dem Economic-Value-Added-(EVA-)Konzept ableiten läßt.

Weiterer wesentlicher Eckpunkt ist die Entscheidung über die Herkunft der veroptionierten Aktien. Die Aktiengesellschaft hat drei Möglichkeiten. Werden die Optionen von einem spezialisierten Kreditinstitut gekauft, bedient dieses bei Ausübung die Optionen entweder mit einem Share- oder Cash-Settlement. Die an das Kreditinstitut für die Risikoübernahme gezahlte Prämie wirkt als Personalaufwand steuermindernd und ähnelt einer Versicherungsprämie. Zu einer Verwässerung der Aktionärsrechte kommt es bei Ausübung der Optionen durch das Management nicht.

Entscheidet sich das Unternehmen, die veroptionierten Aktien aus einem bedingten Kapital zu schaffen, kommt es nach bisheriger Bilanzierungspraxis bei Gewährung der Optionen an das Management zu keinem die Gewinn- und Verlustrechnung belastenden Personalaufwand. Bei Ausübung der Optionen kommt es jedoch wegen der dann erforderlichen Kapitalerhöhung grundsätzlich zu einer Verwässerung der Anteile der Altaktionäre. Die Verwässerung sollte aber für die Altaktionäre akzeptabel sein, da sich auch ihr Vermögen aufgrund der Steigerung des Aktienkurses erhöht hat. Die Höhe der erwarteten Verwässerung entspricht in effizienten Märkten der Höhe der Optionsprämie für die Absicherung.

Die Gesellschaft hat auch die Möglichkeit, die sich aus den gewährten Optionen ergebende Risikoposition nicht abzusichern. Damit setzt sie sich jedoch dem Risiko einer sehr hohen Auszahlung bei Ausübung der Optionen aus. Diese Möglichkeit ist unter Risikogesichtspunkten nur dann akzeptabel, wenn die maximale Höhe der Auszahlung begrenzt ist.

Keiner dieser Alternativen ist per se eine Präferenz einzuräumen. Bei der Entscheidung über die Herkunft der veroptionierten Aktien kommt es sowohl auf die individuelle Situation der Gesellschaft (zum Beispiel Kapitalausstattung, Finanzstärke, Risikobereitschaft, Steuerquote) als auch auf die Bereitschaft der Aktionäre, eine Verwässerung zu akzeptieren, an. Weiterer wesentlicher Eckpunkt ist die Entscheidung über die Höhe des Basispreises.

Wird dieser bei Programmanfang auf Höhe des aktuellen Börsenkurses festgelegt, ist die gewährte Option „at the money" und bildet für Manager und Aktionäre eine faire Ausgangsbasis. Die Gewährung von „in the money"-Optionen ist nicht akzeptabel, weil so Manager und Aktionäre ungleich behandelt würden. Andere Modelle lassen den Basispreis bei Programmanfang noch offen und legen diesen in Abhängigkeit von der Aktienperformance erst später mit einem Abschlag vom oder Zuschlag auf den dann aktuellen Börsenkurs fest. Mit dieser Struktur wird für das Management ein weiterer Leistungsanreiz geschaffen. Weiterhin sollten Stock Option Plans programmimmanent auch immer die Vermeidung der Ausnutzung von Insiderkenntnissen berücksichtigen. Die auf insiderrechtlichen Bestimmungen basierenden Fragen bei der Ausübung der Optionen und des Verkaufs der optierten Aktien lassen sich mit der Einrichtung von genau definierten Ausübungs- und Verkaufsperioden beantworten, in denen das Management und die übrigen Marktteilnehmer die gleichen Kenntnisse über Unternehmenszahlen haben, also z.B. kurz nach Veröffentlichung von Quartals- und Jahreszahlen. Stock Option Plans, die die beschriebenen Eckpunkte mit Augenmaß und mit einem fairen Verständnis für die Interessen der Beteiligten berücksichtigen, sind von den Bestimmungen des Aktienrechts auch nach Inkrafttreten des KonTraG gedeckt und damit „hauptversammlungsfest". Bei Beachtung der oben genannten Eckpunkte wird sich die Diskussion über Stock Options weiter versachlichen und den Unternehmen zusätzliche Möglichkeiten eröffnen, ihrem Management maßgeschneiderte Programme anzubieten.

Fundamente für diese Programme könnten zwei Alternativen bilden, die dem Management auch kumulativ angeboten werden können. Das erste könnte ein zur Teilnahme freiwilliges Programm sein, in dem das Unternehmen ein verpflichtendes Aktieninvestment aus eigenen Mitteln des Managers mit unentgeltlichen „reinrassigen" Optionen incentiviert. Das zweite könnte ein Pflichtprogramm mit unentgeltlichen Outperformance-Optionen sein, die einen Teil des Bonus ersetzen.

4 „Long Term Incentive Plan" des Dresdner Bank Konzerns

4.1 Zielsetzung und Konzeption

In dem oben beschriebenen Kontext hat sich die Dresdner Bank 1998 als erste deutsche Bank noch vor in Kraft treten des KonTraG entschlossen, ihrem internationalen Top-Management Stock Options anzubieten, deren Auszahlungsprofil auf der relativen Performance des Dresdner Bank Aktienkurses gegenüber einem Referenzindex basiert.

Zu diesem Zweck hat die Dresdner Bank Hauptversammlung 1998 den „Long Term Incentive Plan" (im folgenden LTIP) beschlossen. Mit dem Plan soll gegenüber Aktionären und Investoren unterstrichen werden, daß für den Dresdner Bank Konzern die langfristig orientierte Wertsteigerung, dokumentiert durch eine weiterhin positive Entwicklung der Dividende und des Kurses der Dresdner Bank Aktie, oberste Priorität haben. Dies erfordert im sich zunehmend verschärfenden internationalen Wettbewerb ein nachhaltig kapitalmarktorientiertes Denken und Handeln vor allem der Führungskräfte, die die strategische Ausrichtung und Orientierung des Konzerns gestalten.

Der LTIP schafft für die berechtigten Führungskräfte neben einem besonderen Leistungsanreiz eine zusätzliche Identifizierung mit der Dresdner Bank und verbessert die Wettbewerbsfähigkeit bei der Gewinnung qualifizierter Führungskräfte.

4.2 Eckpunkte des Long Term Incentive Plan

4.2.1 Instrument

Die Hauptversammlung 1998 hat den Vorstand der Dresdner Bank ermächtigt, mit Zustimmung des Aufsichtsrats bis zum 31. Juli 2001 einmalig oder mehrmals verzinsliche Wandelschuldverschreibungen im Gesamtnennbetrag von bis zu DM 42 Mio. zu begeben. Die Laufzeit der Wandelschuldverschreibungen beträgt fünf Jahre. Zur Bedienung der Wandelrechte wurde gleichzeitig das Grundkapital um DM 42 Mio. durch Ausgabe von bis zu Stück 8,4 Mio. Aktien bedingt erhöht. Dabei wurde das gesetzliche Bezugsrecht der Aktionäre ausgeschlossen, um die Wandelschuldverschreibung ausschließlich den berechtigten Führungskräften zur Zeichnung anbieten zu können. Dies ist von der Hauptversammlung nicht zuletzt auf Grund des geringen Volumens des bedingten Kapitals in Höhe von 1,6% des Grundkapitals und der daraus resultierenden geringfügigen Verwässerung der Mitgliedschaftsrechte der Aktionäre als verhältnismäßig eingestuft worden.

Auf Basis dieses Beschlusses bietet die Dresdner Bank den berechtigten Führungskräften auf freiwilliger Basis die Möglichkeit, aus versteuertem Einkommen Wandelschuldverschreibungen in einem von der Verantwortungsebene abhängigen Volumen zu kaufen. Eine Wandelschuldverschreibung zu nominal DM 1.000,- beinhaltet 200 Wandlungsrechte (Stock Options), die bei Erreichen bestimmter Voraussetzungen zum Bezug von insgesamt Stück 200 Dresdner Bank Aktien berechtigen.

4.2.2 Kreis der Berechtigten

Der LTIP wird einem Kreis von ca. 300 Führungskräften des Dresdner Bank Konzerns angeboten, der sich aus Mitgliedern des Vorstands der AG, Mitgliedern der Geschäftsleitungen inländischer und ausländischer Konzerngesellschaften und Mitarbeitern in besonderen Führungs- oder Schlüsselfunktionen zusammensetzt.

4.2.3 Performanceindex als Referenz

Um sicherzustellen, daß das Management nur bei einer überdurchschnittlichen Aktienkursentwicklung eine zusätzliche Vergütung erhält, werden beim LTIP der Dresdner Bank sowohl die Ausübungshürde als auch der Wandlungspreis (Strike Price) an die Entwicklung der Dresdner Bank Aktie gegenüber dem auf ECU- bzw. EURO-Basis berechneten Performanceindex „Dow Jones STOXX® Bank" gekoppelt.

Dieser Branchenindex gehört zu der seit dem 26. Februar 1998 notierten Dow Jones STOXX®-Familie, einem Produkt der Gemeinschaftsunternehmung der Deutsche Börse AG, SBF-Bourse de Paris und SWX–Schweizer Börse sowie dem amerikanischen Unternehmen Dow Jones. Die europäische Aktienindexfamilie setzt sich aus zwei umfassenden Benchmark-Indizes (einen für Gesamteuropa und einen für die Teilnehmerländer der EWU) sowie zwei Blue-Chip-Indizes (analog oben) zusammen. Zu beiden Benchmark-Indizes werden jeweils 19 Branchenindizes berechnet. Alle Indizes der Dow Jones STOXX®-Familie werden sowohl als Preisindex als auch als Performanceindex berechnet. In den Performanceindex werden neben Kapitalmaßnahmen auch sämtliche Dividenden- und sonstige Bonuszahlungen berücksichtigt. Alle Indizes werden sowohl in ECU/EURO als auch in US-Dollar berechnet.

Um die Vergleichbarkeit der Wertentwicklungen sicherzustellen, wird die Wertentwicklung der Dresdner Bank Aktie entsprechend der Methodik des Referenzindex, also auch unter Berücksichtigung von Kapitalmaßnahmen, Dividenden- und sonstigen Bonuszahlungen, berechnet.

In dem von der Dresdner Bank gewählten Referenzindex „Dow Jones STOXX® Bank" sind 59 Banken aus 16 europäischen Ländern vertreten. Mit der Wahl dieses Index trägt die Dresdner Bank dem Umstand Rechnung, daß mit der europäischen Wirtschaftsunion der nach den Vereinigten Staaten zweitgrößte Aktienmarkt der Welt entstehen wird. Die europäischen Aktien werden vermehrt ins Rampenlicht rücken und auch auf größeres Interesse bei außereuropäischen Investoren stoßen. Dabei werden sich die Portfolios weniger als in der Vergangenheit an Ländern, sondern mehr an den Branchen ausrichten. Da sich die Dresdner Bank auch an den Mitbewerbern aus Großbritannien und der Schweiz messen will, wurde der Branchenindex Bank des Dow Jones STOXX® für ganz Europa und nicht der des Dow Jones EURO STOXX® nur für die EWU-Länder gewählt.

4.2.4 Referenzperioden

Um zu verhindern, daß kurzfristige Marktschwankungen Einfluß auf den Vergleich der Wertentwicklungen der Dresdner Bank Aktien gegenüber dem Referenzindex erlangen, beruht der Vergleich der Wertentwicklungen auf Durchschnittswerten. Die Referenzwerte bei Programmanfang und beim Programmende basieren auf den jeweils 100 Börsentagen vor Feststellung des Anfangs- und des Schlußwertes.

4.2.5 Performanceabhängige Ausübungshürde

Um einen Anreiz für dauerhaft den Unternehmenswert erhöhende Strategien zu schaffen, wird im Rahmen des LTIP die Entwicklung der Dresdner Bank gegenüber dem Referenzindex über drei Jahren beobachtet. Eine Ausübung des Wandlungsrechts vor Ablauf von drei Jahren ist nicht möglich und insofern die kurzfristige Erzielung von Vorteilen aus den Stock Options ausgeschlossen. Nach drei Jahren werden auf Basis der vorausgehenden 100 Börsentage Durchschnittskurse für die Dresdner Bank Aktie und den Referenzindex mit dem Ziel ermittelt, festzustellen, ob sich die Dresdner Bank

Aktie im Wert besser entwickelt hat als der Referenzindex (Outperformance). Ist dies nicht der Fall, wird ein Wandlungsrecht nicht gewährt, sondern die Wandelschuldverschreibung unmittelbar zu pari zurückgezahlt. Wird eine Outperformance festgestellt, erfolgt die Bestimmung des Wandlungspreises.

4.2.6 Performanceabhängiger Wandlungspreis

Der Wandlungspreis für eine Dresdner Bank Aktie wird nicht bei Programmanfang, sondern erst nach drei Jahren festgelegt. Der Wandlungspreis hängt von der Höhe der Outperformance ab. Ausgangsgröße für die Festlegung des Wandlungspreises ist der durchschnittliche Börsenkurs der Dresdner Bank Aktie an den zehn letzten Börsentagen am Ende der dreijährigen Sperrfrist. Von dem so errechneten Durchschnittswert wird ein Performanceabschlag vorgenommen, der sich aus der prozentualen Differenz der Wertentwicklungen der Dresdner Bank Aktie und des Referenzindex ergibt. Je höher die Outperformance, desto größer ist der Abschlag auf den zehn Tage Durchschnittswert und desto niedriger ist der Wandlungspreis und desto höher ist der geldwerte Vorteil des Teilnehmers. Bei einer Outperformance von 5% oder mehr verdoppelt sich der Performanceabschlag.

4.2.7 Wandlungsperiode

Nach Festlegung des Wandlungspreises haben die teilnehmenden Führungskräfte zwei Jahre lang die Möglichkeit, die Wandelschuldverschreibung in Aktien der Dresdner Bank AG zum festgestellten Preis zu wandeln. Für die Wandlung bzw. den Verkauf der gewandelten Aktien werden jährlich Handelsfenster von bis zu vier Wochen nach der ordentlichen Hauptversammlung sowie nach der Veröffentlichung der Halbjahres- und Quartalsergebnisse geöffnet.

4.2.8 Sonstiges

Die Wandelschuldverschreibungen werden für die Führungskräfte in einem Depot bei der Dresdner Bank verwahrt. Sie sind nicht übertragbar. Eine Teilwandlung innerhalb der Stückelung ist möglich.

Das Wandlungsrecht darf nur ausgeübt werden, solange die Führungskräfte in einem ungekündigten Anstellungsverhältnis im Dresdner Bank Konzern stehen. Mit der Kündigung erfolgt die Rückzahlung der Wandelanleihe inklusive ggf. aufgelaufener Zinsen zu pari. Bei Berufs- und Erwerbsunfähigkeit, Pensionierung und Todesfall (für Erben) bleiben die Rechte aus dem LTIP erhalten.

4.3 Beispiele

4.3.1 Keine Outperformance

Anfangswert des Performanceindex:	100
Anfangswert der Dresdner Bank Aktie:	100
Schlußwert des Performanceindex:*	128
Schlußwert der Dresdner Bank Aktie:*	125
Wertentwicklung des Performanceindex:*	28%
Wertentwicklung der Dresdner Bank Aktie:*	25%
Differenz zwischen den Wertentwicklungen:	- 3% (Underperformance)
Konsequenz: Wandelschuldverschreibung wird unmittelbar zu pari zuzüglich aufgelaufener Zinsen zurückgezahlt!	

4.3.2 Outperformance kleiner 5%

Anfangswert des Performanceindex:	100
Anfangswert der Dresdner Bank Aktie:	100
Schlußwert des Performanceindex:*	132
Schlußwert der Dresdner Bank Aktie:*	135
Wertentwicklung des Performanceindex:*	32%
Wertentwicklung der Dresdner Bank Aktie:*	35%
Differenz zwischen den Wertentwicklungen:	+ 3% (Outperformance)
Börsenkurs nach drei Jahren (10 Tage Durchschnitt):	130,00 DM
Performanceabschlag:	3,90 DM (130,00 x 3%)
Wandlungspreis:	126,10 DM
Konsequenz: Wandlung ist für die Restlaufzeit der Wandelschuldverschreibung (zwei Jahre) zum Wandlungspreis von 126,10 DM möglich!	
Gewinn bei sofortiger Wandlung nach Festlegung des Wandlungspreises je nom. 1.000,- DM Wandelschuldverschreibung vor Steuern:	780,00 DM

---

* Berechnet auf Basis des Total Shareholder Return.

4.3.3 Outperformance gleich oder größer 5%

Anfangswert des Performanceindex:	100
Anfangswert der Dresdner Bank Aktie:	100
Schlußwert des Performanceindex:[*]	132
Schlußwert der Dresdner Bank Aktie:[*]	138
Wertentwicklung des Performanceindex:[*]	32%
Wertentwicklung der Dresdner Bank Aktie:[*]	38%
Differenz zwischen den Wertentwicklungen:	+ 6% (Outperformance)
Börsenkurs nach drei Jahren (10 Tage Durchschnitt):	142,00 DM
Performanceabschlag (verdoppelt, da größer 5%):	17,04 DM
Wandlungspreis:	124,96 DM
Konsequenz: Wandlung ist für die Restlaufzeit der Wandelschuldverschreibung (zwei Jahre) zum Wandlungspreis von 124,96 DM möglich!	
Gewinn bei sofortiger Wandlung nach Festlegung des Wandlungspreises je nom. 1.000,- DM Wandelschuldverschreibung vor Steuern:	3.408,00 DM

---

[*] Berechnet auf Basis des Total Shareholder Return.

Markus Ott[*]

Mitarbeiterbeteiligung und Aktienoptionen im Lufthansa Konzern

1	Einleitung	117
2	„LH-Chance" - das innovative Beteiligungsprogramm und die Ergebnisbeteiligung	117
	2.1 Die „alte" Ergebnisbeteiligung	117
	2.2 Die „innovative" Ergebnisbeteiligung	118
	2.3 Programmbeschreibung: „LH-Chance"	118
	2.4 Exkurs: Der Weg zu LH-Chance	119
	2.5 Der Mitarbeiter entscheidet	120
	2.6 LH-Chance: Vorweggenommene Erfolgsbetrachtung	121
	2.7 Ergebnisbeteiligung in 1997 und 1998	121
	2.8 Weitere Aktienprogramme	122
3	„LH-Performance" - das Aktienoptionsmodell für Führungskräfte	122
	3.1 Outperformance-Option	123
	3.2 Eigeninvest in Lufthansa Aktien	123
	3.3 Technische Details und Abwicklung	124
	3.4 Beurteilung durch die Öffentlichkeit und Akzeptanz bei den Führungskräften	124

---

[*] Dipl.-Kfm. Markus Ott, MBA,
Referent im Bereich Konzernfinanzen, u. a. zuständig für Aktienbeteiligungsprogramme, Deutsche Lufthansa AG, Köln

1 Einleitung

Belegschaftsaktien oder andere Aktienprogramme hatten bis vor wenigen Jahren bei Lufthansa keine Tradition. Ende der achtziger Jahre gab es für die Mitarbeiter zweimal die Möglichkeit zum Bezug von Belegschaftsaktien nach dem in Deutschland bekannten Muster gemäß §19a EStG. Mit der durch den Ausbruch des Golfkrieges Anfang der neunziger Jahre ausgelösten Krise der Luftverkehrsbranche ging es für Lufthansa um das Überleben der Gesellschaft. Belegschaftsaktienprogramme wurden nicht aufgelegt. Ob während dieser Zeit angesichts der reellen Gefahr des Arbeitsplatzverlustes von den Mitarbeitern überhaupt Aktien gezeichnet worden wären, bleibt eine offene Frage.

Dieses Bild hat sich seit 1995 radikal gewandelt. Zum jetzigen Zeitpunkt, im Sommer 1998, kann ohne Übertreibung festgestellt werden, daß Lufthansa in Deutschland eine führende Stellung einnimmt, was einerseits die Anzahl der den Mitarbeitern angebotenen Aktienmodelle und andererseits deren Akzeptanz durch die Mitarbeiter betrifft.

2 „LH-Chance" - das innovative Beteiligungsprogramm und die Ergebnisbeteiligung

2.1 Die „alte" Ergebnisbeteiligung

Schneller als von Vielen und auch sicherlich von vielen Mitarbeitern erwartet, konnte sich Lufthansa von der Krise im Luftverkehrsbereich erholen und wieder in die Gewinnzone zurückfliegen. Dies erforderte außerordentliche Anstrengungen aller Mitarbeiter. Als Anerkennung und zum Dank für diese Leistung beschloß der Vorstand in 1995 eine Sonderzuwendung an die Mitarbeiter, für deren Bezug es drei Wahlmöglichkeiten gab:

1. Geldbetrag in Höhe von DM 500,-
2. Dreißig Aktien im Gegenwert von DM 672,-
3. Preisnachlaß von 50% beim Kauf von siebzig Aktien (Vorteil DM 784,-).

Die Aktien wurden seitens Lufthansa mit einer sechsjährigen Verkaufssperre versehen, womit die steuerlichen Vorteile des §19a EStG ausgenutzt werden konnten. Die Einbuchung der Aktien erfolgte in private Wertpapierdepots, die die Mitarbeiter bei ihren Hausbanken führen. Lufthansa entschied sich bewußt dagegen, eine Depotverwahrung anzubieten oder dafür Kosten zu übernehmen.

Schon bei dieser Sonderzuwendung wird ein Prinzip erkennbar, daß sich bei späteren Ergebnisbeteiligungen wiederfindet: Der Bezug von Aktien wird gegenüber dem Bezug einer Geldleistung besonders gefördert. Und selbst zwischen den beiden Aktienvarianten wird diejenige, die zum Bezug von mehr Aktien führt, bevorteilt. Dies ist Ausfluß des vom Lufthansa Vorstand klar kommunizierten Ziels, Lufthanseaten zu Aktionären ihres Unternehmens zu machen, das der Vorstandsvorsitzende Jürgen Weber erst unlängst in einem Presseinterview mit den Worten: „Mein Wunschtraum ist es, daß die Mitarbeiter 20% der Lufthansa Aktien halten." wiederholt zum Ausdruck brachte.

Trotz der besonderen Aktienförderung wählten 51% der Mitarbeiter die Geldleistung und nur 49% eine der beiden Aktienvarianten. Die beiden Aktienvarianten erhielten annähernd gleichen Zuspruch. Die den Mitarbeitern zugewendeten Aktien hat Lufthansa wie bisher auch bei allen späteren Aktienmodellen am Markt gekauft.

2.2 Die „innovative" Ergebnisbeteiligung

Nach der Sonderzuwendung beauftragte der Vorstand eine Arbeitsgruppe mit Vertretern aus Personal-, Steuer- und Finanzabteilung, ein Modell zur Mitarbeiterbeteiligung zu entwickeln, mit dem Mitarbeiter stärker als bisher zu Aktionären werden und an der Entwicklung des Aktienkurses teilhaben können. Ergebnis dieser Arbeitsgruppe war bei der Ergebnisbeteiligung in 1996 die Einführung eines sogenannten „**E**mployee **S**hare **O**wnership **P**rogrammes" (ESOP-Modell), wie es in Kontinentaleuropa hauptsächlich bei der Privatisierung französischer Staatsunternehmen und in Deutschland zuvor von der Continental AG in Hannover und kurz nach Lufthansa von der Deutschen Telekom im Rahmen ihrer Börseneinführung den Mitarbeitern angeboten wurde. Das ESOP-Modell der Lufthansa erhielt den verheißungsvollen Namen „LH-Chance".

Die Ergebnisbeteiligung in 1996 bot dem Mitarbeiter wiederum drei Wahlmöglichkeiten:

1. Geldbetrag in Höhe von DM 500,-
2. Aktien im Wert von DM 625,-
3. Teilnahme an LH-Chance im Wert von DM 750,-.

2.3 Programmbeschreibung: „LH-Chance"

LH-Chance ist ein Paket mit kursgesicherten, teils dem Mitarbeiter geschenkten, teils über ein zinsloses Arbeitgeberdarlehen finanzierten Lufthansa Aktien. Im Jahr 1996 erhielt der Mitarbeiter, der sich für LH-Chance entschied, insgesamt Stück 133 Aktien zum am 10.12.1996 (Programmstart) an der Frankfurter Wertpapierbörse amtlich festgestellten Kurs von DM 20,95 in ein für ihn bei der Dresdner Bank eröffnetes Depot eingebucht. Stück 14 dieser Aktien wurden geschenkt, für die restlichen 119 Aktien räumte Lufthansa ein Darlehen in Höhe von DM 2.493,05 ein. Eine Kurssicherung schließt für den Programmteilnehmer Wertverluste aus. Die Programmlaufzeit beträgt zwei Jahre. Der Mitarbeiter erhält die volle Dividende auf seine 133 Aktien und genießt vollen Aktionärsstatus, z.B. Stimmrecht auf der Hauptversammlung. Ihm entstehen außerdem keine Verwaltungskosten.

Der Wert dieses Pakets bestehend aus geschenkten Aktien, zinsfreiem Darlehen, Kurssicherung und Depotverwaltung betrug genau DM 751,30. Von dieser Zuwendung mußte der Mitarbeiter DM 452,13 versteuern. Der zugewendete Zinsvorteil von DM 299,17 (6% p.a. auf zwei Jahre), bleibt steuerfrei, sofern dem Mitarbeiter von Lufthansa keine den Betrag von DM 5.000,- übersteigenden zinsvergünstigten Darlehen gewährt werden. Eventuelle Kursgewinne am Ende der zweijährigen Programmlaufzeit sind ebenfalls steuerfrei.

Zum Programmende im Dezember 1998 hat der Mitarbeiter bei gestiegenem Aktienkurs die Möglichkeit, die Aktien zu verkaufen. Aus dem Verkaufserlös wird das Darlehen getilgt und darüber hinausgehende Beträge erhält der Mitarbeiter ausgezahlt. Der Mitarbeiter kann aber auch die Aktien behalten und das Darlehen aus eigenen Mitteln tilgen. Als dritte Möglichkeit wird ihm offeriert, nur soviel Aktien zu verkaufen, wie zur Tilgung des Darlehens nötig und die restlichen Aktien in sein privates Depot übertragen zu lassen. Im Falle eines gesunkenen Aktienkurses hingegen werden alle Aktien an die Dresdner Bank übertragen. Diese tilgt dann aufgrund der Kurssicherung das Arbeitgeberdarlehen und zahlt dem Mitarbeiter den ursprünglichen Gegenwert der 14 geschenkten Aktien (DM 293,30) aus.

Der Vorteil von LH-Chance läßt sich wie folgt darstellen: Die Geldzahlung von DM 500,- aus der Wahlmöglichkeit 1, auf die der an LH-Chance teilnehmende Mitarbeiter verzichtet hat, kann als dessen Eigeninvest betrachtet werden. Da dieses Eigeninvest nur 17,9% des Aktieninvests von DM 2.786,35 (133 Aktien mal DM 20,95) ausmacht, kann sich durch Dividendenzahlung und Kurssteigerung eine ansehnliche Rendite bezogen auf das Eigeninvest einstellen (Leverage-Effekt).

2.4 Exkurs: Der Weg zu LH-Chance

Die Vorzüge von LH-Chance und das Programm generell sind interessant, nicht minder interessant war der Weg dorthin. Dazu ein paar kurze Gedanken.

Noch sehr gut klingt dem Autor, als er der erwähnten Arbeitsgruppe sicherlich mit etwas Begeisterung die Grundzüge eines ESOP-Modells vortrug, die gar nicht übelgesinnte Bemerkung eines Kollegen im Ohr, er möge sich mit diesem Beteiligungsprogramm - der Name LH-Chance war noch nicht erfunden - doch nicht gar zu sehr abmühen: Das Programm würde, wenn es überhaupt käme, doch niemand wählen. Da diese Aussicht nicht ganz von der Hand zu weisen ist, trifft möglicherweise unternehmensintern die Installierung innovativer Mitarbeiter-Beteiligungsmodelle auf subtile Hürden: Wer will schon die Mühe der Programmentwicklung auf sich nehmen, die Kosten bei der Ausarbeitung und technischen Vorbereitung verantworten und nachher den Spott ertragen, im Fall, daß sich tatsächlich nur eine lächerliche Minderheit für das innovative Programm entscheiden sollte?

Allerdings gewannen bei Lufthansa diese Art Gedanken nie die Oberhand, trotz, was ja auch nicht verwunderlich ist, ab und an aufkommender Zweifel sowohl an den Erfolgsaussichten als auch an der rein technischen Durchführbarkeit eines solchen Programms für über 40.000 Mitarbeiter. Hilfreich war in diesem Zusammenhang das deutliche commitment des Vorstands, möglichst viele Lufthanseaten zu Aktionären des eigenen Unternehmens zu machen und die feste Überzeugung, daß ein Invest in Aktien auf Dauer gesehen generell eine lukrative Geldanlage auch für Kleinanleger und somit das Angebot entsprechender Aktienprogramme per se eine gute Sache ist.

LH-Chance selbst entstand in einem recht arbeitsteiligen Prozeß: Die Finanzabteilung betrieb das financial engineering und entwickelte ein Modell, das die Steuerexperten optimierten und die Personalpolitiker in Abstimmung mit Personalvertretern in die Ergebnisbeteiligung einpaßten. Die Personalverwaltung sorgte für die reibungslose technische Durchführung. Am Marketing des gemeinsamen Produkts waren einschließlich der über ein competitive bidding für die Depotverwaltung und Kurssicherung ausgewählten Dresdner Bank alle beteiligt. Die Projektführung lag im Finanzbereich.

2.5 Der Mitarbeiter entscheidet

An alle zum Erhalt der Ergebnisbeteiligung berechtigten Mitarbeiter wurde ein Anschreiben des Vorstands, eine farbige Broschüre zu den Aktienmodellen, ein Merkblatt mit technischen Details und ein mit personalisierten Daten versehener Rückantwortbogen versandt. Den Mitarbeitern blieben acht Wochen Zeit, ihre Wahl aus den oben beschriebenen Alternativen zu treffen und ihre Antwortbögen an die Personalverwaltung zu schicken. Der Tag der Wahrheit für LH-Chance rückte näher. Die „Pessimisten" schätzten, daß ca. 2.000 bis 3.000 Mitarbeiter LH-Chance wählen würden, die „Realisten" lagen irgendwo zwischen 5.000 und 10.000 und nur „den nicht mehr zu helfenden Optimisten" erschienen Werte von über 10.000 Mitarbeitern für möglich.

Tatsächlich wählten 14.000 Lufthanseaten LH-Chance (32%) und nur 19,5% die traditionellen Belegschaftsaktien. Erstmals war der Anteil der cash-Liebhaber mit 48,5% kleiner als der der Aktienbefürworter. Ein positiver Trend für LH-Chance war schon bei den Anrufern der anläßlich der Ergebnisbeteiligung eingerichteten telefonischen Hotline zu verzeichnen. Eine schöne Anekdote hierzu: Bei einem getätigten Rückruf war nicht der Lufthanseat sondern dessen Vater am Telefon, der dann etwas schüchtern fragte, ob auch er einige Fragen stellen dürfe. Er wisse, was sein Sohn wissen wolle. Man habe LH-Chance gestern beim Abendessen diskutiert und sei äußerst interessiert. Das war kein Einzelfall, obwohl, was Familienmitglieder anbelangt, sonst - ohne alte Klischees aufwärmen zu wollen - eher Ehemänner von Lufthanseatinnen anriefen, um abzuklären, auf was sich ihre Frauen da einlassen würden. Daß LH-Chance derart bis in die Familien hinein für Diskussionsstoff sorgen würde, hätten selbst die Optimisten nicht erwartet. Ein Ziel aller Aktienprogramme, daß nämlich die Belegschaft Interesse am Aktienkurs zeigt, ist bei Lufthansa erreicht.

Auch die Intention des Vorstands, möglichst viele Aktien in Mitarbeiterhände zu bringen, erhielt durch LH-Chance einen kräftigen Schub. Über die traditionellen Belegschaftsaktien (Alternative 2) wurden Stück 240.000 Aktien Mitarbeitern zugewendet, über LH-Chance Stück 1,86 Mio. Inwieweit diese Aktien längerfristig beim Mitarbeiter verbleiben, steht allerdings erst nach Ablauf des Programms im Dezember 1998 fest.

2.6 LH-Chance: Vorweggenommene Erfolgsbetrachtung

Auch wenn hier keineswegs das Fell des Bären vor dessen Erlegung verteilt werden soll, bietet sich wenige Monate vor Programmende eine wirtschaftliche Betrachtung von LH-Chance an.

Der Lufthansa Aktienkurs notiert zur Zeit bei über DM 50,-; für unsere Betrachtung wird ein Kurs von DM 50,- unterstellt. Daraus ergibt sich aus Sicht der Programmteilnehmer:

133 Aktien mal DM 50,-	DM 6.650,00
abzüglich Arbeitgeberdarlehen	DM 2.493,05
Auszahlungsbetrag	DM 4.156,95

Bezogen auf das (kalkulatorische) Eigeninvest von DM 500,- ergibt sich daraus eine Rendite von 731% über die zweijährige Laufzeit, wobei die Dividende pro Aktie von DM 0,50 in 1997 und DM 0,90 in 1998 sogar unberücksichtigt ist.

2.7 Ergebnisbeteiligung in 1997 und 1998

In 1997 erfolgte die tarifvertragliche Regelung der Ergebnisbeteiligung. Es wurden erneut die drei Wahlmöglichkeiten angeboten, wobei sich die Beträge jeweils um DM 100,- erhöhten. Die Anzahl der Aktien je Mitarbeiter ging allerdings stark zurück, da sich der Aktienkurs bis zum Abrechnungsstichtag auf DM 35,65 steigerte. LH-Chance 1997 umfaßt nur noch 76 Aktien, davon 6 geschenkte. Der Beliebtheit des Programms tat dies allerdings keinen Abbruch. Es wurde von 18.000 Mitarbeitern (39%) gewählt. Die traditionellen Belegschaftsaktien erhielten 19% Zuspruch, der Anteil der cash-Variante sank auf 42%.

In 1998 wurden die Beträge aufgrund der mit der tarifvertraglichen Regelung vereinbarten Koppelung der Ergebnisbeteiligung an die Dividendenhöhe erheblich erhöht. Allerdings stieg, wie oben bereits erwähnt, auch der Aktienkurs weiter. LH-Chance erfuhr eine leichte Modifikation. Die Kurssicherung gilt nunmehr nur noch für die kreditfinanzierten Aktien. Aus dieser Einsparung bei der Kurssicherung läßt sich die Anzahl der geschenkten Aktien erhöhen. Zur Zeit läuft für die Mitarbeiter die Entscheidungsperiode, so daß noch keine Ergebnisse über das Wahlverhalten vorliegen. Erstmals werden die benötigten Aktien über eine Kapitalerhöhung aus genehmigtem Kapital beschafft werden.

2.8 Weitere Aktienprogramme

Der Vollständigkeit halber seien zwei Aktienprogramme der letzten Jahre außerhalb der Ergebnisbeteiligung erwähnt.

Eine tarifvertraglich vereinbarte Einmalzahlung in 1996 konnte alternativ in Form von Aktien bezogen werden, wobei der in Aktien zugewendete Betrag gegenüber der entsprechenden Barleistung um 25% erhöht war. Die Aktien erhielten dafür eine zweijährige Verkaufssperre. Von dieser Möglichkeit, Aktien zu beziehen, machten über 7.000 Mitarbeiter Gebrauch.

In 1997 konnten Lufthansa Mitarbeiter im Rahmen der Vollprivatisierung der Lufthansa 1% des Plazierungsvolumens mit 10% Abschlag auf den Plazierungspreis von DM 33,30 zeichnen. 18.215 Mitarbeiter erhielten jeder maximal Stück 87 Aktien (kleinere Aktienanzahlen waren möglich). Die für diese Aktion zur Verfügung stehende Tranche wurde mehr als vierfach überzeichnet.

3 „LH-Performance" - das Aktienoptionsmodell für Führungskräfte

Lufthansa ist sich bewußt, daß Aktienoptionsprogramme für Führungskräfte eine kritische Aufmerksamkeit bei Presse, Investoren, Gewerkschaften und unternehmensintern hervorrufen. Solche Programme werden oftmals heftig kritisiert (Stichwort: „Selbstbediener"). Dabei richtet sich die Kritik in der Regel gegen zwei Punkte:

a) Führungskräfte partizipieren an Kurssteigerungen der Aktie, für die sie nicht verantwortlich sind (windfall-profits), und

b) sie nehmen nicht am Risiko fallender Kurse teil.

Bei Lufthansa herrschte schnell ein Verständnis, daß LH-Performance diese Punkte aufgreifen müsse. Dies ist durch die zwei im folgenden beschriebenen Konstruktionsmerkmale des Programms geschehen.

3.1 Outperformance-Option

LH-Performance ist das erste Aktienoptionsprogramm in Deutschland, bei dem die Auszahlung an die Programmteilnehmer von der relativen Entwicklung des Lufthansa Aktienkurses im Vergleich zu einem Konkurrenzindex abhängt. Da es keinen brauchbaren Branchenindex gibt, hat Lufthansa eigens einen Konkurrenzindex geschaffen, in den British Airways mit einer Gewichtung von 50%, KLM mit 30% und Swissair mit 20% eingehen. Es erfolgt bewußt eine Beschränkung auf europäische Wettbewerber, da nur diese in einem vergleichbaren Umfeld operieren, und auf börsenmäßig liquide Werte, wodurch kleinere Fluglinien und vor allem die europäischen Staatsairlines ausscheiden. Maßstab für den Vergleich ist der Total-Shareholder-Return, womit neben der Kursentwicklung auch Dividenden, Bezugsrechte und sonstige Ausschüttungen berücksichtigt werden.

Beobachtet wird, wie sich der Wert der Lufthansa Aktie am Ende der dreijährigen Programmlaufzeit in Relation zum Konkurrenzindex entwickelt hat. Vergleichsbasis sind die Kurse der vier Fluggesellschaften an ihrer jeweiligen Heimatbörse vom 7. Oktober 1997. Entwickelt sich der Wert der Lufthansa Aktie im Dreijahreszeitraum besser als der Konkurrenzindex, erhalten die Programmteilnehmer für jeden vollen Prozentpunkt, den die Lufthansa Aktie den Vergleichsindex schlägt, eine Zahlung vom Unternehmen, die mit der Höhe der Outperformance in Stufen exponentiell ansteigt und bei einer Outperformance von 40% gekappt ist. Die Limitierung der möglichen Ausschüttungssumme auf einen von vornherein bekannten Wert ist notwendig, da Lufthansa die Outperformance-Option nicht gegengesichert hat.

Die Outperformance-Option gewährleistet die Belohnung einer lufthansaspezifischen Leistung und nicht von Aktienkurssteigerungen aufgrund allgemein steigender Aktienmärkte. Umgekehrt wirkt sie im Falle einer allgemeinen Aktienbaisse für die Führungskräfte nicht demotivierend, da es ihr auf die relative Entwicklung des Lufthansa Aktienkurses ankommt.

3.2 Eigeninvest in Lufthansa Aktien

Um an LH-Performance teilnehmen zu können, muß die Führungskraft aus eigenem Geld Lufthansa Aktien zum aktuellen Börsenkurs bei Programmstart kaufen. Die Programmteilnehmer unterliegen damit wie jeder Aktionär Vermögensgewinnen und -einbußen durch die Kursschwankungen. Das heißt auch, die Führungskraft trägt das volle Verlustrisiko für ihr Investment, das abhängig von der Managementebene zwischen DM 40.000,- und DM 80.000,- beträgt. Ein Verkauf der Aktien vor Programmende verwirkt die Ansprüche aus der Outperformance-Option.

3.3 Technische Details und Abwicklung

Um sich am Programmende nicht dem Vorwurf der Kursmanipulation auszusetzen und um kurzfristige Kursschwankungen auszuschließen, erfolgt die Endberechnung auf Grundlage eines Durchschnittskurses der letzten einhundert Börsentage vor Programmende. Als Berechnungsstelle für die Outperformance ist die Dresdner Bank beauftragt, die auch die depotmäßige Verwahrung der Aktien vornimmt.

3.4 Beurteilung durch die Öffentlichkeit und Akzeptanz bei den Führungskräften

Das von der Lufthansa Finanzabteilung entwickelte Programm LH-Performance fand bei Investoren und Presse ein durchweg gutes Echo. Nahezu alle Bankanalysten fragten während der im Rahmen der Vollprivatisierung durchgeführten Road-Show nach dem Aktienoptionsprogramm und würdigten positiv die Ausgestaltung von LH-Performance. Als Kompliment besonderer Art darf sicherlich auch die Aussage der Financial Times gelten, das Lufthansa Aktienoptionsprogramm räume dem Management „a distinctly un-German direct financial incentive to outperform" ein. Gewiß schöner liest sich da ein am 10.10.1997 unter der Überschrift „Lufthansa: Shares and More" in der Börsen-Zeitung veröffentlichter Artikel, der zum Schluß über LH-Performance resümiert: „Über das eigene Unternehmen hinaus setzt sie (die Lufthansa) damit Maßstäbe, wie aktienkursbasierte Erfolgsbeteiligungen auch im Rahmen der heutigen Gesetze aussehen können, ohne zur risikolosen Selbstbedienung des Managements auszuarten."

Das Management hat in 1997 die ihm angebotene Aktieninvestsumme zu mehr als zwei Dritteln gezeichnet. Bei einer Neuauflage des Programms mit kleineren Investsummen allerdings bei Ausweitung auf eine weitere Managementebene im Rahmen der leistungsorientierten variablen Vergütung im Mai 1998 übersprang die Zeichnungsquote gar die 80% Marke.

Natürlich gab es auch kritische Stimmen. Besonders als bereits im Oktober 1997 der Aktienkurs an Boden verlor und um einiges unter den Einstandskurs der Führungskräfte fiel. Einige Manager sprachen schon vom „Führungskräfteenteignungsprogramm". Jetzt im Juli 1998, da der Aktienkurs stark gestiegen und bereits eine Outperformance von 14% erreicht ist, herrscht der Jahreszeit angepaßt eitel Sonnenschein. Doch aktueller Sonnenschein hin oder her, zwei Dinge sind besonders erfreulich: Das Lufthansa Management hat die sportliche Herausforderung einer Outperformance gegenüber den Wettbewerbern angenommen und das „Leidklagen" einer Führungskraft beim letzten Konzernstammtisch macht den zweiten Punkt deutlich: „Früher war der Aktienkurs jedem egal. Jetzt bin ich morgens kaum zur Tür drinnen und werde schon gefragt, wo der Kurs steht."

Bernhard Pellens/Nils Crasselt[*]

Aktienkursorientierte Entlohnungsinstrumente im Jahresabschluß

1	Einleitung	127
2	Begriffliche Abgrenzung	128
	2.1 Überblick	128
	2.2 Entlohnung durch echte Eigenkapitalinstrumente	129
	2.3 Entlohnung durch virtuelle Eigenkapitalinstrumente	130
3	Bilanzierung beim Einsatz virtueller Eigenkapitalinstrumente	131
	3.1 Wirtschaftliche Auswirkungen	131
	3.2 Bilanzielle Erfassung	133
	3.2.1 Bilanzansatz	133
	3.2.2 Bilanzbewertung	134
	3.2.3 Zeitliche Verteilung	135
	3.2.4 Absicherung der Verbindlichkeit	137
4	Bilanzierung beim Einsatz echter Eigenkapitalinstrumente	138
	4.1 Wirtschaftliche Auswirkungen	138
	4.2 Bilanzielle Erfassung	140
	4.2.1 Bilanzansatz	140
	4.2.2 Bilanzbewertung	143
	4.2.3 Zeitliche Verteilung	146
	4.3 Alternative Durchführungsformen	148
	4.3.1 Aktienrückkauf	148
	4.3.2 Kooperation mit Dritten und mit verbundenen Unternehmen	150

---

[*] Prof. Dr. Bernhard Pellens/Dipl.-Kfm. Nils Crasselt,
Lehrstuhl für Internationale Unternehmensrechnung an der Ruhr-Universität Bochum,
http://www.iur.ruhr-uni-bochum.de

5	Publizitätsanforderungen		152
	5.1	Gewinn je Aktie-Publizität	152
	5.2	Sonstige Publizitätsanforderungen	154
6	Schlußbemerkungen		155

1 Einleitung

Mit der Konzentration deutscher Unternehmen auf die Steigerung des Unternehmenswerts als primäre Zielsetzung ist u.a. eine Modifikation der variablen Entlohnungssysteme zu beobachten.[1] Durch eine Kopplung der Entlohnung an die Wertentwicklung der Eigenkapitalanteile soll der Principal-Agent-Konflikt zwischen Eigenkapitalgebern und Unternehmensführung abgeschwächt werden. Bezugsgröße solcher Systeme können entweder Kennzahlen, die aus Daten des internen Rechnungswesens abgeleitet werden, oder – bei börsennotierten Unternehmen – unmittelbar der Aktienkurs sein.

Da die Ausgestaltung der variablen Entlohnungssysteme i.d.R. in der Verantwortung der Unternehmensführung selbst liegt, ist aus dem Blickwinkel der Eigenkapitalgeber auf umfangreiche und zuverlässige Informationen über die Programme zu achten. Hier kommt insbesondere dem Jahresabschluß eine entsprechende Informationsfunktion zu. Während die Bilanzierung einer an wertorientierten Kennzahlen des internen Rechnungswesens, wie z.B. Economic Value Added (EVA) oder Cash Flow Return on Investment (CFROI)[2], ausgerichteten Entlohnung grundsätzlich der bei einer variablen Entlohnung anhand „traditioneller" Kennzahlen, wie z.B. der Umsatzrendite oder der Dividendenhöhe, entspricht, gilt dies für unmittelbar an die Aktienperformance gebundene Entlohnungssysteme nur bedingt. Für sie haben sich in Deutschland bisher noch keine einheitlichen Bilanzierungsgrundsätze herausgebildet.[3] Daher soll hier speziell auf aktienkursorientierte Entlohnungsinstrumente eingegangen werden. Darunter werden neben den in Deutschland bereits seit langem verbreiteten Belegschaftsaktien auch die jüngst eingesetzten Stock Options sowie sogenannte „virtuelle" Eigenkapitalinstrumente, deren verstärkter Einsatz u.a. wegen ihrer rechtlichen Einfachheit vorgeschlagen wird,[4] zusammengefaßt.

Im folgenden werden zunächst kurz die unterschiedlichen Formen aktienkursorientierter Entlohnung voneinander abgegrenzt. Anschließend werden jeweils die wirtschaftlichen Auswirkungen und deren Abbildung in Bilanz und Gewinn- und Verlustrechnung betrachtet, wobei die detaillierten diesbezüglichen US-amerikanischen Rechnungslegungsvorschriften als Orientierungshilfe herangezogen werden. Abschließend wird auf Publizitätsanforderungen für wertorientierte Entlohnungsinstrumente eingegangen.

---

1 Zur Bedeutung der Wertsteigerung als Unternehmenszielsetzung und ihrer Relevanz für Entlohnungssysteme vgl. den Beitrag in diesem Buch von *Pellens/Crasselt/Rockholtz*.
2 Zur Anwendung des Economic Value Added vgl. grundlegend *Stewart* (1990) sowie den Beitrag in diesem Buch von *Greth*; zum Cash Flow Return on Investment vgl. *Lewis* (1994).
3 Vgl. aber die beginnende Diskussion um die Bilanzierung von Stock Options bei *Pellens/Crasselt* (1998a) und (1998b); *Naumann* (1998); *Rammert* (1998).
4 Vgl. *Knoll* (1997), S. 42.

2 Begriffliche Abgrenzung

2.1 Überblick

Eine Bindung der Entlohnung an die Aktienperformance kann auf verschiedene Weise erfolgen. Hinsichtlich der bilanziellen Erfassung erscheint es sinnvoll, die verschiedenen Formen zunächst danach zu unterscheiden, ob die Entlohnung mit *echten oder virtuellen Eigenkapitalinstrumenten* erfolgt. Weiterhin kann eine Abgrenzung danach vorgenommen werden, ob die eingesetzten Instrumente Aktien- oder Optionscharakter besitzen. Schließlich sind innerhalb der echten Eigenkapitalinstrumente unterschiedliche Durchführungsformen zu differenzieren.

```
                    Aktienkursorientierte Entlohnungsinstrumente
                    ┌──────────────────────┴──────────────────────┐
               Echte                                          Virtuelle
         Eigenkapitalinstrumente                      Eigenkapitalinstrumente
         ┌──────────┴──────────┐                     ┌──────────────────────
  Belegschaftsaktien  ←→  Aktienoptionen              → Phantom Stock
  (Restricted Stock)      (Stock Options)
  - Kapitalerhöhung       - Kapitalerhöhung
    (genehmigtes Kapital)   (bedingtes Kapital)
  - Aktienrückkauf        - Aktienrückkauf           → Stock Appreciation
  - Kooperation mit Dritten - Kooperation mit Dritten   Rights
```

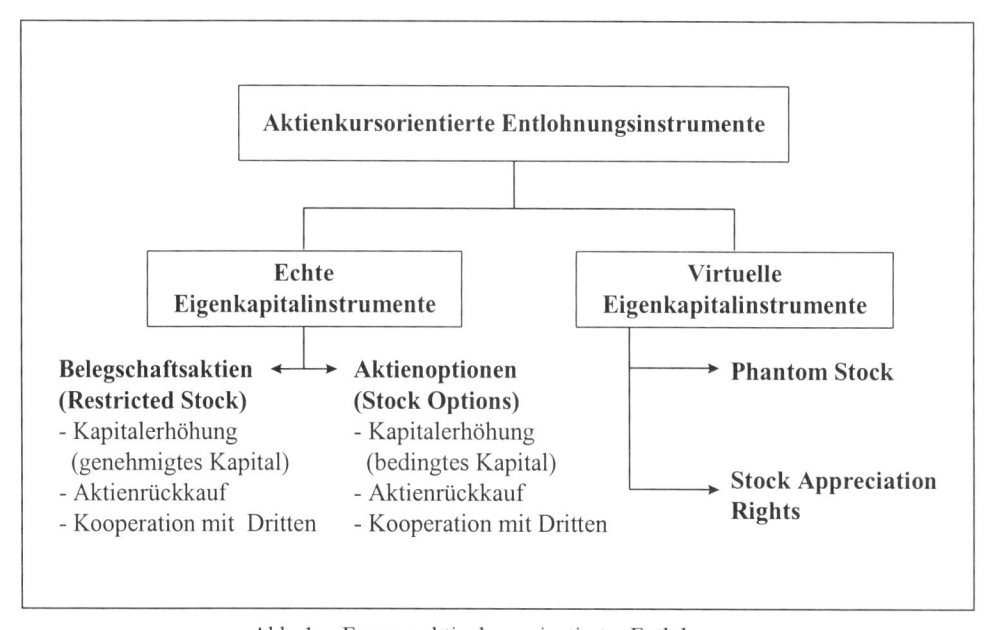

Abb. 1: Formen aktienkursorientierter Entlohnung

Eine Entlohnung mit Hilfe *echter Eigenkapitalinstrumente* erfolgt durch Belegschaftsaktien (Restricted Stock) und/oder Aktienoptionen (Stock Options). Die begünstigten Mitarbeiter werden in eine Gesellschafterstellung versetzt bzw. erhalten das Optionsrecht, später eine solche zu erlangen. Die Finanzierung kann dabei entweder durch junge Aktien aus einer Kapitalerhöhung oder durch bereits ausgegebene Aktien erfolgen.[5]

Virtuelle Eigenkapitalinstrumente bilden aus dem Blickwinkel der Mitarbeiter die finanziellen Auswirkungen ihrer echten Pendants durch äquivalente Gehaltszahlungen

---

5   Vgl. hierzu den Beitrag in diesem Buch von *Seibert*.

des Unternehmens nach. Eine Ausgabe von Aktien oder Optionen erfolgt dabei nicht. Virtuelle Aktien werden als Phantom Stock, virtuelle Optionsrechte als Stock Appreciation Rights bezeichnet.

2.2 Entlohnung durch echte Eigenkapitalinstrumente

Bei der Ausgabe von *Belegschaftsaktien* können Mitarbeiter zu günstigen Konditionen Aktien des arbeitgebenden Unternehmens bzw. dessen Mutterunternehmens erwerben, wobei die Aktienverwendung meist verschiedenen Beschränkungen unterliegt.[6] So ist i.d.R. ein Weiterverkauf erst nach einer mehrjährigen Sperrfrist möglich. Belegschaftsaktienprogramme sind mit Restricted Stock-Plänen in den USA vergleichbar, bei denen ebenfalls Mitarbeitern ein finanzieller Vorteil beim Aktienerwerb gewährt wird, der Aktienbesitz dann aber mit bestimmten „Restrictions" verbunden ist.[7] Dazu kann neben einer Sperrfrist die Verpflichtung zu einem fortgesetzten Arbeitsverhältnis oder das Erreichen bestimmter Ziele zählen.

Im Gegensatz zu Belegschaftsaktien werden *Aktienoptionen* bisher nur einem begrenzten Kreis von Führungskräften gewährt. Die Begünstigten erhalten mit den Stock Options das Recht, innerhalb einer bestimmten Frist eine vorab festgelegte Aktienanzahl des arbeitgebenden Unternehmens bzw. dessen Mutterunternehmens zum Ausübungspreis zu beziehen.[8] Dabei wird eine Indexierung des Ausübungspreises gefordert, um die Mitarbeiter nur an einer Überperformance gegenüber z.B. dem Brachenschnitt zu beteiligen.[9] Die Ausübung der Optionen ist zumeist erst nach Ablauf einer Sperrfrist möglich und wird ebenfalls an Bedingungen wie z.B. den Verbleib im Unternehmen geknüpft.

Die konkrete Ausgestaltung einer Entlohnung mit echten Eigenkapitalinstrumenten ist neben Anreizaspekten insbesondere von der steuerlichen Behandlung abhängig. So kann z.B. ein Abschlag auf Belegschaftsaktien nach § 19a EStG bis zu einer Höhe von insgesamt 300 DM pro Jahr von den Begünstigten steuerfrei vereinnahmt werden. Die Besteuerung von Stock Options bei den Begünstigten wird noch kontrovers diskutiert.[10] Auf Unternehmensseite könnten sich unterschiedliche steuerliche Konsequenzen in Abhängigkeit von der Beschaffungsform der Aktien bzw. Optionen ergeben.[11]

---

6   Vgl. allgemein zu Belegschaftsaktien *Peterssen* (1968); *Baus* (1978); *Knepper* (1985).

7   Vgl. zu Restricted Stock-Plänen *Becker* (1990), S. 36 f.; *Edelstein* (1981), S. 30 ff.

8   Vgl. zu einem Überblick verschiedener Möglichkeiten der Ausgestaltung von Stock Option-Plänen *Becker* (1990), S. 37 ff.

9   Vgl. *Menichetti* (1996), S. 1690 f.; *Knoll* (1997), S. 36; *Wenger* (1998), S. 60 ff.

10 Vgl. *Bredow* (1996); *Peltzer* (1996), S. 314 f.; *Aha* (1997), S. 2228; *Feddersen* (1997), S. 274 ff.; *Portner* (1997) S. 787 f.; *Knoll* (1998) sowie den Beitrag in diesem Buch von *Herzig*.

11 Zu steuerlichen Konsequenzen von Stock Options auf Unternehmensseite vgl. den Beitrag in diesem Buch von *Herzig*.

Es stehen grundsätzlich drei Beschaffungsmöglichkeiten offen. Zum einen kann der Weg einer Kapitalerhöhung gewählt werden. Während bei Belegschaftsaktien i.d.R. ein genehmigtes Kapitals geschaffen wird,[12] wird zur Bedienung von Stock Options vor allem die Schaffung eines bedingten Kapitals als gangbarer Weg gesehen.[13] Zum anderen können bereits am Kapitalmarkt gehandelte Aktien aufgekauft und anschließend ausgegeben werden. Das Unternehmen kann dies entweder selbst nach Maßgabe des § 71 AktG tun oder einen Vertragspartner, i.d.R. eine Bank, damit beauftragen.[14]

2.3 Entlohnung durch virtuelle Eigenkapitalinstrumente

Eine Alternative zur Ausgabe von Aktien oder Aktienoptionen stellen unmittelbare, an die Entwicklung des Aktienkurses gekoppelte Gehaltszahlungen des Unternehmens dar. Die wirtschaftlichen Konsequenzen echter Eigenkapitalinstrumente werden durch solche virtuellen Eigenkapitalinstrumente aus Sicht der Begünstigten nachgebildet.

Die finanziellen Auswirkungen von Belegschaftsaktien können durch die Zusage von *virtuellen Aktien* (Shares of Phantom Stock) nachgebildet werden.[15] Es handelt sich dabei nicht um Eigenkapitalanteile, sondern um Bucheinheiten, deren Wertentwicklung von der Aktienperformance bestimmt wird. Virtuelle Aktien werden den Begünstigten meist ohne finanzielle Gegenleistung zugesagt. Zu einem späteren, im voraus vereinbarten Zeitpunkt erhalten sie dann eine Gehaltszahlung, deren Höhe von der Wertentwicklung der Bucheinheit abhängt. Voraussetzung für den Erhalt der Zahlung ist i.d.R. ein fortgesetztes Arbeitsverhältnis.

Die Zahlung am Ende der Laufzeit kann unterschiedlich ausgestaltet werden. Pro Bucheinheit kann entweder der gesamte Aktienkurs am Ende der Laufzeit oder nur die Differenz zwischen den Aktienkursen am Ende und zu Beginn der Laufzeit ausgezahlt werden. Während sich die Entlohnung bei der ersten Variante aus dem Wert der virtuellen Aktien bei Zusage und der Wertsteigerung bzw. -minderung zusammensetzt, partizipieren die Begünstigten bei der zweiten Variante nur an der Wertveränderung. Dabei wird meist auf eine Beteiligung an Kursverlusten verzichtet. Weiterhin ist zu unterscheiden, ob und gegebenenfalls wie die Begünstigten an den während der Laufzeit anfallenden Dividenden und potentiellen Vermögensverwässerungen durch Kapitaler-

---

12 Vgl. *Knepper* (1985), S. 433.

13 Diese Möglichkeit hat das KonTraG explizit geschaffen, vgl. hierzu den Beitrag in diesem Buch von *Seibert*. Zur Lage vor dem KonTraG vgl. z.B. *Schneider* (1996), S. 1772 ff.; *Hüffer* (1997), S. 220 ff.

14 Vgl. z.B. den Gestaltungsvorschlag bei *Aha* (1997), S. 2228.

15 Vgl. zu Phantom Stock-Plänen *Becker* (1990), S. 41 f.; *Knoll* (1997), S. 42.

höhungen beteiligt werden. Durch diese Ausgestaltungsmöglichkeiten ist die Grenze zu virtuellen Optionen fließend.[16]

Virtuelle Optionen (Stock Appreciation Rights) geben den Begünstigten das Recht, bis zu einem bestimmten Zeitpunkt eine Zahlung des Unternehmens in Höhe des dann geltenden Aktienkurses abzüglich eines zuvor vereinbarten, möglicherweise indexierten Basispreises einzufordern.[17] Wie bei der Ausgabe von Stock Options kann dieses Recht i.d.R. erst nach Ablauf einer Sperrfrist und bei fortgesetzter Unternehmenszugehörigkeit ausgeübt werden. Eine derartige Konstruktion entspricht aus dem Blickwinkel der Begünstigten der Ausübung von Stock Options und dem direkten Weiterverkauf der erworbenen Aktien.

Das Unternehmen kann sich das Recht vorbehalten, anstelle einer Barauszahlung auch Aktien in entsprechendem Wert auszugeben. Übt ein Begünstigter bei einem aktuellen Aktienkurs von 20 DM insgesamt 100 virtuelle Optionen mit einem Basispreis von 10 DM aus, kann er z.B. entweder eine Zahlung von 1000 DM oder 50 Aktien zu einem Wert von je 20 DM erhalten. Häufig wird ein solches Wahlrecht auch den Begünstigten gewährt. Es erfolgt so ein kombinierter Einsatz von virtuellen und echten Eigenkapitalinstrumenten.[18]

3 Bilanzierung beim Einsatz virtueller Eigenkapitalinstrumente

3.1 Wirtschaftliche Auswirkungen

Hinsichtlich der Bilanzierung soll zunächst der Einsatz virtueller Eigenkapitalinstrumente betrachtet werden, da sich deren Erfassung aufgrund der rechtlichen Struktur gegenüber dem Einsatz echter Eigenkapitalinstrumente einfacher gestaltet. Insbesondere die Frage der Beschaffung der Aktien bzw. Optionen entfällt hier. Dennoch lassen sich viele der hier zu beschreibenden Problemlösungen äquivalent auch auf die anschließend diskutierten echten Eigenkapitalinstrumente übertragen.

Die Vermögenswirkung bei den durch Zusage von virtuellen Eigenkapitalinstrumenten Begünstigten ist abhängig von der konkreten Vertragsgestaltung. Dies sei an einigen Beispielen verdeutlicht:

---

16 Eine interessante Zwischenform ist beispielsweise das STAR-Programm der SAP AG. Die Mitarbeiter erhalten Anspruch auf eine vollständige Beteiligung an Kurssteigerungen bis zu 100 DM innerhalb eines Jahres. Darüber hinaus erhalten sie 50 % der nächsten 100 DM sowie 25 % aller weiteren Steigerungen; vgl. *o.V.* (1998a), S. 17. Kritisch dazu *Menichetti* (1998), S. 47.

17 Vgl. zu virtuellen Optionen *Bühner* (1989), S. 2183; *Becker* (1990), S. 41; *Knoll* (1997), S. 42.

18 Vgl. zu solchen „Tandem Plans" *Ellig* (1984), S. 44 f.

Ein Unternehmen bietet seinen Mitarbeitern virtuelle Aktien an. Den Mitarbeitern werden zunächst Bucheinheiten im Wert des aktuellen Aktienkurses von 100 DM gutgeschrieben. Am Ende der Laufzeit erhalten sie eine Zahlung in Höhe des dann geltenden Aktienkurses zuzüglich zwischenzeitlich gezahlter Dividenden. Die Laufzeit des Programms beträgt 5 Jahre. Steigt (fällt) der Aktienkurs bis zum Ende der Laufzeit beispielsweise auf 160 DM (80 DM), wird für jede Bucheinheit eine Zahlung von 160 DM (80 DM) zuzüglich während der Laufzeit an echte Aktionäre gezahlten Dividenden geleistet.

Durch eine solche Vertragsgestaltung erfahren die Mitarbeiter bereits bei der Zusage einen Vermögenszuwachs von 100 DM pro Bucheinheit. Die endgültige Höhe des Vermögenszuwachses wird aber erst durch die spätere Zahlung bestimmt. Das Vermögen des Unternehmens wird in gleicher Höhe belastet.

Beim Einsatz virtueller Optionen steigt das Vermögen der Mitarbeiter zum Zeitpunkt der Zusage um den Wert der Optionsrechte, der sich bis zum Ende der Laufzeit in Abhängigkeit von der Aktienkursentwicklung entwickelt. Spiegelbildlich kommt es beim Unternehmen bei der Zusage bereits zu einer Vermögensbelastung. Die endgültige Vermögensübertragung konkretisiert sich letztlich mit der Zahlung des Unternehmens an die Mitarbeiter.

Ein Unternehmen bietet seinen Mitarbeitern virtuelle Optionen an, die den Mitarbeitern das Recht geben, innerhalb der nächsten 5 Jahre dazu zu optieren, sich die Differenz des dann geltenden Aktienkurses und dem aktuellen Aktienkurs von 100 DM auszubezahlen lassen. Vor der Ausübung ist eine Sperrfrist von 3 Jahren einzuhalten. Die Bewertung kann nach den Prinzipien der Optionspreistheorie, z.B. mit dem Black/Scholes-Modell[19], erfolgen. Der innere Wert einer Option, berechnet als Differenz zwischen aktuellem Aktienkurs und Ausübungspreis, beträgt hier Null. Bei einer erwarteten Volatilität des Aktienkurses von 32 %, einer Laufzeit von 5 Jahren, einem risikolosen Zinsfuß von 5 % pro Jahr und einer erwarteten jährlichen Dividendenrendite von 2 % beträgt der Gesamtwert einer Option 30 DM. Tritt anschließend die in Abb. 2 beispielhaft dargestellte Aktienkursentwicklung ein, können die Begünstigten ihre virtuellen Optionen am Ende der Laufzeit zu 60 DM pro Option ausüben.

Während das Vermögen der Mitarbeiter und des Unternehmens direkt durch die Zahlungsverpflichtung berührt wird, ist die Vermögensposition der Aktionäre von dieser Entlohnungsform nicht unmittelbar betroffen. Sie verändert sich jedoch insofern, als die aus den virtuellen Eigenkapitalinstrumenten resultierenden Zahlungen an die Mitarbeiter den Barwert künftiger Einzahlungsüberschüsse des Unternehmens und damit den Unternehmenswert vermindern.

---

19 Zum Black/Scholes-Modell vgl. ursprünglich *Black/Scholes* (1973); zur Berücksichtigung der Dividendenrendite in diesem Modell vgl. *Merton* (1973), S. 151 ff.

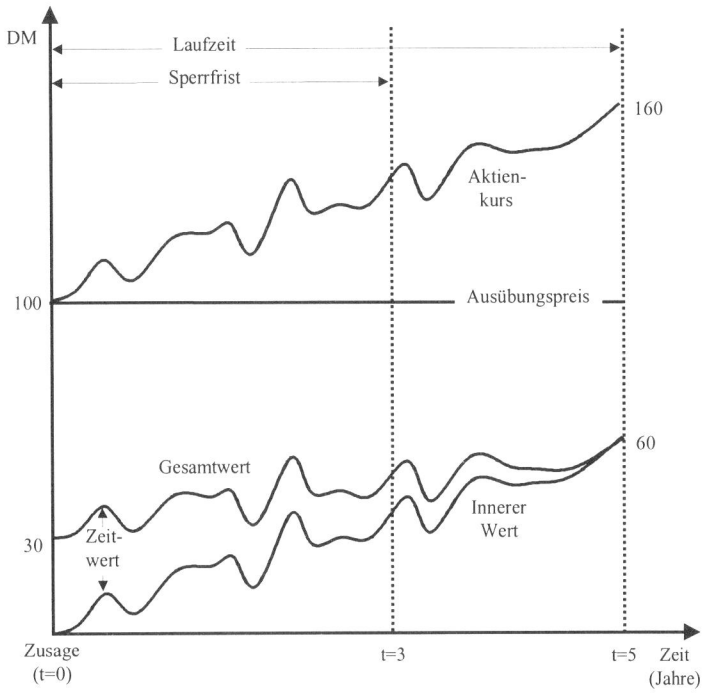

Abb. 2: Beispiel Stock Appreciation Rights

3.2 Bilanzielle Erfassung

3.2.1 Bilanzansatz

Durch die Zusage von virtuellen Aktien oder Optionen geht das Unternehmen eine wirtschaftliche Verpflichtung gegenüber seinen Mitarbeitern ein. Diese Verpflichtung ist jedoch in mehrfacher Hinsicht unsicher. Zum einen könnte das gewährte Recht erlöschen, weil ein Begünstigter vor Erhalt der Zahlung das Unternehmen verläßt, zum anderen ist die endgültige Höhe der späteren Gehaltszahlung von der Aktienperformance abhängig. Es ist daher zu überlegen, wie eine bilanzielle Erfassung erfolgen kann.

Stellt die Zusage virtueller Aktien oder Optionen aufgrund expliziter Vertragsgestaltungen eine *Entlohnung für abgelaufene Perioden* dar, ist das Geschäft von Seiten der Mitarbeiter bereits erfüllt. Das Unternehmen hätte gem. § 249 Abs. 1 HGB eine Rückstellung für ungewisse Verbindlichkeiten in Höhe des am jeweiligen Bilanzstichtag erwarteten Zahlungsbetrags zu bilden.

Sollen *Arbeitsleistungen künftiger Perioden* durch die virtuellen Eigenkapitalinstrumente entlohnt werden, liegt bei der Zusage ein schwebendes Geschäft vor, so daß die Bildung einer handelsrechtlichen Drohverlustrückstellung zu prüfen ist. Ob aus den künftigen Arbeitsleistungen und der hierfür vereinbarten Gesamtentlohnung dem Unternehmen ein Verlust droht, kann jedoch bezweifelt werden, da – ein wirksames Anreizsystem unterstellt – eine höhere Vergütung nur im Fall einer höheren Leistung eintritt. Wird eine Drohverlustrückstellung nicht gebildet, ist entsprechend der Leistungserfüllung durch die Mitarbeiter eine Rückstellung für ungewisse Verbindlichkeiten zu bilden und periodisch um den bis dahin erarbeiteten Prämienanteil zu erhöhen.

Da die Zahlungen als Gegenleistung für die von den Mitarbeitern erbrachten Arbeitsleistung erfolgen, ist die Gegenbuchung für die Bildung der Rückstellung grundsätzlich im Personalaufwand vorzunehmen. Bei einer Entlohnung bereits vergangener Perioden, wäre möglicherweise nur der Teil als Personalaufwand zu verbuchen, der bereits bei der Zusage transferiert wird. Zusätzliche Zuführungen zu der gebildeten Rückstellung bzw. erfolgswirksame Auflösungen derselben zwischen der Zusage und der tatsächlichen Zahlung wären dann – analog der Bilanzierung von Pensionsrückstellungen – als Finanzierungsaufwand bzw. -ertrag zu buchen.

Im folgenden soll davon ausgegangen werden, daß die Erfassung durch Buchung eines *Personalaufwands* erfolgt. Die Gegenbuchung soll entsprechend der Leistungserfüllung durch die Mitarbeiter in einer *Rückstellung für ungewisse Verbindlichkeiten* erfolgen. Die Bildung einer Drohverlustrückstellung bereits bei der Zusage erfolgt nicht. Damit stellt sich die Frage, wann und in welcher Höhe der Personalaufwand bemessen werden soll, und wie er zeitlich zu verteilen ist.

3.2.2 Bilanzbewertung

Die Bemessung des insgesamt zu berücksichtigenden Aufwands ergibt sich am Ende der Laufzeit unmittelbar aus den Auszahlungen des Unternehmens. Fraglich ist jedoch, ob und in welcher Höhe ein Personalaufwand bereits bei der Zusage und während der Laufzeit zu bemessen ist.

Mit den im obigen Beispiel gewährten virtuellen Aktien erhalten die Begünstigten bereits bei der Zusage einen finanziellen Vorteil in Höhe des aktuellen Aktienkurses von 100 DM. Bei einer Entlohnung für bereits vergangene Perioden wäre damit bereits bei der Zusage für jede Bucheinheit zu buchen:

Personalaufwand 100 DM
an Rückstellung für ungewisse Verbindlichkeiten 100 DM

Würden die Mitarbeiter nur an den Wertveränderungen beteiligt, würde ihnen bei der Zusage noch kein zusätzlicher Arbeitslohn zuteil. Dies gilt allerdings nur dann, wenn auch eine Beteiligung an Wertverlusten vorgenommen wird. Wird die Beteiligung der Mitarbeiter nur auf Wertsteigerungen beschränkt, führt das asymmetrische Auszahlungsschema dazu, daß der Erwartungswert der späteren Zahlung größer Null ist. Der

Wert solcher Zwischenformen wäre entsprechend der Vorgehensweise der Bewertung von virtuellen Optionen zu ermitteln.[20]

Im obigen Beispiel zu Stock Appreciation Rights beträgt der nach dem Black/Scholes-Modell ermittelte Wert pro Bucheinheit 30 DM. Dieser Wert stellt aus Sicht des Unternehmens den Barwert der erwarteten Auszahlung dar. Er käme damit zur Bewertung der zu bildenden Rückstellung in Betracht, wäre aber noch um Effekte, die aus den Besonderheiten von virtuellen Optionen resultieren, zu korrigieren.[21] Für eine Entlohnung vergangener Perioden wäre also zunächst zu buchen:

Personalaufwand 30 DM
an   Rückstellung für ungewisse Verbindlichkeiten 30 DM

Alternativ könnte auch eine Bewertung nur zum inneren Wert des Optionsrechts erwogen werden, so daß im Beispiel bei der Ausgabe keine Buchung entsteht. Dies wäre jedoch wirtschaftlich nicht sinnvoll, da so der Wert des gewährten Rechts zum Ausgabezeitpunkt unterschätzt und der Personalaufwand nicht periodengerecht erfaßt wird. Die Gesamthöhe des über alle Perioden zu verbuchenden Personalaufwands würde jedoch durch diese Vorgehensweise nicht beeinflußt.

Wertänderungen der virtuellen Aktien bzw. Optionen während der Laufzeit müssen ebenfalls bei der Rückstellungsbildung beachtet werden. Wertsteigerungen sollten als Personalaufwand der Perioden, in denen sich die Wertsteigerungen ergeben, erfaßt werden. Eine Minderung der Rückstellung bei Wertminderungen unter den ursprünglich angesetzten Wert erscheint aufgrund des Realisations- und Vorsichtsprinzips im handelsrechtlichen Jahresabschluß nicht möglich. Zu überlegen ist jedoch, ob zuvor verbuchte Wertsteigerungen wieder zurückgenommen werden können.

3.2.3   Zeitliche Verteilung

Stellen virtuelle Aktien oder Optionen eine Entlohnung für künftige Perioden dar, so ist der anfallende Personalaufwand auf diese zu verteilen. Dies gelingt durch eine ratierliche Erhöhung der Rückstellung für ungewisse Verbindlichkeiten über den Entlohnungszeitraum. Fraglich ist dabei, in welcher Höhe jeweils Personalaufwand in den Perioden zu verrechnen ist.

---

20 Der Unterschied liegt hierbei letztlich nur darin, daß bei virtuellen Optionsrechten der Ausübungszeitpunkt durch die Begünstigten bestimmt wird. Bei Zwischenformen ist der Zahlungszeitpunkt vertraglich festgelegt. Hinsichtlich der Optionsbewertung wäre deshalb zwischen amerikanischen und europäischen Optionen zu unterscheiden.

21 Besonders ins Gewicht fällt dabei, daß Stock Appreciation Rights nicht handelbar sind. Das gleiche Problem tritt bei Stock Options auf und ist in diesem Zusammenhang ausführlich diskutiert worden. Es sei deshalb auf den Abschnitt zur Bilanzbewertung von Stock Options verwiesen.

Fehlen konkrete vertragliche Angaben, kann bei virtuellen Aktien die Laufzeit des Programms und bei virtuellen Optionen die Sperrfrist bis zur ersten möglichen Ausübung als Entlohnungszeitraum angenommen werden.[22] Alternativ könnte auch die Zeitspanne zwischen der Wiederauflage vergleichbarer Programme als Entlohnungszeitraum herangezogen werden. Können die Mitarbeiter einmal jährlich an einem solchen Programm teilnehmen, wäre davon auszugehen, daß eine Entlohnung auch nur für dieses eine Jahr vorläge. Im folgenden wird eine Verteilung über die Laufzeit bzw. die Sperrfrist bei fehlender vertraglicher Abmachung vorgenommen.

Für die Verteilung über diesen Zeitraum können die detaillierten Regelungen in den US-GAAP erste Lösungsanhaltspunkte liefern. Nach der für virtuelle Eigenkapitalinstrumente noch heute gültigen FASB Interpretation No. 28 „Accounting for Stock Appreciation Rights and Other Variable Stock Option or Award Plans" ist der Wert der virtuellen Eigenkapitalinstrumente zum Zeitpunkt der Zusage zunächst linear über den angenommenen Entlohnungszeitraum zu verteilen. Während der Laufzeit eintretende Wertänderungen sind in der jeweiligen Periode bei den anteiligen Aufwandsbuchungen zu berücksichtigen. Zudem sind Korrekturbuchungen für bereits in vergangenen Geschäftsjahren verrechnete Aufwendungen zu berücksichtigen. Bei Stock Appreciation Rights sind auch Wertänderungen nach Ablauf der Sperrfrist periodisch zu berücksichtigen.

Eine solche Vorgehensweise erscheint auch für den deutschen Jahresabschluß sinnvoll. Vor dem Hintergrund des Realisations- und Vorsichtsprinzips ist jedoch die Korrektur des zurückgestellten Betrags bei entsprechenden Wertminderungen der virtuellen Eigenkapitalinstrumente kritisch zu hinterfragen. Eine derartige Korrektur erscheint sinnvoll für die gerade abgelaufene und für künftige Perioden. Für den in Vorperioden bereits verbuchten Personalaufwand käme sie aber einer Realisierung unrealisierter Gewinne gleich, so daß sie hier zu unterlassen ist. Die folgende Tab. 1 veranschaulicht die Vorgehensweise für das obige Beispiel der gewährten virtuellen Optionen unter der Annahme, daß sie eine Entlohnung für die 3 Jahre der Sperrfrist sind. Es sei zudem angenommen, daß die betrachtete Option vom Begünstigten erst am Ende der Laufzeit (5. Jahr) ausgeübt wird und er daraufhin eine Zahlung in Höhe von 60 DM erhält.

Zum Ende des ersten Jahres wird ein Drittel des dann geltenden Optionswerts (40 DM) als Personalaufwand verbucht. Ende 1999 ist der Wert des Optionsrechts auf 45 DM gestiegen. Der Aufwand für 1999 erhöht sich damit zunächst auf 15 DM (= 1/3 von 45 DM). Zudem ist der zu niedrige Personalaufwand des Vorjahres um 2 DM zu korrigieren. Im dritten Jahr wird aufgrund des erneuten Wertanstiegs ebenso verfahren. Am Ende des dritten Jahres ist damit der bis dahin entstandene Personalaufwand vollstän-

---

22 Eine solche Vorgehensweise wählt z.B. das FASB für Jahresabschlüsse nach US-GAAP, vgl. *FASB* (1978), Par. 3.

dig verrechnet worden. In den beiden Folgejahren bis zur Ausübung sind dann die Wertsteigerungen als Personalaufwand zu verbuchen.

Zeitpunkt	Options-wert	Bereits verrechnet (in %)	Jährlich verrechneter Personalaufwand					Kumulierter Personal-aufwand
			1998	1999	2000	2001	2002	
31.12.98	40	33 %	13					13
31.12.99	45	67 %		15 + 2				30
31.12.00	48	100 %			16 + 2			48
31.12.01	51	100 %				3		51
31.12.02	60	100 %					9	60

Tab. 1: Zeitliche Verteilung des Personalaufwands

3.2.4 Absicherung der Verbindlichkeit

Durch die Gewährung virtueller Aktien und Optionen entsteht für das Unternehmen ein hohes Liquiditätsrisiko. In der Unternehmenspraxis ist daher zu beobachten, daß die Ausübung *virtueller Optionsrechte* durch den Kauf entsprechender Kaufoptionen auf Aktien des eigenen Unternehmens abgesichert werden.[23] Das Unternehmen kann den Liquiditätsabfluß bei der Ausübung der virtuellen Optionen durch den Erwerb eigener Aktien und den sofortigen Weiterverkauf zum höheren Börsenkurs ausgleichen. Dem von der vergangenen Aktienperformance abhängigen Personalaufwand steht dann ein Ertrag aus Wertpapiergeschäften in gleicher Höhe gegenüber. Dieses Absicherungsgeschäft wirkt sich folglich auf den Entlohnungsvorgang aus, was durch die folgende Erweiterung des Beispiels veranschaulicht wird.

Das Unternehmen kauft zur Absicherung der virtuellen Optionen jeweils Kaufoptionen auf eigene Aktien mit gleicher Laufzeit und gleichem Ausübungspreis. Der Anschaffungspreis der erworbenen Kaufoptionen betrage ebenfalls 30 DM. Ein begünstigter Mitarbeiter übt wie oben eine virtuelle Option nach fünf Jahren aus und erhält eine Zahlung in Höhe von 60 DM. Das Unternehmen übt gleichzeitig seine Kaufoption zum Erwerb einer eigenen Aktie aus und veräußert die Aktien am Kapitalmarkt.

Der Kauf der Kaufoption schlägt sich zunächst in einer Buchung

---

23 So z.B. die Vorgehensweise bei Hoechst; vgl. *Hoechst*, Geschäftsbericht 1997, S. 91 f.

Wertpapiere 30 DM
an Kasse 30 DM

nieder. In den drei Jahren der Sperrfrist ist jeweils durch eine Buchung

Personalaufwand 10 DM
an Rückstellung für ungewisse Verbindlichkeiten 10 DM

eine Rückstellung zu bilden. Dabei sind keine weiteren Wertkorrekturen über den Wert der erworbenen Optionsrechte hinaus vorzunehmen, da sich die Gewinne und Verluste aus den beiden Geschäften vollständig kompensieren.

Bei der Ausübung des virtuellen Optionsrechts durch den Mitarbeiter sowie der Ausübung der Kaufoption und des Verkaufs der dadurch erworbenen eigenen Aktie durch das Unternehmen ist zu buchen:

Kasse 160 DM / Rückstellung 30 DM / Eigene Anteile 130 DM
an Kasse 160 DM / Wertpapiere 30 DM / Eigene Anteile 130 DM

Der aufgegebene Wert des Optionsrechts ist dabei in die Anschaffungskosten der eigenen Anteile mit einzubeziehen. Es ist also über den ursprünglich verbuchten Personalaufwand in Höhe von 30 DM kein zusätzlicher Aufwand zu erfassen.

4 Bilanzierung beim Einsatz echter Eigenkapitalinstrumente

4.1 Wirtschaftliche Auswirkungen

Der Einsatz echter Eigenkapitalinstrumente als Entlohnungsbestandteil betrifft nicht nur die Vermögensposition der begünstigten Unternehmensmitarbeiter, sondern unmittelbar auch die der aktuellen Aktionäre. Zwischen diesen Personengruppen steht das betroffene Unternehmen, so daß auch dessen Vermögens-, Finanz- und Ertragslage durch diese Entlohnungsform beeinflußt wird. Entsprechend ist zu prüfen, ob und gegebenenfalls wie diese Mitarbeiterentlohnung im handelsrechtlichen Jahresabschluß abzubilden ist.

Die Auswirkungen auf die wirtschaftliche Lage des Unternehmens sind von der konkreten rechtlichen Gestaltung der Entlohnungsprogramme abhängig. Im folgenden soll daher zunächst die Bedienung von Belegschaftsaktien bzw. Stock Options durch die Ausgabe von jungen Aktien aus einer genehmigten bzw. bedingten Kapitalerhöhung betrachtet werden. Diese Form der Entlohnung wird nur aufgrund eines Hauptversammlungsbeschlusses der Aktionäre möglich, die durch den Bezugsrechtverzicht eine Vermögenseinbuße hinnehmen. Die bilanzielle Erfassung anderer Durchführungsalternativen, z.B. durch Aktienrückkauf oder durch Beteiligung einer Bank bzw. eines Konzernunternehmens, wird in Abschnitt 4.3 beschrieben.

Zur Diskussion der wirtschaftlichen Effekte ist es hilfreich, sich zu verdeutlichen, daß die Möglichkeit eines verbilligten Aktienerwerbs durch Mitarbeiter (Belegschaftsaktien) ebenfalls als Option aufgefaßt werden kann. In beiden Fällen wird den Begünstigten jeweils das Recht auf Erwerb von Aktien des Unternehmens gewährt, auf das die Altaktionäre verzichtet haben. Das Recht auf Bezug von Belegschaftsaktien unterscheidet sich von Stock Options insbesondere dadurch, daß die Kaufentscheidung sofort getroffen werden muß und nicht erst die unsichere Entwicklung des Aktienkurses während der Optionsfrist abgewartet werden kann.

Erwerben Mitarbeiter eine *Belegschaftsaktie*, erhöht sich ihr Vermögen, da die hierfür zu erbringende finanzielle Gegenleistung unter dem aktuellen Aktienkurs liegt. Die Altaktionäre nehmen gleichzeitig eine entsprechende Verwässerung ihres Vermögens hin. Diese Verwässerung des Aktienkurses läßt sich rechnerisch ermitteln.

Ein Unternehmen bietet seinen Mitarbeitern Belegschaftsaktien für 50 DM pro Aktie an. Der aktuelle Aktienkurs beträgt 100 DM, das für die Belegschaftsaktien geschaffene genehmigte Kapital entspricht 5 % des gezeichneten Kapitals. Der rechnerische Aktienkurs nach Ausgabe der jungen Aktien beträgt somit (20 x 100 + 1 x 50) / 21 = 97,62 DM, so daß die neuen Belegschaftsaktionäre einen rechnerischen finanziellen Vorteil von 47,62 DM je Aktie erhalten. Damit den Mitarbeitern die Aktien gewährt werden können, müssen die Altaktionäre pro junge Aktie auf 20 Bezugsrechte im Wert von je (100 - 50) / 21 = 2,38 DM verzichten.

Der finanzielle Vorteil, der den Belegschaftsaktionären zufließt, entspricht dem inneren Wert des Bezugsrechts, also der Differenz zwischen dem verwässerten Aktienkurs und dem Bezugspreis.

Zum Schluß der Laufzeit einer *Aktienoption* entspricht deren Wert ebenfalls dem inneren Wert. Wie in der obigen Abb. 2 deutlich wird, kommt vor Ablauf der Optionsfrist mit dem Zeitwert der Option eine zweite Wertkomponente hinzu. Im Zeitwert schlägt sich die Möglichkeit der Begünstigten nieder, die unsichere Kursentwicklung der Aktie vor ihrer Entscheidung innerhalb der Ausübungsfrist noch abzuwarten. Sie sind so gegen eine negative Entwicklung geschützt, können aber von positiven Entwicklungen profitieren. Je weiter die Zeitpunkte der Zusage und der Ausübung auseinander fallen, um so größer ist ceteris paribus der Zeitwert.[24]

Entsprechend der Vermögensmehrung bei den Begünstigten kommt es zu einer Vermögensminderung bei den Altaktionären. Der Optionswert stellt aus Sicht der Altak-

---

24 Zu den Grundlagen der Optionspreistheorie vgl. z.B. *Kruschwitz/Schöbel* (1984).

tionäre den Barwert der erwarteten Vermögensverwässerung dar, da bei der Optionszusage weder klar ist, ob die Optionen überhaupt ausgeübt werden, noch in welcher Höhe dann eine Vermögensverwässerung eintritt. Beides ist von der künftigen Aktienkursentwicklung abhängig.

Ein Unternehmen entlohnt seine Führungskräfte in Stock Options, die sie dazu berechtigen innerhalb von 5 Jahren junge Aktien des Unternehmens zu einem Preis in Höhe des aktuellen Aktienkurses von 100 DM zu beziehen. Der Ausübungszeitraum beginnt nach einer Sperrfrist von 3 Jahren. Das für die Stock Options geschaffene bedingte Kapital entspricht 5 % des gezeichneten Kapitals. Da der Ausübungskurs dem aktuellen Aktienkurs entspricht, beträgt der innere Wert der Option Null. Der Optionsgesamtwert soll entsprechend der oben durchgeführten Bewertung der virtuellen Optionen erfolgen. Unter Annahme der gleichen Bewertungsparameter ergibt sich ebenfalls ein Wert von 30 DM.

Hinsichtlich der wirtschaftlichen Effekte auf Unternehmensseite erscheint es sinnvoll, die Zusage des Bezugsrechts und dessen Ausübung getrennt voneinander zu betrachten, obwohl beide Sachverhalte bei Belegschaftsaktien zeitlich zusammen fallen. Bei der Ausübung der Bezugsrechte wird von den begünstigten Mitarbeitern neues Kapital in das Unternehmen eingelegt, was zu einer korrespondierenden Steigerung des Unternehmensvermögens führt. Die liquiden Mittel des Unternehmens erhöhen sich um den einbezahlten Betrag der Mitarbeiter.

Durch die Zusage der Bezugsrechte wird das Unternehmensvermögen mittelbar berührt. Weil das Unternehmen alternativ zur Ausgabe von Belegschaftsaktien bzw. Stock Options andere Entlohnungsformen, wie z.B. Barzahlungen, hätte leisten müssen, entfallen durch die Zusage der Bezugsrechte ansonsten fällige Auszahlungen. Insofern kommt der unmittelbare Vermögensverzicht der aktuellen Aktionäre dem Unternehmen zugute. Dies wird auch darin deutlich, daß Stock Options als attraktive Entlohnungsform insbesondere für junge, kapitalschwache Unternehmen mit schlechter Liquiditätssituation gesehen werden. Die Altaktionäre werden insofern glatt gestellt, als daß der fehlende Liquiditätsabfluß im Unternehmen für Investitionen bereitsteht. Die künftig daraus erwirtschafteten Cash Flows stehen den Aktionären als Residualanspruchsberechtigte zu. Darüber hinaus erhalten die begünstigten Mitarbeiter einen Anreiz, das Unternehmensvermögen rentabel anzulegen und damit zur Wertsteigerung der Anteilspapiere der Altaktionäre beizutragen.

4.2 Bilanzielle Erfassung

4.2.1 Bilanzansatz

Die Gewährung der Bezugsrechte dient dazu, die von den Arbeitnehmern bzw. vom Vorstand erbrachten Arbeitsleistungen zu entgelten. Diese Entlohnungsform wird aufgrund eines Hauptversammlungsbeschlusses der Aktionäre möglich, die durch den Bezugsrechtverzicht eine Vermögenseinbuße hinnehmen.

Während die handelsrechtliche Bilanzierung des Ausübungsvorgangs der Bezugsrechte durch die Buchung *Kasse an Gezeichnetes Kapital/Kapitalrücklage* problemlos erscheint, wirft die bilanzielle Abbildung der Zusage des gewährten Vorteils erhebliche Probleme auf. Entsprechend ist das Meinungsspektrum breit gefächert und reicht von dem Vorschlag, die Entlohnungskomponente des Geschäftsvorfalls sei im Unternehmen überhaupt nicht zu buchen,[25] bis hin zum Vorschlag einer Erfassung noch ausstehender Stock Options bis zur endgültigen Ausübungsentscheidung als ungewisse Verbindlichkeit.[26] Das detaillierte Regelwerk der US-amerikanischen GAAP sieht für diese Entlohnungsform eine Buchung *Personalaufwand an Kapitalrücklage* vor.

Wichtiges Kriterium zur Problemlösung im handelsrechtlichen Jahresabschluß ist das aktienrechtliche Trennungsprinzip, das eine Verselbständigung des Gesellschaftsvermögens vom Vermögen der Gesellschafter vorsieht.[27] So ist fraglich, ob der Vermögenstransfer von den Altaktionären zu den Begünstigten der Gesellschaftssphäre zuzurechnen ist. Dazu ist der Charakter des vorliegenden Geschäftsvorfalls zu betrachten. In einem Dreiecksgeschäft tragen die Aktionäre einen Vermögensverlust, der zur Entlohnung der begünstigten Mitarbeiter dient, die hierfür ihre Arbeitsleistung dem Unternehmen zur Verfügung stellen. Insofern wird die ansonsten auf das Unternehmen zukommende Vermögensminderung in Form von Gehaltszahlungen von den Altaktionären übernommen. Die Aktionäre verzichten auf eine unmittelbare Gegenleistung vom Unternehmen. Statt dessen partizipieren sie an den Erträgen der Investitionen, die aus den ansonsten fälligen Gehaltszahlungen finanziert werden können. Da die entlohnte Arbeitsleistung im Leistungsprozeß eingesetzt wird, ist hierdurch die betriebliche Leistungssphäre des Unternehmens berührt. Es liegt demnach ein Faktorverbrauch vor, der bei wirtschaftlicher Betrachtungsweise den Ansatz eines Personalaufwands erfordert.

Das US-amerikanische FASB fordert eine solche Lösung für Jahresabschlüsse nach US-GAAP in dem 1995 verabschiedeten SFAS No. 123 „Accounting for Stock-Based Compensation". Grundsätzlich ist für alle Transaktionen, in denen Mitarbeitern verbilligte echte Eigenkapitalinstrumente gewährt werden, ein Personalaufwand anzusetzen und in den Kapitalrücklagen gegenzubuchen.[28] Das FASB begründet diese Buchung

---

25 Vgl. *Naumann* (1998); *Rammert* (1998) sowie die Hinweise auf die Äußerung einer solchen Meinung in Comment Letters in *FASB* (1995), Par. 89, 90.
26 Vgl. *Lew/Schirger* (1994).
27 Vgl. *Hueck* (1991), S. 24; *Wiedemann* (1980), S. 198 f.
28 Lediglich Belegschaftsaktienprogramme, bei denen maximal eine Frist von 31 Tagen zum Erwerb der Aktien gewährt wird, der Abschlag vom aktuellen Aktienkurs höchstens 5 % beträgt

insbesondere mit der *wirtschaftlichen Betrachtungsweise* und durch Analogieschlüsse zu vergleichbaren Geschäftsvorfällen, wie z.B. durch die Aktionäre übernommene Lohnzahlungen. Vergleichbar erscheint auch der Verbrauch von Rohstoffen, die mit Aktien oder Aktienoptionen bezahlt wurden. Hier wäre zunächst eine Einlage über *Rohstoffe an Kapitalrücklage* und der anschließende Verbrauch über *Materialaufwand an Rohstoffe* zu buchen.[29]

Der Vorschlag, eine Buchung entsprechend SFAS No. 123 auf den handelsrechtlichen Jahresabschluß zu übertragen,[30] ist auf Kritik gestoßen.[31] Die vorgebrachten Argumente konzentrieren sich darauf, daß eine Entlohnung durch Bezugsrechte nach dem Trennungsprinzip nicht die Gesellschaftssphäre berühre, sondern allein der Gesellschaftersphäre zuzuordnen sei. Darüber hinaus wird an der Buchung *Personalaufwand an Kapitalrücklage* kritisiert, daß kein nach den Kriterien des HGB für eine Sacheinlage in Frage kommender Vermögensgegenstand von Seiten der Altaktionäre eingelegt werde, bzw. eine von den Mitarbeitern – als potentielle künftige Aktionäre – eingebrachte Arbeitsleistung aufgrund § 27 Abs. 2 AktG ausscheidet.

Bei dieser Kritik ist zu beachten, daß eine analoge Situation im Fall einer an Dritte ausgegeben niedrig verzinslichen Optionsanleihe vorliegt.[32] Auch hier wird eine Faktorleistung – die Bereitstellung von Fremdkapital – teilweise durch die Einräumung eines Bezugsrechts entgolten. Durch die Aktivierung eines Disagios und dessen ratierliche Auflösung wird der verminderte periodische Zinsaufwand in den folgenden Geschäftsjahren korrigiert. Bei derartigen Optionsanleihen ist nach § 272 Abs. 2 Nr. 2 HGB eine Gegenbuchung in Höhe des Disagios im Eigenkapital unter den Kapitalrücklagen vorzunehmen. Ob eine analoge Vorgehensweise auch bei der hier betrachteten Entlohnung durch eingeräumte Bezugsrechte zwingend ist, erscheint offen.

Zum gegenwärtigen Zeitpunkt bleibt als Zwischenergebnis festzuhalten, daß die bilanzielle Erfassung einer Mitarbeiterentlohnung in Form von verbilligten Belegschaftsaktien oder Stock Options bei deren Zusage über eine Buchung *Personalaufwand an Kapitalrücklage* und bei deren Ausübung über die Buchung *Kasse an Gezeichnetes Kapital/Kapitalrücklage* mit den Grundsätzen ordnungsmäßiger Buchführung vereinbar erscheint. Demgegenüber wird in der Literatur aber auch vorgeschlagen, diese Mitarbeiterentlohnung sei ausschließlich der Gesellschaftersphähre zuzurechnen und daher im

---

und an denen alle Vollzeitbeschäftigten teilnehmen können, brauchen nach SFAS No. 123, Par. 23, nicht als Entlohnung angesehen werden.
29 Vgl. *FASB* (1995), Par. 90.
30 Vgl. *Pellens/Crasselt* (1998a).
31 Vgl. zum folgenden *Naumann* (1998); *Rammert* (1998). Zur Erwiderung vgl. *Pellens/Crasselt* (1998b).
32 Vgl. zur handelsrechtlichen Bilanzierung von Optionsanleihen *Busse von Colbe u.a.* (1987); *Gebhardt* (1988); *Breker* (1993).

handelsrechtlichen Jahresabschluß des betroffenen Unternehmens nicht zu erfassen. In diesen Fällen wäre bei Ausgabe von Belegschaftsaktien „lediglich" der tatsächlich von den Mitarbeitern eingezahlte Betrag über *Kasse an Gezeichnetes Kapital/Kapitalrücklage* zu verbuchen. Bei der Zusage von Stock Options wäre zunächst keine Buchung und nur im Fall der späteren Ausübung wäre erneut der Buchungssatz *Kasse an Gezeichnetes Kapital/Kapitalrücklage* vorzunehmen. Wird der hier vertretenen ersten Ansicht gefolgt, ist weiter zu klären, in welcher Höhe der Personalaufwand zu bemessen und wie er zeitlich zu verteilen ist.

4.2.2 Bilanzbewertung

Die Bewertung des finanziellen Vorteils, der als Entlohnungsersatz durch *Belegschaftsaktien* gewährt wird, bereitet keine größeren Schwierigkeiten. Der Personalaufwand ist in Höhe der Differenz zwischen dem verwässerten Aktienkurs (in obigen Beispiel 97,62 DM) und dem Vorzugspreis (50 DM) für die Aktien anzusetzen (= 47,62 DM). Weil die Differenz zwischen dem aktuellen und dem verwässerten Aktienkurs nach Ausgabe der neuen Aktien in der Praxis meist sehr gering ist, kann aus Vereinfachungsgründen meist auf die Berücksichtigung des Verwässerungseffekts verzichtet werden. Der gewährte finanzielle Vorteil bei Belegschaftsaktien kann hier daher in Höhe der Differenz zwischen dem aktuellen Aktienkurs und dem Bezugskurs (= 50 DM) angenommen werden kann.[33] Damit wäre im Beispiel wie folgt zu buchen:

Personalaufwand 50 DM / Kasse 50 DM
an   Gezeichnetes Kapital/Kapitalrücklage 100 DM.

Zur Bewertung des durch *Stock Options* gewährten finanziellen Vorteils ist zunächst der *Zeitpunkt der Optionsbewertung* festzulegen. Als Bewertungszeitpunkt für die Stock Option kommen insbesondere der Zeitpunkt der Optionszusage, der Optionsausübung und der Zeitpunkt zu dem die Begünstigten erstmals ihr Optionsrecht ausüben können, i.d.R. das Ende der Sperrfrist in Betracht. Das FASB hat sich für die Bewertung zum Zusagezeitpunkt entschieden.[34] Hierfür spricht, daß sämtliche Konditionen der Stock Options zu diesem Zeitpunkt in gegenseitigem Einverständnis festgelegt werden. Dagegen spricht, daß die zugesagten Rechte erst später endgültig auf die Begünstigten übergehen. Dieser Einwand spricht für den Zeitpunkt des Wegfalls der Ausübungsrestriktionen. Für den Zeitpunkt der tatsächlichen Ausübung spricht die

---

33   Der verwässerte Wert könnte jeweils durch eine Multiplikation des berechneten Wertes mit dem Faktor n/(n+1) ermittelt werden. Davon ist i.d.R. kein großer Einfluß auf die Bezugsrechts- bzw. Optionswerte zu erwarten.

34   Vgl. zur Begründung *FASB* (1995), Par. 120-134.

eindeutige Bewertbarkeit. Problematisch erscheint hier aber die damit verbundene Einschätzung von ausstehenden Stock Options als Verbindlichkeit.[35]

Diese vor dem Hintergrund der US-GAAP vorgetragenen Argumente sind mit Blick auf die handelsrechtliche Bilanzierung zu überprüfen. Als Kriterium kann hier zum einen erneut das gesellschaftsrechtliche Trennungsprinzip herangezogen werden. Durch die Gewährung von Stock Options wird das Vermögen des Unternehmens zum Zeitpunkt der Zusage durch den Vermögensverzicht der Altaktionäre zugunsten der Mitarbeiter mittelbar berührt. Der dem betrieblichen Leistungsprozeß zurechenbare Wert wäre danach zu diesem Zeitpunkt zu bestimmen. Eine Bewertung zu einem späteren Zeitpunkt vermischt in der Gesellschaftersphäre anfallende Vermögensverschiebungen mit dem Unternehmensgeschehen. Eine Klassifizierung von ausstehenden Stock Options als Verbindlichkeit des Unternehmens erscheint mit dem Trennungsprinzip nicht vereinbar.

Zum anderen sprechen auch die analogen Bilanzierungsgrundsätze für Optionsanleihen für eine Bewertung zum Zusagezeitpunkt. Der in die Kapitalrücklage einzustellende Wert des in der Optionsanleihe eingebetteten Optionsrechts wird bei der Zusage ermittelt. Spätere Wertänderungen des Optionsscheins schlagen sich nicht im verbuchten Zinsaufwand des Unternehmens nieder. Diesem Analogieschluß steht möglicherweise entgegen, daß die Zusage und Ausgabe der Stock Options zeitlich auseinanderfallen können. Dies mag für eine Bewertung am Ende der Sperrfrist sprechen. Auf eine solche Bewertung läuft wohl der Einwand von *Rammert* hinaus, eine Bewertung bei der Zusage ohne spätere Korrekturen für Erwartungsrevisionen führe bei einer Verteilung des Personalaufwands über mehrere Perioden zu Informationsdefiziten.[36] Die Wertänderungen von Stock Options nach der vertraglichen Einigung über ihre Konditionen liegt jedoch außerhalb der Gesellschaftssphäre, so daß eine vom Zusagezeitpunkt abweichende bilanzielle Wertermittlung kritisch zu sehen ist.

Neben diesen drei diskutierten Zeitpunkten ist nach US-GAAP ein weiterer Zeitpunkt zu beachten, der nach SFAS No. 123, Par. 22, nur noch in Ausnahmefällen herangezogen werden kann. Es handelt sich um den Zeitpunkt, zu dem erstmalig sowohl die genaue Anzahl der zu beziehenden Optionen und der genaue Ausübungspreis feststehen. Bei Optionen mit einem indexierten Ausübungspreis hat dies nach dem vorherigen Standard APB Opinion No. 25 dazu geführt, daß eine Wertermittlung erst am Tag der Ausübung stattfand.

---

35 Vgl. *Rubinstein* (1995), S. 21; *FASB* (1995), Par. 132-133.
36 Vgl. *Rammert* (1998).

Die Wahl der *Bewertungsmethode* wurde in der US-amerikanischen Literatur vor der Verabschiedung von SFAS No. 123 überaus kontrovers diskutiert.[37] Die 1972 verabschiedete APB Opinion No. 25 sieht eine Bewertungsmethode vor, nach der Belegschaftsaktien und Stock Options mit ihrem inneren Wert zum Zeitpunkt der Zusage bzw. zum ersten möglichen Bewertungszeitpunkt zu bewerten sind. Diese *Intrinsic Value Based Method* führt dazu, daß – wegen des zeitlichen Zusammentreffens von Zusage und Ausübung – Belegschaftsaktien zutreffend bewertet werden. Stock Options wären demgegenüber meist mit einem Wert von Null anzusetzen, da der Ausübungspreis regelmäßig dem aktuellen Aktienkurs bei der Zusage entspricht und damit von der Höhe nach kein Personalaufwand entstünde. Diese Bewertungsmethode ist daher speziell für Stock Options vielfach kritisiert worden, da sie zu absurden Ergebnissen führe und der innere Wert von Stock Options deren „wahren Wert" in jedem Fall unterschätze. Insbesondere wurde bemängelt, daß indexierte Optionen aufgrund der oben angeführten Bewertung bei ihrer Ausübung zu wesentlich höheren Aufwandsbuchungen führten als Optionen mit einem festen Ausübungspreis, obwohl letztere den Begünstigten einen höheren Vorteil verschaffen.[38]

Die *Fair Value Based Method* des SFAS No. 123 versucht dieser Kritik zu begegnen, indem sie eine Bewertung von Stock Options nach finanzwirtschaftlichen Kriterien vorsieht. Das FASB schlägt dazu das Black/Scholes-Modell oder das Binomialmodell von Cox/Ross/Rubinstein vor.[39] Andere finanzwirtschaftlich anerkannte Optionspreismodelle sind ebenfalls zulässig. Die Modelle sollen darüber hinaus modifiziert werden, um die Besonderheiten von Stock Options angemessen zu berücksichtigen. Neben der nachträglichen Eliminierung des Personalaufwands, der für Optionen angesetzt wurde, die aufgrund von Vertragsverletzungen verfallen sind, soll insbesondere das durch die Handelsbeschränkung hervorgerufene und im Vergleich zu „normalen" Aktienoptionen untypische Ausübungsverhalten von Stock Option-Inhabern berücksichtigt werden. Dies soll nach SFAS No. 123, Par. 169, dadurch erreicht werden, daß die vertragliche Laufzeit der Optionen bei der Bewertung durch die erwartete Haltedauer der Optionen ersetzt wird. Diese ist nach Möglichkeit aus Erfahrungswerten zu ermitteln, anderenfalls zu schätzen. Wird im obigen Beispiel eine durchschnittliche Haltedauer von 4 Jahren erwartet, ergibt sich statt des oben ermittelten Optionswerts von 30 DM ein Wert von 27 DM. Es wäre im Zeitpunkt der Zusage zu buchen:

Personalaufwand 27 DM
  an   Kapitalrücklage 27 DM

---

37 Vgl. *Owen/Kreuze* (1996); *o.V.* (1994), *FASB* (1995), Par. 57-60.
38 Vgl. *Pacter* (1994), S. 60; *FASB* (1995), Par. 56.
39 Vgl. zu den Modellen *Black/Scholes* (1973); *Cox/Ross/Rubinstein* (1979).

Dieses Bewertungsverfahren ist auf heftige Kritik gestoßen. Zum einen hat die Unternehmenspraxis unterstützt von den großen Wirtschaftsprüfungsgesellschaften eingewandt, die Anwendung der vorgeschlagenen Modelle könne durch Variation der Bewertungsprämissen zu erheblichen Manipulationen führen.[40] Diese stark durch Lobbyismus geprägte Diskussion sollte dazu beitragen, eine stärkere Offenlegung der in Form von Stock Options gewährten Entlohnung zu verhindern.[41] Dies ist auch insofern gelungen, da sich das FASB unter dem öffentlichen Druck genötigt sah, den Unternehmen ein Bewertungswahlrecht zur alternativen Anwendung der Instrisic Value Based Method oder der Fair Value Based Method zu gewähren. Demgegenüber ist die FASB-Methode von wissenschaftlicher Seite wegen ihrer unzulänglichen Berücksichtigung der Besonderheiten von Stock Option-Programmen kritisiert worden. Die Korrekturen nach SFAS No.123 reichten nicht aus, um den Einfluß der Ausübungs- und Verkaufsrestriktionen in den Modellen angemessen zu berücksichtigen. Inzwischen sind zahlreiche Vorschläge unterbreitet worden, wie die bestehenden Modelle angepaßt werden können, um Stock Options besser bewerten zu können.[42]

Vor dem Hintergrund der US-amerikanischen Diskussion ist zu überlegen, welche Bewertungsmethode im handelsrechtlichen Jahresabschluß anwendbar wäre. Die Intrinsic Value Based Method widerspricht den Bewertungsprinzipien, die bei vergleichbaren Optionsrechten angewandt werden. So wird z.B. bei Optionsanleihen der Optionswert als Differenz zwischen dem tatsächlichen Ausgabekurs und dem rechnerischen Marktwert der Anleihe unter Berücksichtigung der effektiven Verzinsung ermittelt. Für eine derartige Bewertung zum Fair Value spricht auch die IDW-Empfehlung, wonach der Personalaufwand eines Tochterunternehmens, das Optionen auf Aktien des Mutterunternehmens ausgibt, nach finanzwirtschaftlichen Prinzipien erfolgen soll.[43] Es erscheint daher auch im handelsrechtlichen Jahresabschluß sinnvoll, eine Fair Value-Bewertung zu wählen, wobei auf angemessene Berücksichtigung der Besonderheiten des Stock Option-Programms zu achten ist.

4.2.3 Zeitliche Verteilung

An die Bemessung des gesamten Personalaufwands schließt sich die Frage an, über welchen Zeitraum dieser in der Gewinn- und Verlustrechnung zu verteilen ist. Grundsätzlich sollte dies entsprechend der vertraglichen Spezifikationen geschehen. Ist die Gewährung von Belegschaftsaktien bzw. Stock Options als Entlohnung für das abgelaufene oder frühere Geschäftsjahre vereinbart, so ist der gesamte Wert der Bezugsrechte als Personalaufwand der abgelaufenen Periode zu erfassen.

---

40 Vgl. *Akresh/Fuersich* (1994); *Coller/Higgs* (1997); *Doyle* (1997).
41 Vgl. die empirische Untersuchung bei *Dechow/Hutton/Sloan* (1996).
42 Vgl. z.B. *Kulatilaka/Marcus* (1994); *Rubinstein* (1995); *Carpenter* (1998).
43 Vgl. *o.V.* (1996), S. 405.

Im Entlohnungsvertrag können aber explizit auch mehrere künftige Jahre als Entlohnungszeitraum festgelegt werden, so daß der Personalaufwand proportional hierüber zu verteilen ist. Dazu ist eine bilanzielle Abgrenzung des bereits bei der Zusage gewährten Vermögensvorteils vorzunehmen. Erhalten die Mitarbeiter zum Schluß eines Geschäftsjahres ihre *Belegschaftsaktien* als Entlohnung für das abgelaufene und folgende Jahr, so wäre der Personalaufwand über diese beiden Perioden abzugrenzen. Entsprechend der oben bezüglich des Bilanzansatz angestellten Überlegungen wäre dies durch die Bildung eines aktivischen Rechnungsabgrenzungsposten (RAP) vorzunehmen. Für das obige Beispiel wäre dann zu buchen:

Kasse 50 DM / RAP 25 DM / Personalaufwand 25 DM
an   Gezeichnetes Kapital/Kapitalrücklage 100 DM

Der Rechnungsabgrenzungsposten wäre im Folgejahr erfolgswirksam als Personalaufwand aufzulösen. Die durch verbilligte Belegschaftsaktien gewährte Entlohnung würde dann wie ein für mehrere Jahre im voraus gezahltes Gehalt behandelt.

Bei der Gewährung von *Stock Options* wären äquivalente Buchungen vorzunehmen, wenn ihre Zusage eine Entlohnung für mehrere künftige Geschäftsjahre darstellt. Die Kassenbuchung und die korrespondierende Erhöhung des gezeichneten Kapitals/Kapitalrücklage wird jedoch erst bei der späteren Ausübung der Optionen erfolgen.

Fehlen vertragliche Angaben über den Entlohnungszeitraum, ist in den USA nach SFAS No. 123, Par. 30, der Zeitraum bis zum Entfallen aller Verkaufs- (bei Belegschaftsaktien) bzw. Ausübungsrestriktionen (bei Stock Options) als Entlohnungszeitraum anzunehmen. Dieser Zeitraum wird bei Stock Options i.d.R. der Sperrfrist entsprechen. Eine solche Vorgehensweise nach SFAS No. 123 erscheint grundsätzlich auch im handelsrechtlichen Jahresabschluß geeignet. Im obigen Beispiel zu Stock Options wäre aufgrund der Sperrfrist von 3 Jahren bei der Zusage zu buchen:

RAP 20 DM / Personalaufwand 10 DM
an   Kapitalrücklage 30 DM

Alternativ könnte die zeitliche Verteilung davon abhängig gemacht werden, wie häufig derartige Programme aufgelegt werden. Sofern die Arbeitnehmer z.B. jährlich verbilligte Belegschaftsaktien erwerben können, wäre unabhängig von der Verkaufsrestriktion anzunehmen, daß sich der Personalaufwand jeweils vollständig auf das Ausgabejahr bezieht. Erfolgt eine Ausgabe nur alle drei Jahre, wäre die Verrechnung auf diesen Zeitraum zu beziehen.

Problematisch erscheint hier die Frage der rechtlichen Durchsetzbarkeit des Anspruchs auf die zu erbringende Arbeitsleistung. Besteht bei Belegschaftsaktien ein Rückgabeanspruch bzw. verfallen die Optionen bei einer Beendigung des Arbeitsverhältnisses vor Ablauf der Sperrfristen, erscheint die Abgrenzung sinnvoll. Ist dies nicht der Fall, sind die Aktien bzw. Optionen als Entlohnung der abgelaufenen Periode anzusehen und es wäre erneut eine vollständige Aufwandsbuchung bereits bei Zusage vorzunehmen.

4.3 Alternative Durchführungsformen

4.3.1 Aktienrückkauf

Alternativ zu einer Kapitalerhöhung können die Belegschaftsaktien bzw. die zur Bedienung des Stock Option-Programms erforderlichen Aktien auch am Kapitalmarkt beschafft werden. Der Aktienrückkauf kann dabei vom Unternehmen selbst gem. § 71 Abs. 1 Nr. 2 und 8 AktG oder von Dritten durchgeführt werden.

Bei einem Aktienrückkauf durch das Unternehmen ergeben sich Rückwirkungen aus der bilanziellen Erfassung der eigenen Anteile. Hierzu bestehen zwei grundsätzliche Möglichkeiten.[44] Zum einen können die eigenen Anteile als echte Vermögensgegenstände des Unternehmens angesehen werden. Sie sind zu ihren Anschaffungskosten zu aktivieren und spätere Veräußerungsgewinne bzw. -verluste sind erfolgswirksam zu erfassen. In Höhe der aktivierten eigenen Anteile ist eine Rücklage für eigene Anteile zu bilden. Zum anderen wird vorgeschlagen, den Rückkauf eigener Anteile wie eine Kapitalherabsetzung zu buchen und ihre spätere Veräußerung als Kapitalerhöhung zu erfassen. Veräußerungsgewinne bzw. -verluste werden hier erfolgsneutral erfaßt. In Deutschland ist nach h.M. erstere Lösung vorzuziehen, wenn die eigenen Anteile für Entlohnungszwecke gehalten werden.[45]

Wenn zur Ausgabe von *Belegschaftsaktien* eigene Anteile zum aktuellen Aktienkurs am Kapitalmarkt zurückgekauft und mit einem Abschlag an die Mitarbeiter weitergegeben werden, realisiert das Unternehmen einen Wertverlust in Höhe des Abschlags. Dieser Wertverlust ist als Personalaufwand zu verbuchen. Wird das obige Beispiel insofern modifiziert, daß die Aktien durch Rückkauf beschafft werden, wäre der Aktienerwerb und die verbilligte Ausgabe an die Mitarbeiter wie folgt zu buchen:

Eigene Anteile 100 DM
an   Kasse 100 DM

Kasse 50 DM / Personalaufwand 50 DM
an   Eigene Anteile 100 DM

---

44   Vgl. zur bilanziellen Behandlung eigener Anteile jüngst *Günther/Muche/White* (1998).
45   Vgl. *Adler/Düring/Schmaltz* (1997), § 266 HGB, Rdnr. 139.

Würde einer Interpretation des Sachverhalts als Kapitalherabsetzung und anschließende Kapitalerhöhung gefolgt, wären der Kassenabfluß beim Rückkauf und der Kassenzufluß bei der Ausgabe jeweils im Eigenkapital zu erfassen. Hierdurch würde das Eigenkapital gegenüber der vorherigen Situation zunächst um 50 DM sinken. In diesem Fall wäre anschließend aber erneut nach den oben beschriebenen Grundsätzen bei der Ausgabe von jungen Aktien als Belegschaftsaktien vorzugehen. Durch die Buchung eines Personalaufwands in Höhe von 50 DM an die Kapitalrücklagen würde das Eigenkapital und der Personalaufwand insgesamt wieder in gleicher Höhe wie bei der alternativen Interpretation des Rückkaufs eigener Anteile ausgewiesen.

Der nach beiden Vorgehensweisen zu buchende Personalaufwand ist auch hier durch die Bildung eines Rechnungsabgrenzungspostens zeitlich abzugrenzen, wenn die Belegschaftsaktien eine Entlohnung für mehrere künftige Geschäftsjahre darstellen.

Bei der Bedienung von *Stock Options* durch zurückgekaufte eigene Anteile erhalten die unterschiedlichen Buchungsmethoden des Erwerbs eigener Anteile eine größere Bedeutung, da zwischen dem Rückkauf und dem Verkauf eine längere Zeit liegen kann. Hier ist danach zu unterscheiden, wann die Aktien zurückgekauft werden sollen. Dies kann entweder vor/mit der Zusage der Optionen, während der Laufzeit oder erst bei der Ausübung der Optionen der Fall sein.

Wenn die Aktien bei der Optionsausübung beschafft werden, realisiert das Unternehmen - wie bei der Ausgabe von Belegschaftsaktien - einen Wertverlust in Höhe der Differenz zwischen aktuellem Aktienkurs und Ausübungspreis, der erfolgswirksam zu erfassen ist. Dieser Personalaufwand ist gegebenenfalls bereits zu Beginn bzw. während der Laufzeit durch eine Rückstellungsbildung für ungewisse Verbindlichkeiten vorwegzunehmen. Stellen die Optionen bei ihrer Zusage eine Entlohnung für das abgelaufene Jahr dar, sollte der Personalaufwand bereits bei der Zusage vollständig erfaßt werden. Dazu wäre eine Rückstellung für ungewisse Verbindlichkeiten in Höhe des Optionswerts zu bilden, da dieser der erwarteten künftigen Vermögensbelastung entspricht. Eine Veränderung des Optionswerts in der Zukunft ist durch eine entsprechende Rückstellungsanpassung zu berücksichtigen. Wie oben bei der bilanziellen Erfassung von virtuellen Eigenkapitalinstrumenten, sind Wertsteigerungen der Stock Options als Personalaufwand zu buchen. Wertminderungen sind demgegenüber bei der Rückstellungsbewertung grundsätzlich nicht zu erfassen.

Stellen die Optionen eine Entlohnung für mehrere Perioden nach der Zusage dar, liegt zum Zeitpunkt der Zusage ein schwebendes Geschäft vor. Der Personalaufwand wäre ratierlich über den tatsächlichen Entlohnungszeitraum gegen eine Rückstellung für ungewisse Verbindlichkeit zu buchen. Eine Drohverlustrückstellung wäre - wie oben bei den virtuellen Instrumenten - nicht vorzunehmen, da eine steigende Entlohnung mit steigender Leistung einhergehen soll.

Bei einer geplanten Beschaffung der eigenen Anteile zum Ausübungszeitpunkt, kann sich das Unternehmen durch den Kauf von Optionen auf eigene Anteile gegen das aus der Aktienkursänderung resultierende Liquiditätsrisiko absichern. Die Bilanzierung sollte wie bei der oben dargestellten Absicherung einer Verbindlichkeit bei virtuellen Eigenkapitalinstrumenten erfolgen, so daß letztlich ausschließlich die gezahlte Optionsprämie erfolgswirksam über den Entlohnungszeitraum zu verteilen ist.

Werden die eigenen Anteile bereits vor/mit der Optionszusage beschafft, haben die unterschiedlichen Bilanzierungsmethoden für eigene Anteile erhebliche Auswirkungen auf die mit dem Stock Option-Programm verbundenen Buchungen. Werden die eigenen Anteile zu ihren Anschaffungskosten aktiviert und entspricht der Ausübungspreis der Optionen dem Aktienkurs bei Zusage, wird durch den späteren Weiterverkauf der Aktien kein unmittelbarer Wertverlust realisiert. Erfolgswirksam zu erfassen sind „lediglich" die hierdurch entstehenden Finanzierungskosten.

Für den Fall, daß der Ausübungspreis, z.B. aufgrund einer Indexierung, oberhalb des Anschaffungspreises der eigenen Anteile liegt, wäre bei Ausübung sogar ein außerordentlicher Ertrag zu erfassen. Dieses, bei wirtschaftlicher Betrachtungsweise wenig sinnvolle Ergebnis, resultiert aus der wenig geeigneten bilanziellen Behandlung der eigenen Anteile. Dem Rückkauf kommt hier – aufgrund der langen Laufzeit – eher der Charakter einer Kapitalherabsetzung zu. Die Bedienung der Stock Options ist äquivalent als Kapitalerhöhung zu werten. Wird der Sachverhalt so verbucht, sind die Stock Options entsprechend den oben diskutierten Grundsätzen bei einer Bedienung aus einem bedingten Kapital zu behandeln.

Werden die eigenen Anteile während der Laufzeit beschafft, kommt es zu einer Mischung aus den beiden betrachteten Extremfällen. Durch eine erfolgsneutrale Buchung der eigenen Anteile wird eine korrekte Basis zur Erfassung der Stock Options geschaffen. Eine erfolgswirksame Behandlung führt nur dann zum korrekten Ergebnis, wenn der Erwerb der eigenen Anteile erst kurz vor dem Ende der Laufzeit stattfindet.

4.3.2 Kooperation mit Dritten und mit verbundenen Unternehmen

Bei Kooperationen mit Dritten wird z.B. die Hausbank bzw. eine zum Konzern gehörende Finanzierungsgesellschaft beauftragt, die Aktien aufzukaufen und als Belegschaftsaktien an die Unternehmensmitarbeiter auszugeben bzw. Optionen darauf auszustellen und diese auszugeben. Das Unternehmen wird der Bank hierfür eine Prämie zahlen müssen, die sie für deren Vermögensverlust entschädigt. Diese Prämienzahlung ist als Personalaufwand zu verbuchen (*Personalaufwand an Kasse*), wobei erneut in Abhängigkeit von der vertraglichen Ausgestaltung eine zeitliche Verteilung über die Entlohnungsperioden zu prüfen ist.

Abschließend sollen noch kurz die Fälle diskutiert werden, daß Konzernmitarbeiter in *Tochterunternehmen* durch Belegschaftsaktien bzw. Stock Options auf Aktien des Mutterunternehmens entlohnt werden. So könnte z.B. ein Tochterunternehmen einzelne Aktienpakete aus einer Kapitalerhöhung des Mutterunternehmens übernehmen und diese als Entlohnungsbestandteil mit einem Abschlag als *Belegschaftsaktien* an seine Mitarbeiter weiterleiten. Das Mutterunternehmen verbucht im Einzelabschluß den Emissionspreis über *Kasse an Gezeichnetes Kapital/Kapitalrücklage,* das Tochterunternehmen bei der Aktienübernahme *Wertpapiere an Kasse* und bei der Ausgabe der verbilligten Belegschaftsaktien *Personalaufwand/Kasse an Wertpapiere.* Nach der Konsolidierung verbleibt im Konzernabschluß die Buchung *Personalaufwand/Kasse* (aus dem Tochterunternehmen) *an Gezeichnetes Kapital/Kapitalrücklage* (aus der Kapitalerhöhung des Mutterunternehmens).

Zum gleichen Ergebnis führt die Konsolidierung des Falls, daß Tochterunternehmen ihre Mitarbeiter durch *Stock Options* auf Aktien des Mutterunternehmens entlohnen und gleichzeitig eine Verpflichtung zum Ausgleich des Ausübungsgewinns gegenüber dem Mutterunternehmen eingehen. Das IDW hat hierfür im Einzelabschluß des Tochterunternehmens den Ansatz eines Personalaufwands und einer ungewissen Verbindlichkeit empfohlen.[46] Korrespondierend wäre beim Mutterunternehmen eine Forderung gegen die Kapitalrücklagen zu buchen. Nach der Schuldenkonsolidierung verbliebe im Konzernabschluß auch hier die Buchung *Personalaufwand an Kapitalrücklage.*[47]

Für den Fall, daß die Mitarbeiterentlohnung durch verbilligte Ausgabe von Belegschaftsaktien bzw. durch Stock Option-Programme nicht als Personalaufwand verbucht werden soll, wäre in einem der *Fiktion der rechtlichen Einheit* entsprechenden Konzernabschluß[48] die Personalaufwandsbuchung wieder zu eliminieren. Diese über die sonstigen Konsolidierungsmaßnahmen hinaus vorzunehmende Eliminierungsbuchung führt dazu, daß im Konzernabschluß lediglich der von den Mitarbeitern tatsächlich geleistete Kassenzufluß über *Kasse an Gezeichnetes Kapital/Kapitalrücklage* zu erfassen wäre. Damit wäre im Konzernabschluß die orginäre Kapitalerhöhungsbuchung aus dem Jahresabschluß des Mutterunternehmens zu korrigieren und die Kapitalrücklagen entsprechend zu vermindern.

---

46 Vgl. *o.V.* (1996), S. 405.
47 *Pellens/Crasselt* (1998a), S. 222.
48 Vgl. hierzu *Busse von Colbe/Ordelheide* (1993), S. 28 ff.; *Baetge* (1997), S. 29 ff.

5 Publizitätsanforderungen

5.1 Gewinn je Aktie-Publizität

Um die Unternehmensbeteiligten auch nach dem entsprechenden Hauptversammlungsbeschluß[49] und damit insbesondere potentielle Anteilseigner über die aktienkursorientierten Entlohnungssysteme hinlänglich zu informieren, und auch um den Vorwürfen zu begegnen, diese seien von einer den Aktionären und dem Unternehmen schadenden Selbstbedienungsmentalität geprägt,[50] sollten im Anhang und/oder Lagebericht möglichst umfangreiche Informationen publiziert werden. Zu dieser Aktionärsinformation trägt u.a. bereits die entsprechende Berücksichtigung echter Eigenkapitalinstrumente in der von Unternehmen bereits häufig veröffentlichten Kennzahl *Gewinn je Aktie* (*Earnings per Share*) bei. Sie soll die Aktionäre darüber informieren, welcher Anteil des Gesamtgewinns auf jede einzelne Aktie entfällt.[51] Das FASB und IASC verlangen in SFAS No. 128 bzw. IAS 33 die Angabe eines *unverwässerten* und eines *verwässerten* Gewinns je Aktie, während in Deutschland die Ermittlung und Veröffentlichung des Gewinns je Aktie nicht gesetzlich vorgeschrieben ist. Es existiert aber eine von der Deutsche Vereinigung für Finanzanalyse und Anlageberatung (DVFA) gemeinsam mit der Schmalenbach-Gesellschaft - Deutsche Gesellschaft für Betriebswirtschaft e.V. (SG) erstellte Empfehlung zur Ermittlung der Ergebnisgrößen je Aktie nach DVFA/SG.[52]

Bei der Berechnung des unverwässerten Gewinns je Aktie wird die Ergebnisgröße ins Verhältnis zu allen bereits vorhandenen Aktien gesetzt. Während der letzten Periode ausgegebene Aktien werden dabei nach SFAS No. 128 bzw. IAS 33 nur ab ihrer Ausgabe zeitanteilig berücksichtigt. Werden z.B. 600.000 Belegschaftsaktien am 01.10. eines Jahres ausgegeben, so werden hiervon (600.000 x ¼ Jahr =) 150.000 Stück in die EPS-Ermittlung einbezogen.

In den verwässerten Gewinn je Aktie sind alle bedingten Residualansprüche, die am Stichtag ausübbar sind und bei Ausübung gewinnverwässernd wirken, in die Berechnung mit einzubeziehen. Auf diese Weise soll den Aktionären deutlich werden, welcher Gewinn ihnen im nächsten Jahr zusteht, wenn das Unternehmen auf jede eingesetzte Geldeinheit den gleichen Gewinn erwirtschaftet, wie im vergangenen Jahr. Da Stock Options nur dann ausgeübt werden, wenn der Ausübungspreis unter dem aktu-

---

49 Vgl. zu den Informationsbedürfnissen beim Hauptversammlungsbeschluß *Wenger* (1998), S. 56 ff.
50 Vgl. z.B. *o.V.* (1997), S. 17; *o.V.* (1998b), S. 13.
51 Vgl. zum Gewinn je Aktie in Deutschland und im internationalen Vergleich *Busse von Colbe et al.* (1996); *Förschle* (1997); *Coenenberg* (1997), S. 702 f.; *Pellens* (1998), S. 299 ff.; *Schulte* (1998); *Pellens/Gassen* (1997).
52 Vgl. *Busse von Colbe et al.* (Hrsg.), Ergebnis nach DVFA/SG, 2. Auflage, 1996.

ellen Aktienkurs liegt, wirken sie bei Ausübung verwässernd. Die Erhöhung der Aktienzahl wird von einer unterproportionalen Erhöhung des Eigenkapitals zu Marktwerten begleitet. Bei unterstellter konstanter Kapitalrentabilität bedeutet dies, daß der Gewinn je Aktie sinkt.

Die Einbeziehung von Stock Options in die Berechnung des verwässerten Gewinns je Aktie erfolgt gem. SFAS No. 128 bzw. IAS 33 nach der sogenannten *Treasury Stock Method*.[53] Diese geht davon aus, daß in Höhe der bei Ausübung der Stock Options zu zahlenden Beträge eigene Aktien des Unternehmens zum aktuellen Aktienkurs zurückgekauft werden. Die Anzahl der mit den Ausübungszahlungen rückkaufbaren Aktien wird von der Anzahl der durch die Optionsausübung schaffbaren Aktien abgezogen. Der verbleibende Rest wird wie gratis ausgegebene Aktien behandelt und wirkt in voller Höhe verwässernd.

Im obigen Beispiel sind die Stock Options nach Ablauf der Sperrfrist von 3 Jahren erstmals ausübbar und in die Berechnung des verwässerten Gewinns je Aktie einzubeziehen. Es stehen 5.000 Optionen aus, die jeweils zum Bezug einer Aktien zu 100 DM/Aktien berechtigen. Der Aktienkurs beträgt zu diesem Zeitpunkt 140 DM, der innere Wert der Optionen damit 40 DM pro Option. Die Altaktionäre halten 100.000 Aktien. Der Jahresüberschuß nach Steuern betrage 660.000 DM.

Jahresüberschuß nach Steuern	660.000 DM
Anzahl der Aktien	100.000 Stück
Unverwässerter Gewinn je Aktie	**660.000 GE/100.000Stück= 6,60 DM/Stück**
Aktienkurs	140 DM/Stück
Anzahl der Stock Options	5.000 Stück
Bezugsverhältnis und Ausübungspreis	1 Stock Option : 1 Aktie zu 100 DM/Stück
Anzahl der Aktien, die zum aktuellen Aktienkurs ausgegeben werden könnten	(5.000 Stück x 100 DM/Stück) / 140 DM/Stück = 3.571 Stück
Anzahl der Aktien, die „unentgeltlich" ausgegeben worden wären	5.000 Stück - 3.571 Stück = 1.429 Stück
Anzahl der Aktien für die Berechnung des verwässerten Gewinns je Aktie	100.000 Stück + 1.429 Stück = 101.429 Stück
Verwässerter Gewinn je Aktie	**660.000DM/101.429 Stück= 6,51 DM/Stück**

Tab. 2: Ermittlung des unverwässerten und verwässerten Gewinns je Aktie

Die Berücksichtigung der Stock Options bei der Ermittlung des verwässerten Gewinns je Aktie soll den Aktionären verdeutlichen, welcher Gewinnanteil ihren Aktien dauerhaft zusteht und welcher Anteil ihnen derzeit nur daher zusteht, weil das Unternehmen mit dem Kapital, das durch die Ausgabe der Stock Options anstelle einer Barzahlung einbehalten wurde, wirtschaften konnte. Zahlt das Unternehmen mit den anstelle der

---

53 Vgl. zur Anwendung der Treasury Stock Method *Pellens* (1998), S. 303 ff.

Ausgabe von Stock Options ansonsten abfließenden finanziellen Mitteln z.B. Verbindlichkeiten zurück, steht den Altaktionären, solange die Option nicht ausgeübt wird, ein zusätzlicher Gewinn in Höhe der verringerten Zinszahlungen zur Verfügung. Die Altaktionäre können diesen Gewinnanteil jedoch nur solange in Anspruch nehmen, bis die bedingten Residualansprüche in tatsächlich bestehende umgewandelt worden sind.

5.2 Sonstige Publizitätsanforderungen

Die hoch aggregierten Angaben zum Gewinn je Aktie reichen jedoch für eine umfassende Information nicht aus. Daher sind künftig Publizitätsstandards festzulegen, wobei die US-amerikanischen Regeln nach SFAS No. 123, Par. 45-48, und auch die Angabepflichten nach IAS 19, Par. 146-152, als Orientierungshilfe herangezogen werden können. Um den aktuellen und potentiellen Aktionären ein Bild von den wirtschaftlichen Auswirkungen eines Stock Option-Plans zu liefern, wären im Anhang u.a. anzugeben:[54]

- eine generelle Beschreibung aktienkursorientierter Entlohnungssysteme mit wichtigen Eckdaten (Sperrfrist, Laufzeit, Indexierung);

- der Wert, der insgesamt in der Periode zu Entlohnungszwecken gewährten Bezugsrechte, bewertet mit ihrem Gesamtwert, d.h. bei Instrumenten mit Optionscharakter innerer Wert plus Zeitwert. Die Angaben sollten nach einzelnen Empfängergruppen wie z.B. Vorstandsmitgliedern und Geschäftsbereichsleitern getrennt angegeben werden;

- die bei der Bewertung von Stock Options und Stock Appreciation Rights benutzten Parameter;

- die durchschnittlichen Ausübungspreise der noch ausstehenden, der bereits ausübbaren und der im Geschäftsjahr gewährten, verfallenen und ausgeübten Stock Options und Stock Appreciation Rights;

- die Bandbreite der Ausübungspreise der noch ausstehenden und der bereits ausübbaren Stock Options und Stock Appreciation Rights.

Solche Angabepflichten gewinnen hinsichtlich des Einsatzes echter Eigenkapitalinstrumente insbesondere dann an Bedeutung, wenn der oben dargestellten Meinung gefolgt wird, die Ausgabe von Stock Options und Belegschaftsaktien seien – zumindest im Fall einer Bedienung durch eine bedingte Kapitalerhöhung – bei der Zusage nicht bilanziell zu erfassen. Es wäre dann zu überlegen, ob eine Pro Forma Disclosure im Sinne von SFAS No. 123, Par. 45, die Informationslücke schließen kann. Für den Fall

---

54 Vgl. zu ähnlichen Forderungen für den Hauptversammlungsbeschluß *Wenger* (1998), S. 56 ff.

einer fortgesetzten Anwendung der Bewertungsmethode nach APB Opinion No. 25, die in den meisten Fällen dazu führt, daß der mit der Ausgabe von Stock Options verbundene Personalaufwand nicht berücksichtigt wird, müssen in Jahresabschlüssen nach US-GAAP Angaben darüber gemacht werden, wie sich eine vollständige Anwendung von SFAS No. 123 auf das Jahresergebnis und den Gewinn je Aktie ausgewirkt hätten.

6 Schlußbemerkungen

Der in Deutschland verstärkt erwartete Einsatz von virtuellen und echten Eigenkapitalinstrumenten als variable Vergütungsbestandteile von Mitarbeitern und insbesondere Führungskräften wirft die vielfältigen Fragen nach deren bilanzieller Erfassung und angemessener Publizität auf. Dabei wurde deutlich, daß die handelsrechtliche Bilanzierung aufgrund der noch nicht eindeutigen Literaturmeinung aber auch durch entsprechende Sachverhaltsgestaltung nahezu beliebig differenziert werden kann.

Hiervon abweichend, erfordert der 1995 in den USA verabschiedete SFAS No. 123 grundsätzlich die Erfassung des Gesamtwerts (innerer Wert plus Zeitwert) zugesagter Stock Options als Personalaufwand, der gesondert in den Kapitalrücklagen gegenzubuchen ist. Gleiches gilt für verbilligt ausgegebene Belegschaftsaktien. Diese Form der bilanziellen Erfassung der zu Entlohnungszwecken ausgegebenen echten Eigenkapitalinstrumente ist für den handelsrechtlichen Jahresabschluß derzeit umstritten und künftig zu klären.

Da es mit dem Kapitalaufnahmeerleichterungsgesetz deutschen börsennotierten Mutterunternehmen nach § 292 a HGB möglich ist, einen befreienden Konzernabschluß nach US-GAAP oder IAS aufzustellen,[55] stellt sich für diese Unternehmen die Frage der bilanziellen Erfassung neu. Unternehmen, die sich – z.B. aufgrund ihres Listings an der New Yorker Börse (NYSE) – für einen US-GAAP-Abschluß entscheiden, sind verpflichtet, SFAS No. 123 anzuwenden. Es steht den Unternehmen frei, das dort gewährte Bewertungswahlrecht auszunutzen, so daß trotz der grundsätzlichen erfolgswirksamen Verrechnung aller zur Entlohnung gewährten echten Eigenkapitalinstrumente, kein Personalaufwand auszuweisen ist, wenn der innere Wert der gewährten Optionen Null beträgt. Ein solches Vorgehen hat z.B. Daimler Benz im Jahresabschluß 1996 und 1997 gewählt.[56] Anders ist die Situation bei der Ausgabe von Belegschaftsaktien. Der hier gewährte finanzielle Vorteil ist als Personalaufwand zu verbuchen und im Fall einer bedingten bzw. genehmigten Kapitalerhöhung durch eine Erhöhung der

---

55 Vgl. *Pellens/Bonse/Gassen* (1998); *Reker/Pahl/Löcke* (1998); *Böcking/Orth* (1998).
56 Vgl. *Daimler Benz*, Geschäftsbericht 1997, S. 90.

Kapitalrücklage auszugleichen, es sei denn die strengen Ausnahmetatbestände nach SFAS No. 123, Par. 23, sind erfüllt.[57]

Die bilanzielle Berücksichtigung von aktienkursorientierten Entlohnungssystemen in einem Abschluß nach International Accounting Standards (IAS) ist derzeit noch offen, da vom IASC hierzu bisher keine Verlautbarungen vorliegen. Ob hieraus zu schließen ist, daß die Unternehmen in ihrem IAS-Abschluß aus der oben dargestellten Bilanzierungsvielfalt das für sie günstigste Verfahren auswählen können, muß bezweifelt werden. Zumindest nach der im IASC-Framework formulierten Zielsetzung des Jahresabschlusses scheinen alle zur Mitarbeiterentlohnung eingesetzten virtuellen und echten Eigenkapitalinstrumente als Personalaufwand zu erfassen, was vor dem Hintergrund der wirtschaftlichen Betrachtungsweise und der Erstellung vergleichbarer Rechnungslegungsinformationen auch sinnvoll erscheint. Ob ein künftiger IAS das – ausschließlich aufgrund der US-amerikanischen Unternehmensinteressen – in SFAS 123 verankerte Unternehmenswahlrecht zwischen der *Intrinsic Value Based Method* und *Fair Value Based Method* übernimmt, kann (hoffentlich) bezweifelt werden.

---

57 Vgl. z.B. die Angaben der *Deutschen Telekom* zur Überleitung von HGB zu US-GAAP im Geschäftsbericht 1997, S. 106 ff.

Literaturverzeichnis

Accounting Principles Board (1972): Opinion No. 25: Accounting for Stock Issued to Employees, New York.

Adler, Hans/Düring, Walther/Schmaltz, Kurt (1997): Rechnungslegung und Prüfung der Unternehmen, 6. Auflage, Teilband 5, Stuttgart.

Aha, Christof (1997): Ausgewählte Gestaltungsmöglichkeiten bei Aktienoptionsplänen, in: Betriebs-Berater, 52. Jg., S. 2225 - 2228.

Akresh, Murray/Fuersich, Janet (1994): Stock Options: Accounting, Valuation and Management Issues, in: Management Accounting, Vol. 75, March, S. 51 - 53.

Baus, Joseph (1978): Die Belegschaftsaktie im Lichte der betrieblichen Personalpolitik, Bochum.

Baetge, Jörg (1997): Konzernbilanzen, 3. Auflage, Düsseldorf.

Becker, Fred (1990): Anreizsysteme für Führungskräfte, Stuttgart.

Black, Fischer/Scholes, Myron (1973): The Pricing of Options and Corporate Liabilities, in: Journal of Political Economy, Vol. 81, S. 637 - 654

Böcking, Hans-Joachim/Orth, Christian (1998): Neue Vorschriften zur Rechnungslegung und Prüfung durch das KonTraG und das KapAEG, in: Der Betrieb, 51. Jg., S. 1241 - 1246.

Bredow, Günther (1996): Steuergünstige Gestaltung von Aktienoptionen für leitende Angestellte („stock options"), in: Deutsches Steuerrecht, 34. Jg., S. 2033 - 2036.

Bredow, Günther (1998): Mustervereinbarung zu Aktienoptionsplänen für das Management und leitende Angestellte (Stock Option Plans), in: Deutsches Steuerrecht, 36. Jg., S. 380 - 382.

Breker, Norbert (1993): Optionsrechte und Stillhalterverpflichtungen im handelsrechtlichen Jahresabschluß, Düsseldorf.

Bühner, Rolf (1989): Möglichkeiten der unternehmerischen Gehaltsvereinbarung für das Top-Management, in: Der Betrieb, 42. Jg., S. 2181 - 2186.

Busse von Colbe, Walther et al. (Hrsg.) (1987): Bilanzierung von Optionsanleihen im Handelsrecht, Heidelberg.

Busse von Colbe, Walther et al. (Hrsg.) (1996): Ergebnis nach DVFA/SG, 2. Auflage, Stuttgart.

Busse von Colbe, Walther/Ordelheide, Dieter (1993): Konzernabschlüsse, 6. Auflage, Wiesbaden.

Carpenter, Jennifer (1998): The Exercise and Valuation of Executive Stock Options, in: Journal of Financial Economics, Vol. 48, S. 127 - 158.

Coenenberg, Adolf. G. (1997): Jahresabschluß und Jahresabschlußanalyse, 16. Auflage.

Coller, Maribeth/Higgs, Julia (1997): Firm Valuation and Accounting für Employee Stock Options, in: Financial Analysts Journal, Vol. 53, January/February, S. 26 - 34.

Cox, John/Ross, Stephen/Rubinstein, Mark (1979): Option Pricing: A Simplified Approach, in: Journal of Financial Economics, Vol. 7, S. 229 - 263.

Dechow, Patricia/Hutton, Amy/Sloan, Richard (1996): Economic Consequences of Accounting for Stock-Based Compensation, in: Journal of Accounting Research, Vol. 34, Supplement, S. 1 - 20.

Doyle, William (1997): New Accounting Principles for Stock-Based Compensation, in: Management Accounting, Vol. 78, February, S. 38 - 42.

Edelstein, Carol (1981): Long-Term Incentives for Management. Part 4: Restricted Stock, in: Compensation Review, Vol. 13, S. 30 - 40.

Ellig, Bruce (1984): Incentive Plans. Over the Long Term, in: Compensation Review, Vol. 16, S. 39 - 54.

Feddersen, Dieter (1997): Aktienoptionsprogramme für Führungskräfte aus kapitalmarktrechtlicher und steuerlicher Sicht, in: Zeitschrift für das gesamte Handelsrecht und Wirtschaftsrecht, 161. Jg., S. 269 - 299.

Financial Accounting Standards Board (1978): Interpretation No. 28: Accounting for Stock Appreciation Rights and Other Variable Stock Option or Award Plans, Norwalk.

Financial Accounting Standards Board (1995): Statement of Financial Accounting Standards (SFAS) No. 123: Accounting for Stock-Based Compensation, Norwalk.

Förschle, Gerhard (1997): Earnings per Share, in: Fischer, Th. (Hrsg.), Jahresabschluß und Jahresabschlußprüfung. Festschrift für Jörg Baetge, Düsseldorf, S. 499 - 518.

Gebhardt, Günther (1988): Finanzwirtschaftliche Betrachtungen zur Emission von Optionsanleihen, in: Zeitschrift für betriebswirtschaftliche Forschung, 40. Jg., S. 896 - 914.

Günther, Thomas/Muche, Thomas/White, Mark (1998): Bilanzrechtliche und steuerrechtliche Behandlung des Rückkaufs eigener Anteile in den U.S.A. und in Deutschland, in: Die Wirtschaftsprüfung, 51. Jg., S. 574 - 585.

Hueck, Götz (1991): Gesellschaftsrecht, 19. Auflage, München.

Hüffer, Uwe (1997): Aktienbezugsrechte als Bestandteil der Vergütung von Vorstandsmitgliedern und Mitarbeitern – gesellschaftsrechtliche Analyse, in: Zeitschrift für das gesamte Handelsrecht und Wirtschaftsrecht, 161. Jg., S. 214 - 245.

Knepper, Karl Heinz (1985): Die Belegschaftsaktie in Theorie und Praxis, in: Zeitschrift für Unternehmens- und Gesellschaftsrecht, 14. Jg., S. 419 - 443.

Knoll, Leonhard (1997): Aktien-Optionsprogramme im Vergleich, in: Personalwirtschaft, 24. Jg., Heft 11, S. 34 - 42.

Knoll, Leonhard (1998): Besteuerung von Stock options - Anmerkungen zu einer juristischen Frontlinie im ökonomischen Niemandsland, in: Steuer und Wirtschaft, 28. Jg., S. 133 - 137.

Kruschwitz, Lutz/Schöbel, Rainer (1984): Eine Einführung in die Optionspreistheorie, in: Das Wirtschaftsstudium, 13. Jg., S. 68 - 72, S. 116 - 121 und S. 171 - 176.

Kulatilaka, Nalin/Marcus, Alan (1994): Valuing Employee Stock Options, in: Financial Analysts Journal, Vol. 50, November/December, S. 46 - 56.

Lew, Albert/Schirger, Joseph (1994): Accounting for Employee Stock Options as Contingencies, in: Journal of Applied Business Research, Vol. 10, No. 1, S. 19 - 24.

Lewis, Thomas (1995): Steigerung des Unternehmenswertes - Total Value Management, 2. Auflage, Landsberg/Lech.

Menichetti, Marco (1996): Aktien-Optionsprogramme für das Top-Management, in: Der Betrieb, 49. Jg., S. 1688 - 1692.

Menichetti, Marco (1998): Keineswegs eine kreative Lösung, in: Handelsblatt vom 24./25.05., S. 47.

Merton, Robert (1973): Theory of Rational Option Pricing, in: Bell Journal of Economics and Management Science, Vol. 4, S. 141 - 183.

Naumann, Thomas (1998): Zur Bilanzierung von Stock Options – Erwiderung zu dem Beitrag von Pellens/Crasselt, in: Der Betrieb, 51. Jg., S. 1428 - 1431.

o.V. (1994): Taking Account of Stock Options, in: Harvard Business Review, Vol. 72, S. 27 - 36.

o.V. (1996): 154. Sitzung HFA vom 13.6.1996, in: IDW-Fachnachrichten, o. Jg., S. 403 - 406.

o.V., (1997): Selbstbedienungsmentalität lautet zentraler Vorwurf, in: Handelsblatt vom 02.10., S. 17.

o.V. (1998a): Neue Wege der Gewinnbeteiligung, in: Handelsblatt vom 26.03., S. 17.

o.V. (1998b): Zuviel Selbstbedienung, in: Handelsblatt vom 30.07., S. 13.

Owen, Dwight/Kreuze, Jerry (1996): The Defeat of the FASB's Executive Stock Option Proposal: A Post-Mortem, in: Michigan Academician, Vol. 28, No. 2, S. 181 - 190.

Pacter, Paul (1994): FASB's Stock Option Accounting Proposal: Correcting a Serious Flaw, in: CPA Journal, Vol. 64, March, S. 60 - 61.

Pellens, Bernhard (1998): Internationale Rechnungslegung, 2. Auflage, Stuttgart.

Pellens, Bernhard/Bonse, Andreas/Gassen, Joachim (1998): Perspektiven der deutschen Konzernrechnungslegung - Auswirkungen des Kapitalaufnahmeerleichterungsgesetzes und des Gesetzes zur Kontrolle und Transparenz im Unternehmensbereich, in: Der Betrieb, 51. Jg. S. 785 - 792.

Pellens, Bernhard/Crasselt, Nils (1998a): Bilanzierung von Stock Options, in: Der Betrieb, 51. Jg., S. 217 - 223.

Pellens, Bernhard/Crasselt, Nils (1998b): Zur Bilanzierung von Stock Options – Replik auf die Erwiderung von Naumann, in: Der Betrieb, 51. Jg., S. 1431 - 1433.

Pellens, Bernhard/Gassen, Joachim (1997): IAS 33: Ergebnis je Aktie, in: Baetge, J. et al. (Hrsg.), Rechnungslegung nach International Accounting Standards (IAS), Kommentar auf der Grundlage des deutschen Bilanzrechts, Stuttgart, S. 1319 - 1336.

Pellens, Bernhard/Rockholtz, Carsten/Stienemann, Marc (1997): Marktwertorientiertes Konzerncontrolling in Deutschland – eine empirische Untersuchung, in: Der Betrieb, 50. Jg., S. 1933 - 1939.

Peltzer, Martin (1996): Steuer- und Rechtsfragen bei der Mitarbeiterbeteiligung und der Einräumung von Aktienoptionen (Stock Options), in: Die Aktiengesellschaft, 41. Jg., S. 307 - 315.

Peterssen, Klaus (1968): Die Belegschaftsaktie, Berlin.

Portner, Rosemarie (1997): Mitarbeiter-Optionen (Stock Options): Gesellschaftsrechtliche Grundlagen und Besteuerung, in: Deutsches Steuerrecht, 35. Jg., S. 786 - 788.

Rammert, Stefan (1998): Die Bilanzierung von Aktienoptionen für Manager – Überlegungen zur Anwendung von US-GAAP im handelsrechtlichen Jahresabschluß, in: Die Wirtschaftsprüfung, 51. Jg., erscheint im Herbst.

Reker, Jürgen/Pahl, Andreas/Löcke, Jürgen (1998): Aufstellung eines befreienden Konzernabschlusses und -lageberichtes nach International Accounting Standards durch Kreditinstitute, in: Die Wirtschaftsprüfung, 51. Jg., S. 527 - 538.

Rubinstein, Mark (1995): On the Accounting Valuation of Employee Stock Options, in: Journal of Derivatives, Vol. 3, Fall, S. 8 - 24.

Schneider, Uwe H. (1996): Aktienoptionen als Bestandteil der Vergütung von Vorstandsmitgliedern, in: Zeitschrift für Wirtschaftsrecht (ZIP), 17. Jg., S. 1769 - 1776.

Schulte, Jörn (1998): Gewinn je Aktie, in: Busse von Colbe, W./Pellens B. (Hrsg.), Lexikon des Rechnungswesens, 4. Auflage, S. 291 - 296.

Stewart, Bennett (1991): The Quest for Value, New York.

Wiedemann, Herbert (1980): Gesellschaftsrecht, Band I, München.

Wenger, Ekkehard (1998): Aktienoptionsprogramme für Manager aus der Sicht des Aktionärs, in: Meffert, H./Backhaus, K. (Hrsg.), Stock Options und Shareholder Value, Dokumentation des 33. Münsteraner Führungsgesprächs vom 9./10. Oktober 1997, Dokumentationspapier Nr. 116, Wissenschaftliche Gesellschaft für Marketing und Unternehmensführung e.V., Münster, S. 51 - 69.

Norbert Herzig[*]

Steuerliche Konsequenzen von Aktienoptionsplänen (Stock Options)[**]

1	Einleitung	163
2	Steuerliche Konsequenzen für den Optionsnehmer	164
	2.1 Besteuerung als Arbeitslohn	164
	2.1.1 Veranlassung durch das Dienstverhältnis	164
	2.1.2 Zufluß des geldwerten Vorteils	167
	2.1.3 Bewertung und Tarif	174
	2.1.3.1 Geldwerter Vorteil durch verbilligten Erwerb der Aktien	174
	2.1.3.2 Geldwerter Vorteil durch Einräumung der Option	175
	2.1.3.3 Steuerpflicht und Tarif	176
	2.1.4 Weitere Problembereiche	177
	2.2 Sonstige steuerliche Konsequenzen für den Optionsnehmer	178
	2.3 Gestaltungsüberlegungen	180
3	Steuerliche Konsequenzen für die Gesellschaft	181
	3.1 Bilanzielle Konsequenzen von Aktienoptionsprogrammen	181
	3.1.1 Kauf des Optionsprogramms	181
	3.1.2 Stillhalterverpflichtung aus dem Optionsprogramm	182
	3.1.2.1 Ausgabe der Optionen auf betrieblicher Ebene	182
	3.1.2.2 Ausgabe der Optionen im Rahmen einer bedingten Kapitalerhöhung	184
	3.2 Lohnsteuerhaftung	186
	3.3 Gestaltungsüberlegungen	186
4	Zusammenfassung	187

---

[*] WP/StB Prof. Dr. Norbert Herzig,
Seminar für Allgemeine Betriebswirtschaftslehre und Betriebswirtschaftliche Steuerlehre an der Universität zu Köln,
http://www.wiso.uni-koeln.de/steuer

[**] Meinem Mitarbeiter, Herrn Dipl.-Kfm. Uwe Lochmann, danke ich ganz herzlich für die Unterstützung bei der Anfertigung dieses Beitrages.

1 Einleitung

Was heute in anderen Ländern, beispielsweise in den USA, bei börsennotierten Unternehmen bereits die Regel darstellt, ist künftig verstärkt auch in Deutschland zu erwarten: Führungskräfte werden mit Aktienoptionen (Stock Options) an den künftigen Steigerungen des mit dem Börsenkurs gemessenen Unternehmenswertes beteiligt. Die Begünstigten sollen so stärker an das Unternehmen gebunden und zu einem nachhaltig den Unternehmenswert steigernden Handeln ermuntert werden. Mit derartigen Programmen wird ebenfalls beabsichtigt, die Kapitalaufnahme und die Verpflichtung hochkarätiger Manager zu erleichtern.

In diesem Beitrag stehen die steuerlichen Konsequenzen von Stock Options beim Optionsnehmer und der ausgebenden Gesellschaft im Mittelpunkt. Aktienoptionsprogramme haben in der Praxis folgende Grundstrukturen: Die Führungskraft erhält unentgeltlich Ankaufsrechte (Calls) für eigene Aktien oder Aktien der Konzernmutter. Der dabei festgelegte Bezugskurs orientiert sich i.d.R. am Börsenkurs zum Zeitpunkt der Ausgabe der Aktienoptionen. Die Optionsprogramme sind langfristig angelegt und haben häufig eine Laufzeit von 10 Jahren. Die Ausübung selbst ist in vielen Fällen jedoch erst nach einer Sperrfrist (vesting period)[1] und dem Erreichen bestimmter Kursziele möglich. Um die angestrebten Ziele hinsichtlich der Anreiz- und Bindungswirkungen zu erreichen, werden zudem regelmäßig weitere Verfügungsbeschränkungen vereinbart. Die Optionen sollen nicht anderweitig wirtschaftlich verwertet werden können und sind deshalb nicht übertragbar, beleihbar und abtretbar. Häufig existieren auch Rückgabe- oder Entschädigungsregelungen für den Fall, daß der Mitarbeiter zwischenzeitlich aus dem Unternehmen ausscheidet.

Das Unternehmen selbst geht mit den gewährten Optionen gegenüber dem Mitarbeiter in der Regel eine Stillhalterverpflichtung ein. Wenn der Arbeitnehmer die Option ausübt, muß ihm das Unternehmen die zugesagten Aktien zu dem vereinbarten Bezugspreis verschaffen. Das Unternehmen kann eigene Aktien für diesen Zweck erwerben[2] oder die Lieferverpflichtung durch den Erwerb gleichartiger Optionen absichern. Die möglicherweise benötigten Aktien können jedoch auch im Rahmen einer bedingten

---

1   Der mit dem KonTraG (BGBl. I 1998, S. 786 ff.) eingeführte § 193 Abs. 2 Nr. 4 AktG sieht bei Ausgabe der Optionen mittels einer bedingten Kapitalerhöhung eine Mindestsperrfrist von 2 Jahren vor. Als angemessen werden i.d.R. sogar 3 Jahre angesehen, vgl. BT-Drucksache 13/10038 v. 4.3.1998, S. 43.

2   Nach dem ebenfalls mit dem KonTraG (vgl. FN 1) eingeführten § 71 Abs. 1 Nr. 8 AktG ist nunmehr der Erwerb eigener Aktien für diese Zwecke möglich. Der bisher bereits erlaubte Erwerb eigener Aktien für Zwecke der Mitarbeiterbeteiligung nach § 71 Abs. 1 Nr. 2 AktG ist nicht für Optionsprogramme für Führungskräfte geeignet, da u.a. die Ausgabe der Aktien an Vorstandsmitglieder nicht zulässig ist.

Kapitalerhöhung unter Bezugsrechtsausschluß der Aktionäre zur Verfügung gestellt werden. Diese Variante hat für das Unternehmen den Reiz, daß statt einer Liquiditätsbelastung sogar noch die Möglichkeit besteht, im Rahmen der Ausübung der Optionen neues Eigenkapital zu erhalten. Auch wenn die Ausgabe der Optionen möglicherweise im Rahmen von Wandelschuldverschreibungen oder Optionsanleihen erfolgt, so werden im folgenden nur die steuerlichen Probleme in Verbindung mit den Optionsrechten betrachtet.

2 Steuerliche Konsequenzen für den Optionsnehmer

2.1 Besteuerung als Arbeitslohn

Die Führungskräfte erhalten mit der Einräumung der unentgeltlichen Aktienoptionen einen Vorteil, der in dem Recht besteht, Aktien in einem bestimmten Zeitraum zu einem festen Bezugskurs erwerben zu können.[3] Ein Vorteil ist dies deshalb, da bei zukünftigen Kurssteigerungen ein Bezug der Aktien unter dem Marktpreis möglich ist, während der Nachteil einer negativen Kursentwicklung durch Verzicht auf die Optionsausübung vermieden werden kann. Es soll nun der Frage nachgegangen werden, ob und inwieweit dieser Vorteil als Arbeitslohn steuerpflichtig ist. Arbeitslohn, also Bezüge im Rahmen der Einkünfte aus nichtselbständiger Tätigkeit (§ 19 Abs. 1 EStG), sind alle Einnahmen, die einem Arbeitnehmer aus einem Dienstverhältnis zufließen, also durch dieses veranlaßt sind.[4] Eine Einnahme liegt vor, wenn der Zufluß eines geldwerten Vorteils gegeben ist.[5]

2.1.1 Veranlassung durch das Dienstverhältnis

Die Begünstigten von Aktienoptionsprogrammen einschließlich der Vorstandsmitglieder sind steuerlich regelmäßig Arbeitnehmer; sie stehen also in einem Dienstverhältnis zu der Gesellschaft.[6] Wenn das Unternehmen die möglichen Lieferverpflichtungen der Aktien selbst durch eigene Rechtsgeschäfte (Ankauf o.ä.) auf betrieblicher Ebene erfüllen will, so ist ein Veranlassungszusammenhang mit dem Dienstverhältnis gewöhnlich gegeben, da die Zuwendung des Vorteils durch den Arbeitgeber (das Unterneh-

---

3   Vgl. mit ausführlicher Begründung *Portner/Bödefeld* (1995), S. 632.
4   Vgl. *Heuer* in Herrmann/Heuer/Raupach (o.J.), § 19 Anm. 16; so auch § 2 Abs. 1 Satz 1 LStDV.
5   § 8 Abs. 1 EStG; § 11 Abs. 1 Satz 1 EStG.
6   Vgl. § 1 Abs. 1, 2 LStDV.

men) erfolgt und als Gegenleistung für die Zurverfügungstellung der individuellen Arbeitskraft einzustufen ist.[7]

Die Aktiengesellschaft wird die möglicherweise benötigten Aktien in vielen Fällen allerdings durch eine bedingte Kapitalerhöhung bereitstellen. Dazu ist ein Hauptversammlungsbeschluß notwendig, bei dem die Aktionäre auf ihr Bezugsrecht verzichten. Wirtschaftlich gesehen wird der Vorteil so nicht von der Gesellschaft selbst gewährt, denn ihr droht keine Vermögensminderung. Sie hat sogar noch Aussicht auf eine Kapitalerhöhung. Der Vorteil geht vielmehr zu Lasten der Aktionäre, da die Begünstigten die Optionen nur ausüben werden, wenn der Kurs der Aktien über dem Bezugskurs liegt und dabei eine Vermögensverschiebung von den Altaktionären zu den Führungskräften stattfindet (Verwässerungseffekt).[8] Es erfolgt also keine unmittelbare Zuwendung durch den Arbeitgeber.[9] Noch deutlicher tritt dies hervor, wenn eine Muttergesellschaft eigene Aktienoptionen an Angestellte von Tochtergesellschaften begibt.[10] Allerdings sind auch Vorteilszuwendungen Dritter durch das Dienstverhältnis veranlaßt, wenn der Arbeitnehmer die Vorteile vernünftigerweise als Frucht seiner Leistung für den Arbeitgeber ansehen muß.[11] Dies hat der Bundesfinanzhof für Fälle bejaht, in denen Arbeitnehmer verbilligte Aktien aus einer Kapitalerhöhung ihrer Gesellschaft erhalten haben.[12] Zum gleichen Ergebnis kam er, wenn Arbeitnehmer einer Tochtergesellschaft Aktienoptionen der Muttergesellschaft erhielten[13] oder ein Hauptanteilseig-

---

7 Vgl. *Birk/Heuer* in Herrmann/Heuer/Raupach (o.J.), § 8 Anm. 45, § 19 Anm. 56, 107. Eine Ausnahme könnte vorliegen, wenn ein Begünstigter auch Anteilseigner ist und die Vorteilszuwendung durch das Gesellschaftsverhältnis veranlaßt ist, also die Voraussetzungen einer verdeckten Gewinnausschüttung gegeben sind.

8 Vgl. *Fasold* (1975), S. 1237 f.; *Peltzer* (1996), S. 309; *Portner* (1997a), S. 787.

9 Vgl. *Janberg* (1958), S. 1081; *Dempewolf* (1959), S. 268 f.; *Woeste* (1961), S. 1316; der BFH ließ aber im Urteil vom 02.03.1962, VI 255/60 U, BStBl. III 1962, S. 214 (215) anklingen, daß dies möglicherweise eine übertrieben formalisierte Auffassung ist, da schließlich bei der Beschlußfassung die Organe der Gesellschaft tätig werden; vgl. auch *Heuer* in Herrmann/Heuer/Raupach (o.J.), § 19 Anm. 108 m.w.N.

10 Vgl. *BFH* vom 21.02.1986 VI R 9/80, BStBl. II 1986, S. 768 (769 f.); *BFH* vom 11.7.1986 VI R 163/82 BStBl. II 1987, S. 300 (301): Organträger ist in diesem Fall kein Arbeitgeber.

11 Vgl. *BFH* vom 05.07. 1996 VI R 10/96, BStBl. II 1996, S. 545 m.w.N. Insbesondere ein Rechtsanspruch des Arbeitnehmers ist nicht erforderlich (§ 19 Abs. 1 Satz 2 EStG).

12 Vgl. *BFH* vom 02.03.1962, VI 255/60 U, BStBl. III 1962, S. 214 (215); BFH vom 16.11.1984, VI R 39/80, BStBl. II 1985, S. 136 (137). Die Betrachtung der Sichtweise des Arbeitnehmers verlangt allerdings eine gewisse Objektivierung, vgl. BFH vom 05.07. 1996 VI R 10/96, BStBl. II 1996, S. 545. Obwohl der BFH früher das subjektive Element stärker betont hat, wäre er in den entschiedenen Fällen zu keinem anderen Ergebnis gekommen, da die Arbeitnehmer auch "vernünftigerweise" die eingeräumten Vorteile als Frucht ihrer Leistung für den Arbeitgeber ansehen mußten.

13 Vgl. *BFH* vom 10.03.1972, VI R 278/68, BStBl. II 1972, S. 596 (597).

ner jetzigen und ehemaligen Beschäftigten des gesamten Konzerns Aktien der Muttergesellschaft verbilligt überließ.[14]

Für in diesem Rahmen an Arbeitnehmer überlassene Aktien und Aktienoptionen ist nach der Rechtsprechung also regelmäßig von einer Veranlassung durch das Dienstverhältnis auszugehen. Dies ist auch die heute ganz herrschende Meinung in der Literatur[15] sowie die Position der Finanzverwaltung.[16]

Portner vertritt dagegen die Auffassung, daß die Führungskräfte eine besondere Leistung gegenüber den Aktionären der eigenen Gesellschaft oder der Muttergesellschaft erbringen, wofür sie steuerlich keinen Arbeitslohn erhalten, sondern ein Entgelt im Sinne des § 22 Nr. 3 EStG (sonstige Leistungen).[17] Eigene unmittelbare rechtliche und wirtschaftliche Beziehungen des Arbeitnehmers zu Dritten können tatsächlich eine Veranlassung der Vorteilszuwendung durch das Dienstverhältnis ausschließen.[18] Die Beziehungen müssen dabei aber eine gewisse Eigenständigkeit aufweisen, was im Fall von gewöhnlichen Aktienoptionsprogrammen nicht der Fall sein dürfte. Die mit den Aktienoptionen bezweckten Leistungen des Arbeitnehmers können offensichtlich nur im Rahmen seiner Tätigkeit beim Arbeitgeber erfolgen. Dabei muß der Arbeitnehmer, anders als etwa beim Empfang von Schmiergeldern, keine Dienstpflichten verletzen.[19] Die Interessen von Arbeitgeber und Unternehmenseignern sind vielmehr gleichgerichtet. Während die Aktionäre sich von einem Aktienoptionsprogramm möglicherweise eine Verbesserung ihrer Position im Principal-Agent-Konflikt versprechen, profitiert das Unternehmen von den Motivations- und Bindungswirkungen und hat es gleichzeitig leichter, Kapital aufzunehmen und qualifizierte Führungskräfte zu verpflichten. Der im Rahmen von Aktienoptionsprogrammen gewährte Vorteil ist wirtschaftlich als Aus-

---

14 Vgl. *BFH* vom 19.07.1996, VI R 19/96, BFH/NV 1997, S. 179 (180); vgl. ähnlich bereits RFH vom 23.12.1936, RStBl. 1937, S. 588 (589).

15 Vgl. *Heuer* in Herrmann/Heuer/Raupach (o.J.), § 19, Anm. 108; *Giloy* in Kirchhof/Söhn (o.J.) § 19 Nr. B 1000 "Bezugsrechtsüberlassung"; *Drenseck* in Schmidt (1997),, § 19 Anm. 50 "Aktien"; *Altehoefer* in Lademann (o.J.), , § 19 Anm. 138 "Aktien"; a.A.: *Fasold* (1975), S. 1237 ff. m.w.N. zur früheren Literaturdiskussion; in jüngerer Zeit *Portner* (1997a), S. 787 f.; *dieselbe* (1997), S. 1876 f.

16 Vgl. etwa Abschnitt 77 Abs. 2 LStR 1996 zu § 19a EStG; vgl. auch *BMF* vom 27.09.1993; BStBl. I 1993, S. 814 f., insbesondere Nr. 1c) bzw. Nr. 4) zu von Dritten gewährten geldwerten Vorteilen.

17 Vgl. Nachweise in FN 15.

18 Vgl. z.B. *BFH* vom 24.10.1990, X R 161/88, BStBl. II 1991, S. 337 (338 f.): Streikunterstützung durch Gewerkschaft ist kein Arbeitslohn; *BFH* vom 05.07. 1996 VI R 10/96, BStBl. II 1996, S. 545: Gewährung einer unentgeltliche Reise durch einen Geschäftspartner des Arbeitgeber ist Arbeitslohn, da keine eigenen rechtlichen und wirtschaftlichen Beziehungen bestanden.

19 Vgl. *Heuer* in Herrmann/Heuer/Raupach (o.J.) § 19 Anm. 400 "Schmiergeld".

fluß der dem Arbeitgeber erbrachten Leistung anzusehen.[20] Der Begünstigte wird dies "vernünftigerweise" nicht anders sehen.[21] Eine Konkurrenz zwischen Einkünften aus nichtselbständiger Tätigkeit und Einkünften aus sonstigen Leistungen besteht nicht, da § 22 Nr. 3 EStG subsidiär ist.

Als Zwischenergebnis kann festgehalten werden, daß Vorteile, die Arbeitnehmern durch Einräumung von Aktienoptionen gewährt werden, regelmäßig durch das Dienstverhältnis veranlaßt sind. Derartige Optionen sollen in der Folge auch Arbeitnehmer-Aktienoptionen genannt werden.

2.1.2 Zufluß des geldwerten Vorteils

Arbeitslohn kann in Verbindung mit Arbeitnehmer-Aktienoptionen nur dann vorliegen, wenn es zum Zufluß eines geldwerten Vorteils beim Arbeitnehmer kommt. Dies erfordert zum einen eine objektive Bereicherung des Steuerpflichtigen, und zwar in dem Sinne, daß der gewährte Vorteil objektiv bewertbar ist, ihm also ein "Geldwert" zugeordnet werden kann.[22] Ein Zufluß wird allerdings erst angenommen, wenn der Arbeitnehmer die wirtschaftliche Verfügungsmacht über den Vorteil erlangt.[23] Diese beiden Faktoren ergänzen einander, müssen also kumulativ vorliegen.

Die Rechtsprechung hat bisher bei Arbeitnehmern eingeräumten Ankaufsrechten i.d.R. den Zufluß eines geldwerten Vorteils im Zeitpunkt der Gewährung der Rechte verneint.[24] Zu diesem Zeitpunkt biete das Optionsrecht lediglich eine Chance zu einem preisgünstigen Vermögenserwerb, ein zu versteuernder geldwerter Vorteil läge erst bei Ausübung der Option vor.[25]

Indem der BFH die Einräumung einer Arbeitnehmer-Option lediglich als vage Chance auffaßt, sieht er in diesem Zeitpunkt folglich noch keine objektive Bereicherung auf Seiten des Begünstigten. Der Vorteil wurde als nicht objektiv bewertbar angesehen. Ebenfalls maßgebend war, daß in den entschiedenen Fällen die Arbeitnehmer nicht frei

---

20 Vgl. *Giloy* in Kirchhof/Söhn (o.J.), § 19 Anm. B 747.

21 Vgl. FN 11.

22 Vgl. *Birk/Heuer* in Herrmann/Heuer/Raupach (o.J.) § 11 Anm. 27, § 19 Anm. 45; *Drenseck* in Schmidt (1997) § 19 Anm. 18.

23 Vgl. *Birk* in Herrmann/Heuer/Raupach (o.J.) § 11 Anm. 33 m.w.N.; *Heinicke* in Schmidt (1997), (1997), § 11 Anm. 12 m.w.N.

24 Vgl. *BFH* vom 10.03.1972, VI R 278/68, BStBl. II 1972, S. 596; *BFH* vom 21.03.1975, VI R 55/73, BStBl. II 1975, S. 690 (692): Aktienoptionen; BFH vom 26.07.1985, VI R 200/81, BFH/NV 1986, S. 306: Optionsrecht auf verbilligten Erwerb eines Grundstücks.

25 Vgl. *BFH* vom 10.03.1972, VI R 278/68, BStBl. II 1972, S. 596 (597); *BFH* vom 21.03.1975, VI R 55/73, BStBl. II 1975, S. 690 (692).

über ihr Optionsrecht verfügen konnten, sondern es insbesondere nur persönlich ausüben konnten.[26] Es fehlte also auch an der wirtschaftlichen Verfügungsmacht des Arbeitnehmers über den Vorteil. Vor der Ausübung der Option bliebe so das Ob und Wie eines Vermögenszuflusses in der Schwebe, die Optionsausübung selbst sei aber noch völlig offen.[27] Der geldwerte Vorteil bestehe bei Ausübung in dem verbilligten Erwerb der Aktien.

Andererseits entschied der BFH, daß das Optionsrecht dann selbständigen Geldeswert erlangt, wenn der Arbeitgeber später der Übertragung des Rechts zustimmt und dieses übertragen und zeitgleich vom Erwerber ausgeübt wird.[28]

In der Literatur ist umstritten, wann ein Arbeitnehmern gewährtes Optionsrecht zu besteuern ist. Ein Teil des Schrifttums geht analog zur BFH-Rechtsprechung davon aus, daß in der Regel erst bei Ausübung der Option ein geldwerter Vorteil zufließt.[29] Dabei wird von dem Normalfall ausgegangen, bei dem die Optionsrechte lediglich persönliche, nicht übertragbare Anwartschaften der Arbeitnehmer sind, die möglicherweise noch weiteren Beschränkungen unterliegen. Ausnahmsweise soll aber ein sofortiger Zufluß bei Einräumung der Option vorliegen, wenn das Optionsrecht ein verkehrsfähiges Wirtschaftsgut darstellt und insbesondere übertragbar ist.[30]

Es wird jedoch - in letzter Zeit zunehmend - auch die Auffassung vertreten, ein Arbeitnehmern gewährtes Optionsrecht sei regelmäßig bereits bei Einräumung zu besteuern.[31] In den folgenden Ausführungen soll nun das Für und Wider dieser Auffassung diskutiert werden.

---

26 Vgl. *BFH* vom 10.03.1972, VI R 278/68, BStBl. II 1972, S. 596 (597); BFH vom 26.07.1985, VI R 200/81, BFH/NV 1986, S. 306 (308).

27 Vgl. *BFH* vom 26.07.1985, VI R 200/81, BFH/NV 1986, S. 306 (308); ähnlich auch *BFH* vom 10.03.1972, VI R 278/68, BStBl. II 1972, S. 596 (597).

28 Vgl. *BFH* vom 26.07.1985, VI R 200/81, BFH/NV 1986, S. 306 (308).

29 Vgl. *Heuer* in Herrmann/Heuer/Raupach (o.J.), § 19 Anm. 400 "Ankaufsrecht"; *Giloy* in Kirchhof/Söhn (o.J.), § 19 Rdnr. 1000 "Ankaufsrecht"; *Altehoefer* in Lademann (o.J.), § 19 Anm. 134, 138 "Option"; *Feddersen* (1997), S. 277 ff.; *Voss* (1964), S. 276 f.; *derselbe* (1964), S. 578; *Schückens* (1964), S. 895 f.

30 Vgl. *Heuer* in Herrmann/Heuer/Raupach (o.J.) § 19 Anm. 400 "Ankaufsrecht"; ähnlich *Giloy* in Kirchhof/Söhn (o.J.), § 19 Rdnr. 1000 "Ankaufsrecht"; *Feddersen* (1997), S. 275 ff.

31 Vgl. *Portner/Bödefeld* (1995), S. 633 f.; *Peltzer* (1996), S. 314 f.; *Portner* (1997b), S. 1878; *Aha* (1997), S. 2228; vgl. bereits *Dempewolf* (1959), S. 270; *Fasold* (1963), S. 810; *derselbe* (1964), S. 277 f.; *derselbe* (1964), S. 896 f.; im Prinzip auch *Rönitz* (1980/81), S. 54 f., der unabhängig von der Verkehrsfähigkeit der Option lediglich auf die Bewertbarkeit abstellt.

Wie bereits erläutert, stellt das eingeräumte Optionsrecht einen Vorteil für den Begünstigten dar. Umstritten ist aber, ob eine Arbeitnehmer-Aktienoption bereits zum Zeitpunkt der Begebung objektiv bewertbar ist. Der Wert könnte aus Marktwerten abgeleitet werden, wenn die Optionen auch an einer Börse gehandelt werden oder das Unternehmen die Optionen selbst am Markt erworben hat. Allerdings ist die Ableitung nicht ohne weiteres möglich, wenn sich die Arbeitnehmer-Aktienoptionen durch Verfügungsbeschränkungen und u.U. weitere Ausübungsvoraussetzungen von den am Markt gehandelten Produkten unterscheiden.[32] Der Normalfall ist aber gerade, daß derartige Unterschiede vorliegen bzw. überhaupt keine Marktwerte zur Verfügung stehen.

Dagegen wird angeführt, daß Optionen in vielfältigen Formen von den Akteuren an den Finanzmärkten nach anerkannten Kriterien bewertet werden und so mit diesen finanzmathematischen Methoden auch ein fiktiver Marktwert von Arbeitnehmer-Aktienoptionen zuverlässig bestimmt werden kann.[33] Bei der Bewertung einer Option unterscheidet man zwischen innerem Wert und Gesamtwert, wobei die Differenz zwischen beiden Beträgen als Zeitwert bezeichnet wird. Eine Kaufoption hat einen inneren Wert, wenn der Bezugskurs unter dem tatsächlichen Aktienkurs liegt, und zwar in Höhe der Differenz der Kurse. Der innere Wert einer Option zu einem Zeitpunkt ist also der Betrag, der bei sofortiger Ausübung und Veräußerung des Basiswertes realisiert werden könnte. Der Zeitwert bildet dagegen ausgehend vom inneren Wert die Erwartungen in bezug auf profitablere Aktienkursentwicklungen innerhalb der Restlaufzeit der Option ab.

Bewertungsverfahren, die auf dem *Black/Scholes-Modell*[34] einer präferenz- und arbitragefreien Bewertung basieren, sind heute zur Ermittlung des rechnerischen Gesamtpreises einer Option allgemein anerkannt.[35] Verfügungsbeschränkungen in bezug auf die Option haben dabei keinen Einfluß auf den *Black/Scholes*-Wert: Ein rationaler Investor wird eine Kaufoption nicht vor dem letzten Ausübungszeitpunkt einlösen, da dies unter Gleichgewichtsannahmen den größten Vorteil verspricht.[36] Problematischer aber sind Bedingungen, die eine Ausübung der Option nur dann erlauben, wenn etwa branchenbezogene Mindestkursziele erreicht werden oder das Dienstverhältnis noch einen bestimmten Zeitraum nach Begebung der Optionen fortbesteht. Insbesondere

---

32 Insoweit sind sich *Portner* (1997b), S. 1878 und *Feddersen* (1997), S. 280 einig.
33 Vgl. *Bredow* (1996), S. 2034; *Portner/Bödefeld* (1995), S. 633; *Portner* (1997b), S. 1878.
34 Vgl. *Black/Scholes* (1973), S. 637 ff.; einführend *Serfling/Dechant/Gatsonis* (1990), S. 448 ff., 494 ff. m.w.N. Zur ausführlichen Kritik und zu weiteren Bewertungsmodellen *Köpf* (1987), S. 110 ff.
35 Vgl. z.B. *Windmöller/Breker* (1995), S. 392.
36 Das Modell ist deshalb auf europäische (Ausübung nur am Laufzeitende möglich) und amerikanische Optionen (Ausübung auch innerhalb der Laufzeit möglich) anwendbar, vgl. *Köpf* (1987), S. 161 m.w.N.

individuelle Bedingungen sind möglicherweise nicht sinnvoll in ein Bewertungsmodell integrierbar. Grundsätzlich dürfte jedoch davon auszugehen sein, daß Arbeitnehmer-Aktienoptionen heute in vielen Fällen bereits im Zeitpunkt der Einräumung mit finanzmathematischen Methoden zutreffend bewertet werden können.[37] Der Wert entspricht der Optionsprämie, die der Arbeitnehmer theoretisch auf einem gleichgewichtigen Markt aufwenden müßte, um entsprechende Rechte zu erwerben.

Auch wenn die Option prinzipiell bewertbar ist, so ist doch fraglich, wann der Arbeitnehmer die wirtschaftliche Verfügungsmacht über den eingeräumten Vorteil erlangt, denn erst dann ist Zufluß im Sinne des § 11 Abs. 1 Satz 1 EStG gegeben.

Der Inhaber einer regulären Option hat neben Ausübung bzw. Nichtausübung die Möglichkeit, die Option durch Veräußerung, Glattstellung[38], Abtretung oder Verpfändung anderweitig wirtschaftlich zu verwerten. Weitere wesentliche Nutzungsmöglichkeiten oder Rechte bietet eine Option nicht.

Sofern die Arbeitnehmern gewährten Optionen ebenfalls fungibel, also insbesondere frei übertragbar sind, so kann der Begünstigte voll über den Vorteil verfügen. Es ist auch unstreitig, daß in einem solchen Fall bereits bei Einräumung von einem Zufluß des geldwerten Vorteils auszugehen ist.[39]

Bei Aktienoptionsprogrammen für Führungskräfte werden aber im Regelfall umfangreiche Verfügungsbeschränkungen vereinbart, um Möglichkeiten einer anderweitigen wirtschaftlichen Verwertung der gewährten Optionen auszuschließen. Selbst die Ausübung der Option ist aufgrund von Sperrfristen bei Einräumung regelmäßig nicht möglich. Der Arbeitnehmer kann also wirtschaftlich im Zeitpunkt der Einräumung einer Option noch nicht über den Vorteil verfügen, ein Zufluß kann so nicht angenommen werden.

---

37 So in der Tendenz auch *Feddersen* (1997), S. 275, 280.

38 Verkauf/Erwerb einer zu der Option gegenläufigen Position in der Form, daß sich Ansprüche und Verpflichtungen aus beiden Rechten wirtschaftlich aufheben. An der Deutschen Terminbörse (DTB) ist Glattstellung ein besonderes Verfahren, um Optionsgeschäfte vor Laufzeitende definitiv zu beenden, die Geschäfte erhalten ein Closing-Vermerk (vgl. auch unten zur steuerlichen Behandlung).

39 Vgl. FN 30. Inwieweit diese Position auch durch die Rechtsprechung vertreten wird, ist unklar, da der *BFH* im Urteil vom 26.07.1985, VI R 200/81, BFH/NV 1986, S. 306 (308) einen sofortigen Zufluß nur bei tatsächlicher Verfügung angenommen hat; vgl. *Döllerer* (1986), S. 243.

Dagegen spricht auch nicht, daß Optionsrechte steuerlich eigenständige Wirtschaftsgüter sein können. Entscheidend ist bei Arbeitnehmer-Aktienoptionen vielmehr, ob nach dem Sachverhalt der Zufluß eines geldwerten Vorteils gegeben ist.[40]

Die Vertreter der These des sofortigen Zuflusses führen verschiedene Argumente dafür an, daß Verfügungsbeschränkungen in bezug auf den Zuflußzeitpunkt nicht maßgebend sind. So wird eingewendet, daß Sachzuwendungen, etwa Dienstwagen oder Dienstwohnungen, regelmäßig höchst persönlich und nicht übertragbar sind.[41] Dabei wird jedoch verkannt, daß der Steuerpflichtige aus diesen Sachzuwendungen anders als aus Arbeitnehmer-Aktienoptionen direkte und laufende Nutzungen ziehen kann.

Als weiteres Argument für sofortigen Zufluß wird angeführt, daß auch § 19a EStG offensichtlich davon ausgeht, daß die von dieser Norm begünstigten Vermögensbeteiligungen trotz Verfügungsbeschränkungen bereits im Zeitpunkt der Gewährung zufließen.[42] Abgesehen von der Frage, ob Optionen überhaupt bzw. in allen Fällen zu den Vermögensbeteiligungen im Sinne des § 19 Abs. 3, 3a EStG zählen, ist § 19a EStG grundsätzlich nur eine Befreiungsnorm, die Steuerbarkeit bzw. der Zufluß wird dadurch nicht berührt.[43] Ein Verweis auf die Behandlung anderer Vermögensbeteiligungen ist schließlich wegen der Eigenheiten von Optionsrechten nur sehr bedingt einschlägig. So gilt der geldwerte Vorteil bei verbilligt an Arbeitnehmer überlassene Aktien tatsächlich unabhängig von Verfügungsbeschränkungen bereits im Zeitpunkt des Erwerbs als zugeflossen.[44] Bei Aktien ist die Veräußerbarkeit jedoch nur eine Facette der wirtschaftlichen Verfügungsmacht, denn durch den Erwerb der Aktie erhält der Arbeitnehmer bereits einen unbedingten und unbefristeten "Vermögensanteil" an der Gesellschaft einschließlich weiterer Rechte, etwa Stimmrecht und Dividendenanspruch.[45]

Es ist natürlich zutreffend, daß Verfügungsbeschränkungen kein Zuflußhindernis sind, wenn ein Vermögenszugang stattfindet und lediglich die Nutzung beschränkt ist.[46] Nach meiner Auffassung ist jedoch entscheidend, daß die im Regelfall umfassenden

---

40 Vgl. *Feddersen* (1997), S. 275, der die unterschiedlichen Sachverhalte sprachlich trennen möchte: man sollte zwischen echten fungiblen Optionsrechten und bloßen Anwartschaften auf den verbilligten Bezug von Aktien unterscheiden.
41 Vgl. *Portner/Bödefeld* (1995), S. 633; *Peltzer* (1996), S. 314.
42 Vgl. *Portner/Bödefeld* (1995), S. 634.
43 Vgl. zum Verhältnis der §§ 11 Abs. 1 Satz 1, 19a EStG auch *Thomas* (1991), S. 1406 f.
44 Vgl. BFH vom 07.04.1989, VI R 47/88, BStBl. II 1989, S. 608.
45 Vgl. *Heuer* in Herrmann/Heuer/Raupach (o.J.) § 19 Anm. 107 m.w.N.; *Luther* (1980), S. 2257; a.A. *Slomma* (1981), S. 489 f.
46 Vgl. *Birk* in Herrmann/Heuer/Raupach (o.J.) § 11 Anm. 37; *Heinicke* in Schmidt (1997), § 11 Anm. 15; *Altehoefer* in Lademann (o.J.), § 19 Anm. 118.

Beschränkungen offensichtlich bezwecken, eine kurzfristige Realisation des Vorteils unmöglich zu machen. Der Arbeitnehmer soll eine tatsächliche Vermögensmehrung erst bei Ausübung und nur in Abhängigkeit von einer bestimmten zukünftigen Entwicklung erhalten. Insoweit können die Beschränkungen ein Zuflußhindernis sein.[47] Der angeführte Zweck wird zudem auch erreicht.

Ein gewisses Gewicht hat zwar der Einwand, daß der Steuerpflichtige durch rechtliche bzw. vertragliche Verfügungsbeschränkungen nicht unbedingt in seinen tatsächlichen Möglichkeiten beeinträchtigt sein muß.[48] Insbesondere könnte der Arbeitnehmer durch Veräußerung einer entsprechenden Ankaufsoption oder den Erwerb einer Verkaufsoption die erhaltenen Optionen glattstellen und so bereits wirtschaftlich, aber nicht mit direktem Rechtsgeschäft über sein Ankaufsrecht verfügen. Obwohl solche Kompensationsgeschäfte prinzipiell möglich sind, dürfte es für entsprechende Gegenpositionen heute in der Regel noch keinen hinreichenden Markt geben.[49] Da bei dieser Konstellation die Transaktionskosten prohibitive Höhen erreichen dürften, kann diese Möglichkeit zur Zeit nur in Ausnahmefällen praktische Bedeutung erlangen.[50] Zudem ist die steuerliche Behandlung von Glattstellungsgeschäften nicht unumstritten. Wenn unter den besonderen Bedingungen der DTB bzw. im Innengeschäft eindeutig zugeordnet eine Option mit einer anderen glattgestellt wird, so ist steuerlich von einer wirtschaftlichen Identität beider Geschäfte auszugehen.[51] Sofern allerdings nur einander möglicherweise wirtschaftlich aufhebende, jedoch ansonsten separate Rechtsgeschäfte getätigt werden ("Doppelgeschäfte"), so sind die Geschäfte für steuerliche Zwecke u.U. auch getrennt zu beurteilen.[52]

Die Verfügungsmacht beschränkt sich also auf die spätere Ausübung und diese ist wegen der Unsicherheit bezüglich der Kursentwicklung und der weiteren Ausübungsbedingungen ungewiß. Selbst bei Ausübung ist für den Begünstigten nur der innere Wert der Option realisierbar, nicht jedoch der gesamte Wert, der auch den Zeitwert ein-

---

47 Vgl. *Birk* in Herrmann/Heuer/Raupach (o.J.) § 11 Anm. 37: Ausnahmsweise Zuflußhindernis, wenn Verfügungsbeschränkungen aufschiebende Wirkung bezwecken.

48 Vgl. *Portner/Bödefeld* (1995), S. 633 f.; etwas zwiespältig *Feddersen* (1997), S. 277, 280, der dies bei auch am Markt gehandelten verbrieften Optionen als Argument für sofortigen Zufluß sieht, bei nicht verbrieften Anwartschaften jedoch für zu weit gegriffen hält. M.E. ist diese Unterscheidung zu formal.

49 An der DTB werden beispielsweise nur Optionen mit einer Laufzeit von maximal 24 Monaten gehandelt, Aktienoptionsprogramme haben jedoch viel längere Laufzeiten.

50 Vgl. *Knoll* (1997), S. 2139, dort FN 9; dies räumen auch *Portner/Bödefeld* (1995), S. 634 ein.

51 Vgl. z.B. FG Baden-Württemberg vom 11.02.1993, 8 K 113/91, EFG 1993, S. 582 (583) rkr. Für DTB-Optionen vgl. BMF-Schreiben vom 10.11.1994, BStBl. I 1994, S. 816 Rdnr. 8.

52 Vgl. zu derartigen Geschäften mit Optionen im Privatvermögen (Trennungstheorie): *Fleischmann* (1996), S. 94 ff. m.w.N.

schließt.⁵³ Eine tatsächliche Vermögensübertragung erfolgt so erst bei der Ausübung durch den verbilligten Erwerb der Aktien. Die Option reduziert sich für den Begünstigten offensichtlich doch nur zur Chance und ein Zufluß bei Einräumung ist m.E. abzulehnen. Auch bei Gewinnchancen aus betrieblichen Verlosungen ist nicht das Los der geldwerte Vorteil, sondern erst der tatsächliche Gewinn.⁵⁴ Ähnlich ist es bei einer betrieblichen Pensionszusage, bei der der Arbeitnehmer sofort einen einseitigen Anspruch erhält, ein Zufluß jedoch erst bei Pensionszahlung gegeben ist. Allen diesen Fallgruppen ist gemein, daß bei Einräumung des Vorteils bzw. Rechtes dieses durchaus objektiv bewertet werden kann, in der Regel mit einem Erwartungswert. Es ist jedoch noch kein Zufluß im steuerlichen Sinne gegeben, da die tatsächliche Entwicklung des Vorteils bzw. Rechtes unsicher ist und es an alternativen Verwertungs- und Nutzungsmöglichkeiten fehlt.

Nach diesen Ausführungen könnte fraglich sein, ob der Zufluß eines geldwerten Vorteils gegeben ist, wenn zumindest die Möglichkeit der Ausübung der Option tatsächlich besteht, beispielsweise nach Ablauf der Sperrfrist. Der BFH lehnt dies ab, da auch hier lediglich die Möglichkeit der Ausübung besteht, sie jedoch noch nicht vollzogen ist.⁵⁵ Die zukünftige Entwicklung ist weiter ungewiß, ein geldwerter Vorteil kann deshalb nur vorliegen, wenn der Arbeitnehmer tatsächlich ausübt.⁵⁶

Es bleibt also festzuhalten, daß bei Arbeitnehmer-Aktienoptionen der Zuflußzeitpunkt des geldwerten Vorteils von der Ausgestaltung der Optionen abhängt. Sind sie fungibel und bewertbar, so ist von einem Zufluß bei Einräumung auszugehen. Die in der Regel vereinbarten Verfügungsbeschränkungen lassen einen Zufluß jedoch erst im Ausübungszeitpunkt zu. Dabei sind die Umstände des Einzelfalles entscheidend, im Zweifel sollte m.E. die Besteuerung analog zur BFH-Entscheidung vom 26.7.1985⁵⁷ dann erfolgen, wenn über die Option tatsächlich verfügt wurde.

---

53 Der Zeitwert könnte lediglich null sein, dies ist er in jedem Fall am Ende der Laufzeit.

54 Vgl. *BFH* vom 25.11.1993, VI R 45/93, BStBl. II 1994, S. 255; *BFH* vom 20.05.1994, VI R 5/94, BFH/NV 1994, S. 857; *BFH* vom 01.07.1994, VI R 88/92, *BFH/NV* 1994, S. 861; im Prinzip auch *BFH* vom 19.07.1974, VI R 114/71, BStBl. II 1975, S. 181; die in diesem Urteil vertretene Rechtsauffassung, der spätere Gewinn aus dem Los wäre nicht mehr durch das Dienstverhältnis veranlaßt, wurde mit Urteil vom 25.11.1993 (vgl. oben) aufgegeben.

55 Vgl. *BFH* vom 10.03.1972, VI R 278/68, BStBl. II 1972, S. 596 (597).

56 Vgl. analog z.B. *BFH* vom 09.03.1990, VI R 48/87, BStBl. II 1990, S. 711 f.: Sachzuwendung sind nur zu versteuern, wenn sie vom Steuerpflichtigen tatsächlich in Anspruch genommen wurden; vgl. auch *Altehoefer* in Lademann (o.J.), § 19 Anm. 118 m.w.N.

57 *BFH* vom 26.07.1985, VI R 200/81, BFH/NV 1986, S. 306 (308).

2.1.3 Bewertung und Tarif

2.1.3.1 Geldwerter Vorteil durch verbilligten Erwerb der Aktien

Im Regelfall erfolgt der Zufluß des geldwerten Vorteils bei Ausübung der Option und besteht in dem verbilligten Erwerb der Aktien. Die Höhe des Vorteils ist die Differenz zwischen Bezugskurs und Wert der bezogenen Aktien. Zur Wertermittlung des Sachbezuges ist ausnahmsweise nicht § 8 Abs. 2, 3 EStG einschlägig, da die Aktien regelmäßig Vermögensbeteiligungen im Sinne des § 19a Abs. 3, 3a EStG darstellen. In diesem Fall erfolgt die Wertermittlung nach § 19a Abs. 8 EStG, selbst wenn die Steuerbegünstigung nach § 19a Abs. 1 EStG nicht in Anspruch genommen wird.[58] Damit ist für die Aktien grundsätzlich der gemeine Wert im Sinne des Bewertungsgesetzes auf den Tag der Ausübung festzustellen. Dies ist in der Regel der amtliche Börsenkurs bzw. die amtliche Notierung.[59] Eine Besonderheit könnte sich jedoch nach § 19a Abs. 8 Satz 2 EStG ergeben, der für bestimmte an deutschen Börsen gehandelte Vermögensbeteiligungen den Tag der Beschlußfassung über die Vermögensüberlassung als maßgeblichen Bewertungsstichtag ansieht, wenn am Tag der Überlassung nicht mehr als neun Monate seit dem Tag der Beschlußfassung vergangen sind. Eine Ausübung nach derart kurzer Zeit wird bei Aktienoptionsprogrammen u.a. wegen der Sperrfristen die Ausnahme sein.[60] Diese Regelung ist jedoch m.E. für den vorliegenden Fall auch überhaupt nicht einschlägig.[61] Der § 19a Abs. 8 Satz 2 EStG hat den Zweck, die beabsichtigte Höhe einer tatsächlichen Zuwendung zu erfassen, selbst wenn sich der Zufluß aufgrund der Ausgabeprozedur verzögert.[62] In dem hier vorliegenden Sachverhalt erfolgt

---

58 Vgl. *Altehoefer* in Lademann (o.J.), § 19 Anm. 68; *Peltzer* (1996), S. 315; prinzipiell auch *Birk* in Herrmann/Heuer/Raupach (o.J.) § 8 Anm. 12. *Thomas* (1991), S. 1406, hält diese Auslegung zumindest für fraglich, da eine derartige Absicht des Gesetzgebers nicht erkennbar ist. Der *BFH* hatte diese Frage im Urteil vom 08.08.1991, VI B 109/90, BStBl. II 1991, S. 929 offengelassen, jedoch m.w.N. ausgeführt, daß dies in der Literatur wohl allgemein angenommen wird. Auch die Verwaltung folgt dieser Auffassung, vgl. Abschnitt 77 Abs. 15 LStR 1996 zu § 19a EStG. *Birk* (a.a.O., § 8 Anm. 180 "Aktienüberlassung") hält allerdings § 8 Abs. 2 EStG dann für einschlägig, wenn Arbeitnehmer Aktien von der <u>ausländischen</u> Muttergesellschaft erhalten. Eine Differenzierung ist jedoch nicht zutreffend, da § 19a Abs. 3a EStG auch Aktien von inländischen und ausländischen Konzernobergesellschaften erfaßt.

59 Der Unterschied zur Wertermittlung nach § 8 Abs. 2 EStG ist, daß Sachbezüge dort mit den um übliche Preisnachlässe geminderten üblichen Endpreisen am Abgabeort anzusetzen sind. § 8 Abs. 3 EStG gewährt unter bestimmten Umständen für Personalrabatte einen Bewertungsabschlag von 4 % und einen Freibetrag von 2400,- DM.

60 So wohl aber geschehen bei dem Optionsprogramm von Daimler-Benz 1996, vgl. *Knoll* (1997), S. 2138.

61 Gl.A. *Altehoefer* in Lademann (o.J.), § 19 Anm. 138 "Option". Der *BFH* hat im Urteil vom 8.8.1991, VI B 109/90, BStBl. II 1991, S. 929 jedoch auch diese Frage offengelassen.

62 Vgl. *Thomas* (1991), S. 1407.

die Beschlußfassung jedoch nur über die Aktienoption, während die Ausübung selbst in den Händen des Arbeitnehmers liegt. Der geldwerte Vorteil ist damit in jedem Fall der Unterschiedsbetrag zwischen Bezugskurs und tatsächlichem Kurswert am Tag der Ausübung. Der Wert der bei Ausübung der Option erworbenen Aktien ist prinzipiell auch dann nicht zu mindern, wenn diese noch eigenen Verfügungsbeschränkungen unterliegen, beispielsweise einem befristeten Veräußerungsverbot.[63]

2.1.3.2 Geldwerter Vorteil durch Einräumung der Option

Wenn der geldwerte Vorteil bereits bei Einräumung der Option zufließt, so ist die Option selbst zu bewerten. Auch hier ist fraglich, ob § 19a Abs. 8 EStG einschlägig ist. Es ist umstritten, ob Optionsrechte zu den Vermögensbeteiligungen im Sinne des § 19a Abs. 3, 3a EStG zählen können.[64] Dafür spricht aber, daß § 19a Abs. 3 Nr. 2 EStG auch Wandelschuldverschreibungen nennt und deren Legaldefinition nach § 221 Abs.1 Satz 1 AktG auch Optionsanleihen mit selbständig handelbarem Optionsschein umfaßt.[65] Den Gegenstimmen kommt insoweit geringeres Gewicht zu, da sie von dem Regelfall ausgehen, in dem die Arbeitnehmer-Aktienoption lediglich als Chance aufzufassen ist.[66] Nach der hier vertretenen Auffassung liegt aber in der Option ein selbständig verwertbares Wirtschaftsgut vor, wenn der Zufluß bereits bei Einräumung der Option angenommen wird.

Nach § 19a Abs. 8 EStG wäre damit der gemeine Wert der Option im Sinne des Bewertungsgesetzes festzustellen. Läßt sich dieser nicht aus amtlichen Notierungen oder zeitnahen Verkäufen ableiten, etwa wenn die Option nicht gehandelt wird, so muß der Wert geschätzt werden. Dabei ist nicht nur der innere Wert der Option zu erfassen, sondern auch ihr Zeitwert.[67] Insoweit sind also die bereits angesprochenen dynamischen Bewertungsverfahren einschlägig, etwa das *Black/Scholes-Modell*. Der Wert von Call-Optionen mit langer Laufzeit und einem Aktienbezugskurs in Höhe des Kurses im Zeitpunkt der Einräumung ist beträchtlich und sollte nicht unterschätzt werden. Man

---

63 Vgl. *BFH* vom 07.04.1989, VI R 47/88, BStBl. II 1989, S. 608; vgl. auch *Birk/Heuer* in Herrmann/Heuer/Raupach (o.J.), § 8 Anm. 180 "Aktienüberlassung", § 19 Anm. 107 m.w.N.; a.A. *Luther* (1980), S. 2257 f. Eine Ausnahme kann nach Abschnitt 77 Abs. 18 Satz 3 LStR 1996 (zu § 19a EStG) für junge Aktien gemacht werden, die noch nicht an der Börse eingeführt und noch nicht voll dividendenberechtigt sind. Der Abschlag beträgt 10 % des Börsenkurses der Altaktien, höchstens jedoch 30 % vom Nominalwert der Aktien.

64 Befürwortend *Peltzer* (1996), S. 315. Ablehnend wohl *Thomas* (1991), S. 1407; *Altehoefer* in Lademann (o.J.), § 19 Anm. 138 "Option".

65 Vgl. *Peltzer* (1996), S. 315.

66 Vgl. Nachweise in FN 64.

67 Vgl. *v. Einem* (1998), S. 400; *Portner* (1997b), S. 1878; *Portner/Bödefeld* (1995), S. 633; a.A. *Cereghetti* (1994), S. 146, der dynamische Bewertungsverfahren noch nicht für praktikabel hält.

kann als groben Richtwert für Standardaktien bei 5jähriger Laufzeit einen Optionswert von 25 % des aktuellen Kurses des Basiswertes annehmen, bei 10jähriger Laufzeit sogar über 40 %.[68]

Der für die Bewertung maßgebliche Stichtag ist prinzipiell der Zuflußtag des geldwerten Vorteils, also der Tag der Überlassung der Option. Allerdings gilt nach § 19a Abs. 8 Satz 2 EStG für Optionen, die an einer deutschen Börse gehandelt werden, die oben bereits angesprochene Besonderheit[69]: Liegen zwischen dem Tag der Beschlußfassung über die Überlassung und dem Tag der Überlassung nicht mehr als neun Monate, so ist der maßgebliche Bewertungsstichtag der Tag der Beschlußfassung. Ist diese Frist überschritten, so ist wieder der Tag der Überlassung einschlägig. Diese Behandlung widerspricht auch nicht dem Zweck der Regelung (vgl. oben), da bei der Einräumung einer handelbaren Option offensichtlich auch ein sofortiger Vermögenszufluß bezweckt ist.

2.1.3.3 Steuerpflicht und Tarif

Der geldwerte Vorteil aus Aktienoptionsprogrammen ist unabhängig von dem maßgebenden Bewertungsstichtag in dem Jahr des Zuflusses zu versteuern. Eine Steuerbefreiung könnte nach § 19a Abs. 1 EStG möglich sein, hat bei Programmen für Führungskräfte wegen der restriktiven Bedingungen und der geringen Höhe jedoch keine Bedeutung. In vielen Fällen werden die zufließenden Einkünfte aber eine Vergütung für eine mehrjährige Tätigkeit im Sinne des § 34 Abs. 3 EStG darstellen.[70] Der besondere Tarif nach § 34 Abs. 3 EStG soll die Progressionswirkungen mildern, entfaltet aber nur Wirkung, wenn das restliche zu versteuernde Einkommen unter der Grenze

---

68 Vgl. *Aha* (1997), S. 2228. Ähnlich hohe Werte in Abhängigkeit der Laufzeit sieht auch die pauschale Wertermittlung vor, die die Niederlande praktizieren, vgl. *Buren* (1997), S. 28. Zur Berechnung des Wertes für ein konkretes Optionsprogramm mittels dynamischer Verfahren stehen Optionsscheinrechner u.a. im Internet zur Verfügung (z.B. unter http://www.deutsche-bank.de/leistung/dmg/central/produkte/index.html). Die benötigten Parameter (aktueller Kurs des Basiswertes, Bezugskurs, Restlaufzeit, sicherer Zinssatz, durchschnittliche Ausschüttung auf den Basiswert, Volatilität des Basiswertes, Bezugsverhältnis, amerikanische oder europäische Option) ergeben sich aus dem Optionsprogramm selbst bzw. können ebenfalls im Internet aus Aktienprofilen abgefragt werden (z.B. die historische Volatilität).

69 Vgl. *Peltzer* (1996), S. 315; a.A. *Altehoefer* in Lademann (o.J.), § 19 Anm. 138 "Option", der meint, diese Regelung betrifft nur Aktien. § 19a Abs. 8 EStG verweist aber auf Vermögensbeteiligungen im Sinne des Abs. 3 Nr. 1-3, so daß entsprechend der hier vertretenen Auffassung auch handelbare Optionen betroffen sind.

70 Vgl. z.B. für den § 34 Abs. 3 EStG a.F. *BFH* vom 10.03.1972, VI R 278/68, BStBl. II 1972, S. 596 (597); prinzipiell auch *BFH* vom 21.03.1975, VI R 55/73, BStBl. II 1975, S. 690; wobei eine Begünstigung abgelehnt wurde, da in dem entschiedenen Fall die über mehrere Jahre verteilte Ausübung der Optionen bereits den Zweck der Norm erfüllte. Entscheidend ist die Zusammenballung der Vergütung.

der oberen tariflichen Proportionalzone[71] liegt. Hochbezahlte Führungskräfte werden also kaum von dieser Begünstigung profitieren.

2.1.4 Weitere Problembereiche

Bisher ist davon ausgegangen worden, daß die Führungskraft die Optionen unentgeltlich erhalten hat. Möglich ist aber auch, daß der Arbeitnehmer etwas für die Option aufwendet. Das Finanzgericht Düsseldorf hatte im Urteil vom 23.9.1968[72] einen sofort zufließenden Vorteil aus der Gewährung von Arbeitnehmer-Aktienoptionen u.a. deshalb verneint, da der Arbeitnehmer nichts für die Option gezahlt hatte. *Heuer* zieht daraus den Schluß, daß Aufwendungen des Arbeitnehmers für das Optionsrecht für einen sofortigen Zufluß eines geldwerten Vorteils sprechen.[73]

Nach meiner Auffassung ist dabei zu differenzieren. Der von dem Arbeitnehmer aufgewendete Betrag hat zunächst für die Bestimmung des tatsächlichen Wertes des Optionsrechtes keine Bedeutung, da nicht davon ausgegangen werden kann, daß zwischen den Parteien der notwendige Interessengegensatz vorliegt.[74] Sofern der Mitarbeiter jedoch den vollen (fiktiven) Marktpreis für das Optionsrecht bezahlt hat, so stellt dies eine vom Dienstverhältnis losgelöste eigene Leistungsbeziehung zwischen den Vertragspartnern dar. In diesem Fall kann Arbeitslohn in Zusammenhang mit der Option nicht gegeben sein.[75]

Ist der aufgewendete Betrag geringer als der Marktpreis, so ist der dadurch eingeräumte Vorteil durch das Dienstverhältnis veranlaßt. Zu welchem Zeitpunkt nun der geldwerte Vorteil zufließt, kann m.E. nicht anders als nach den oben aufgestellten Grundsätzen für die unentgeltliche Überlassung beurteilt werden. Nur die Höhe des Vorteils ist entsprechend niedriger. Dies mag zu unbefriedigenden Ergebnissen führen, wenn der Zufluß des geldwerten Vorteils aufgrund von Verfügungsbeschränkungen erst bei Ausübung der Option erfolgt. Man könnte den Vorgang aber in diesem Fall in einen entgeltlichen und einen unentgeltlichen Teil aufteilen. Der bei Ausübung der Option erzielte Vorteil wird in dem Umfang als Arbeitslohn besteuert, der dem unentgeltlichen Anteil entspricht. Dies spiegelt auch wirtschaftlich den Sachverhalt wider,

---

71 Über 120.042 DM bei Einzelveranlagung, über 240.082 DM bei Zusammenveranlagung.
72 Vgl. *FG Düsseldorf* vom 23.09.1968, VII 549/67 E, S. 170 (171); Die Revision (*BFH* vom 10.3.1972, VI R 278/68, BStBl. II 1972, S. 596) hat das FG-Urteil bestätigt, ohne noch einmal auf diese Einzelfrage explizit einzugehen.
73 *Heuer* in Herrmann/Heuer/Raupach, (o.J.) § 19 Anm. 400 "Ankaufsrecht"; vgl. auch *Portner/Bödefeld* (1995), S. 634.
74 Vgl. *Rönitz* (1980/81), S. 55.
75 Ähnlich auch *Feddersen* (1997), S. 275, der jedoch von Steuerfreiheit spricht.

da der Arbeitnehmer durch seine Aufwendungen einen Teil des Risikos in bezug auf die Option übernimmt.

Auch internationale Aspekte verdienen bei Aktienoptionsprogrammen besondere Beachtung. Top-Manager von multinationalen Konzernen wechseln im Laufe ihrer Karriere häufig zwischen den verschiedenen Tochterunternehmen und so auch von Land zu Land. So bekommt eine Führungskraft möglicherweise während einer Tätigkeit in den Niederlanden Aktienoptionen eingeräumt, arbeitet danach in Frankreich und wechselt schließlich nach Deutschland. Hier übt sie dann Optionen mit Gewinn aus.

Probleme ergeben sich vordergründig daraus, daß die nationalen Steuerhoheiten bei der Besteuerung von Arbeitnehmer-Aktienoptionen an unterschiedliche Zeitpunkte anknüpfen.[76] So erfolgt die Besteuerung der Optionen in den Niederlanden bei Einräumung, in Deutschland dagegen im Regelfall bei Ausübung. Das könnte im Beispiel zu einer Doppelbesteuerung führen, in der umgekehrten Konstellation ist dagegen u.U. eine steuerfreie Vereinnahmung möglich.

Sofern die betroffenen Steuerhoheiten überhaupt Kenntnis von einem Aktienoptionsprogramm erhalten, werden jedoch die Doppelbesteuerungsrisiken überwiegen. Die Zuweisung des Besteuerungsrechtes bei Einkünften aus unselbständiger Tätigkeit erfolgt in Doppelbesteuerungsabkommen im allgemeinen nach dem Arbeitsortprinzip.[77] Es erscheint unangemessen, die Vergütung nur einem Zeitpunkt wie Einräumung oder Ausübung zuzuordnen, denn normalerweise ist ein Optionsprogramm langfristig angelegt. Doch fraglich bleibt, welcher Tätigkeit oder welchen Zeiträumen der Vorteil nun zugeordnet werden kann. Werden die Optionen für bereits erbrachte oder für noch zu erbringende Arbeitsleistungen eingeräumt? Und wie ist ein Zuordnungszeitraum abzugrenzen, ist beispielsweise die Laufzeit der Optionen oder nur der Zeitraum bis zur tatsächlichen Ausübung angemessen? Internationale Maßstäbe für eine einheitliche Beurteilung existieren wohl nicht, so daß die einzelnen Steuerhoheiten unterschiedliche Auffassungen vertreten könnten.

2.2 Sonstige steuerliche Konsequenzen für den Optionsnehmer

In dem Moment, in dem der geldwerte Vorteil als Arbeitslohn zufließt, erlischt in bezug auf die weitere Entwicklung der Optionen oder der erworbenen Aktien der Zusammenhang mit dem Dienstverhältnis. Daher ist, wenn die Optionen bereits bei Einräumung versteuert wurden, der bei Ausübung realisierte Vorteil kein Arbeitslohn

---

76 Besteuerung i.d.R. bei Einräumung: z.B. Niederlande, vgl. *Buren* (1997), S. 28; Belgien, vgl. *Liebman* (1998), S. 24; Besteuerung bei Ausübung: z.B. Dänemark, vgl. *Kriegbaum* (1998), S. 22.

77 Vgl. Art. 15 Abs. 1 OECD-Musterabkommen.

mehr.[78] Die Optionen bzw. die Aktien befinden sich dann im Privatvermögen. So werden weitere Verfügungen im Bereich der privaten Vermögensverwaltung regelmäßig nur noch im Rahmen der Einkünfte aus Spekulationsgeschäften (§ 22 Nr. 2, § 23 EStG) besteuert.[79]

Ist die Option bereits bei Einräumung "zugeflossen", so hat der Inhaber ein selbständig verwertbares Wirtschaftsgut erworben. Fraglich ist, ob damit ein Anschaffungsvorgang im Sinne des § 23 Abs. 1 Satz 1 Nr. 1 EStG vorliegt, der prinzipiell Entgeltlichkeit voraussetzt.[80] Nach meiner Auffassung ist dies aufgrund des wirtschaftlich zugrunde liegenden Leistungstausches zu bejahen, als Anschaffungskosten ist dabei der versteuerte geldwerte Vorteil anzusetzen.[81] Damit wird ein Spekulationstatbestand erfüllt sein, wenn der Steuerpflichtige die Option innerhalb von 6 Monaten veräußert.[82] Als Veräußerung kann auch die Glattstellung mit einer anderen Option gelten.[83] Eine Veräußerung in der Spekulationsfrist könnte u.U. sinnvoll sein, um einen zwischenzeitlichen Wertverlust der Option steuerlich geltend zu machen, die Verrechnung ist aber nur mit anderen Spekulationsgewinnen des gleichen Jahres möglich (§ 23 Abs. 3 Satz 4 EStG).[84]

Unabhängig davon, wann der geldwerte Vorteil aus dem Aktienoptionsprogramm als Arbeitslohn zugeflossen ist, liegt in dem Erwerb der Aktien bei Ausübung der Option ebenfalls ein Anschaffungsvorgang im Sinne des § 23 Abs. 1 Satz 1 Nr. 1 EStG vor. Damit ist auch hier die Spekulationsfrist von 6 Monaten zu beachten. Wurde bereits die Einräumung der Optionen besteuert, so zählen zu den Anschaffungskosten der Ak-

---

78 Vgl. *Rönitz* (1980/81), S. 54; *Portner/Bödefeld* (1995), S. 634; *v. Einem* (1998), S. 400; *Bredow* (1996), S. 2035; *Feddersen* (1997), S. 276.

79 Möglich ist ebenfalls, daß der Steuerpflichtige wesentlich im Sinne von § 17 EStG beteiligt ist und alle Veräußerungen der Beteiligung steuerpflichtig sind. Dieser Fall wird bei der aktuellen Wesentlichkeitsgrenze von 25 % die absolute Ausnahme sein.

80 Vgl. *Heinicke* in Schmidt (1997), § 23 Anm. 10.

81 Gleicher Ansicht ist *Heuer* in Herrmann/Heuer/Raupach (o.J.), § 19 Anm. 400 "Unentgeltliche oder verbilligte Überlassung von Wirtschaftsgütern" m.w.N.; *Feddersen* (1997), S. 276 f. Vgl. auch das *FG Münster* vom 17.03.1994, 1 K 3281/93, EFG 1994, S. 703: der lohnsteuerpflichtige Vorteil gehört zu den Anschaffungskosten bei verbilligter Überlassung eines Grundstückes. Die Revision *BFH* vom 27.08.1997, X R 139/94, BFH/NV 1998, S. 443 hat das Urteil der Vorinstanz aus anderen Gründen abgelehnt, die hier relevante Frage jedoch ausdrücklich offengelassen (S. 444).

82 Vgl. *BFH* vom 24.07.1996, X R 139/93, BFH/NV 1997, S. 105; *BFH* vom 31.07.1995, X B 167/94, BFH/NV 1996, S. 34.

83 Vgl. FN 51 und 52.

84 Der Verfall der Option selbst reicht nicht aus, um einen Spekulationstatbestand zu erfüllen, vgl. *Feddersen* (1997), S. 276 m.w.N.

tien neben dem Bezugspreis auch die Anschaffungskosten der Optionen.[85] Erfolgte die Besteuerung als Arbeitslohn erst bei Ausübung, so sind die Anschaffungskosten m.E. gleich dem aktuellen Kurswert der Aktien, es zählt also neben dem Bezugspreis ebenfalls der versteuerte geldwerte Vorteil dazu.[86]

2.3 Gestaltungsüberlegungen

Knüpft die Besteuerung von Arbeitnehmer-Aktienoptionen an den Zeitpunkt der Einräumung an, so können die folgenden Wertsteigerungen bei Beachtung der Spekulationsfristen steuerfrei vereinnahmt werden. Anderenfalls müssen die bis zur Ausübung erzielten Kursgewinne voll versteuert werden, dies wird der Regelfall sein. Damit erscheint es erstrebenswert, eine Besteuerung bei Einräumung der Option zu erreichen. Diese Einschätzung ist aber zumindest aus der Sicht des Zeitpunktes der Einräumung fragwürdig: Wenn der Optionswert wie beim *Black/Scholes*-Wert die abdiskontierten erwarteten Kursentwicklungen abbildet, so kann man vereinfacht die Steuer darauf als abdiskontierten Erwartungswert der Steuer auf den Ausübungsfall sehen. Der Steuerpflichtige muß im Gegensatz zur Regelbesteuerung sofort eine nicht unerhebliche Steuer tragen, obwohl eine gewinnträchtige Entwicklung unsicher ist. Außerdem ist bei Ausübung der Option die Spekulationsfrist für die erworbenen Aktien zu beachten. Wenn eine Liquiditätsbelastung sowie das weitere Kursrisiko ausgeschlossen werden soll, so muß die bereits als Arbeitslohn versteuerte Option selbst vor Ausübung veräußert werden.[87] Dagegen ist im Regelfall die sofortige Veräußerung immer steuerneutral möglich, da dann die Anschaffungskosten dem Kurswert entsprechen. Welche Variante angestrebt wird, sollte also von den Risikopräferenzen der Begünstigten abhängig gemacht werden. Ideal erscheint aus Sicht der Begünstigten eine flexible Gestaltung mit zwei Varianten, bei der der Zeitpunkt der Besteuerung selbst gewählt werden kann.[88]

Wie oben ausgeführt, ist eine Besteuerung bei Einräumung zu erreichen, indem das Optionsrecht fungibel, also zumindest übertragbar gestaltet wird. Ausreichend ist dabei schon, wenn die Option an nur einen Dritten veräußert werden kann, beispielsweise an ein beauftragtes Kreditinstitut.[89] Es könnte möglicherweise auch ein interner Markt nur zwischen den Mitarbeitern unter Aufsicht des Unternehmens geschaffen werden.

---

85 Vgl. *Häuselmann* (1987), S. 1747.
86 Vgl. FN 81.
87 Vgl. *Bredow* (1996), S. 2035.
88 *Portner/Bödefeld* (1995), S. 634 schlagen z.B. vor, die Führungskräfte zwischen dem verbilligten Erwerb von Aktien und der unentgeltlichen Überlassung von Optionsrechten wählen zu lassen.
89 Vgl. *Bredow* (1996), S. 2034.

Der wesentliche Nachteil der Fungibilität ist, daß die angestrebten Bindungs- und Motivationswirkungen in bezug auf das Unternehmen nur schwer erreichbar sind. Schließlich kann der Mitarbeiter die Optionen sofort veräußern. Das Unternehmen kann jedoch zumindest die Verfügungen durch vertragliche Regelungen kontrollieren und für bestimmte Fälle zivilrechtliche Ausgleichsansprüche vereinbaren. So wird von Gestaltungen berichtet, bei denen die Finanzverwaltung im Rahmen von verbindlichen Auskünften die sofortige Besteuerung von prinzipiell übertragbaren Optionsrechten bestätigt hat, obwohl die Arbeitnehmer das Unternehmen schriftlich über Verfügung informieren mußten, das Unternehmen selbst ein Vorkaufsrecht besaß sowie ein entschädigungspflichtiges Sonderkündigungsrecht für den Fall eines vorzeitigen Ausscheidens aus dem Unternehmen vereinbart wurde.[90] Wenn in diesem Fall durch vorzeitiges Ausscheiden das Optionsrecht wegfällt oder der Mitarbeiter eine entsprechende Entschädigung zahlt, so gilt dies im übrigen als Rückzahlung von Arbeitslohn und mindert das zu versteuernde Einkommen in dem betreffenden Jahr.[91]

3 Steuerliche Konsequenzen für die Gesellschaft

3.1 Bilanzielle Konsequenzen von Aktienoptionsprogrammen

3.1.1 Kauf des Optionsprogramms

Das Unternehmen kann die Optionsrechte auf die eigenen Aktien von einem Dritten, etwa einem Kreditinstitut, erwerben und an die Mitarbeiter weiterreichen bzw. den Dritten mit der Ausgabe der Aktien beauftragen. Steuerbilanziell bereitet diese Variante keine Probleme, die Kosten für die Optionsrechte sind betrieblich veranlaßt (§ 4 Abs. 4 EStG) und mindern den steuerlichen Gewinn.[92] Die Ausgaben sind u.U. im Rahmen aktiver Rechnungsabgrenzungsposten periodengerecht abzugrenzen (§ 5 Abs. 5 Satz 1 Nr. 1 EStG).

---

90 Vgl. *v. Einem* (1998), S. 399.
91 Vgl. *Heuer* in Herrmann/Heuer/Raupach (o.J.) § 19 Anm. 107, 400 "Ankaufsrecht". Strittig ist aber, mit welchem Wert der Wegfall des Rechtes angesetzt werden soll: dem aktuellen Wert bei Wegfall (so *Heuer, a.a.O.* § 9 Anm. 400) oder mit dem ursprünglich besteuerten Wert (so *v. Bornhaupt* in Kirchhof/Söhn (o.J.), § 9 Rdnr. B 236a). A.A. zudem *Portner/Bödefeld* (1995), S. 633, die in dem Wegfall des Optionsrechtes aufgrund des Ausscheidens ein rückwirkendes Ereignis i.S.d. § 175 Abs. 1 Nr. 2 AO sehen, wonach der ursprüngliche Steuerbescheid zu ändern ist.
92 Vgl. *Aha* (1997), S. 2228 (dort FN 60).

3.1.2 Stillhalterverpflichtung aus dem Optionsprogramm

In der Regel wird das Unternehmen im Rahmen eines Aktienoptionsprogramms eine Stillhalterverpflichtung gegenüber den Berechtigten eingehen. Für die bilanziellen Konsequenzen ist zu unterscheiden, wie diese Verpflichtung erfüllt werden soll: durch Rechtsgeschäfte auf betrieblicher Ebene (Ankauf der Aktien etc.) oder auf gesellschaftsrechtlicher Ebene durch die Ausgabe junger Aktien im Rahmen einer Kapitalerhöhung.

3.1.2.1 Ausgabe der Optionen auf betrieblicher Ebene

Hinweise auf die Bilanzierung von Arbeitnehmer-Aktienoptionen bei Ausgabe auf betrieblicher Ebene könnte eine Empfehlung des IDW geben.[93] In dem Sachverhalt hatte ein Tochterunternehmen seinen Mitarbeitern Optionen auf junge Aktien des Mutterunternehmens gewährt und sich gleichzeitig verpflichtet, dem Mutterunternehmen die Differenz zwischen vereinbartem Bezugskurs und tatsächlichem Aktienkurs bei Ausübung zu erstatten. Dem Tochterunternehmen entsteht also die gleiche Belastung wie beim Kauf der Aktien und Lieferung zum Bezugskurs. Auch das IDW folgerte, daß das Tochterunternehmen die wirtschaftliche Belastung aus der Stillhalterverpflichtung trägt und empfiehlt beim Tochterunternehmen in Analogie zu den Grundsätzen der Stellungnahme BFA 2/1995[94] eine Buchung Personalaufwand an sonstige Verbindlichkeit. Dabei soll die Verbindlichkeit der bei normalen Optionsanleihen zu passivierenden Optionsprämie entsprechen, die Bewertung hat deshalb grundsätzlich mit dem Marktwert der Option zu erfolgen. Wenn der Wert der Option am Abschlußstichtag höher als die passivierte Prämie ist, so soll als zusätzlicher Personalaufwand eine Rückstellung für drohende Verluste aus schwebenden Geschäften gebildet werden.

Der Vorschlag des IDW ist nicht unproblematisch. Zum einen ist der Vergleich mit der Behandlung von vereinnahmten Optionsprämien zweifelhaft. Man muß zwischen der Stillhalterverpflichtung einerseits und der vereinnahmten Optionsprämie andererseits unterscheiden. Die Stillhalterverpflichtung selbst stellt bis zur Ausübung ein schwebendes Geschäft dar.[95] Die Ausübung der Option und die Höhe des tatsächlichen Kurses der Aktien zum Zeitpunkt der Ausübung ist ungewiß, ein Ausweis der Stillhalterverpflichtung als gewisse Verbindlichkeit ist so folglich nicht möglich. Bei einem regulären Optionsgeschäft wird die erhaltene Optionsprämie deshalb als sonstige Ver-

---

93 Vgl. *o.V.* (1996), S. 405.
94 Vgl. *BFA* (1995), S. 421 f..
95 Vgl. *Breker* (1993), S. 54 f. m.w.N.; *Windmöller/Breker* (1995), S. 395.

bindlichkeit passiviert, da die Leistung aus dem Optionsgeschäft noch geschuldet wird und das Realisationsprinzip eine Vereinnahmung als Gewinn noch nicht zuläßt.[96]

Möglicherweise kommt jedoch die Bildung einer Rückstellung für ungewisse Verbindlichkeiten in Betracht, wenn man - wie das IDW[97] - die Einräumung der Option als zusätzliches Entgelt für bereits erbrachte Arbeitsleistungen auffaßt. M.E. zielt die Ausgabe der Optionen im Rahmen von Aktienoptionsprogrammen aber eher auf zukünftige Arbeitsleistungen der Begünstigten mit der Folge, daß es an der wirtschaftlichen Verursachung der Verpflichtung in abgelaufenen Perioden fehlen könnte. Eine Rückstellung für ungewisse Verbindlichkeiten wäre dann bei Einräumung ebenfalls nicht zu bilden. Nach den allgemeinen Kriterien müßte aber an jedem folgenden Abschlußstichtag geprüft werden, ob sich ein Erfüllungsrückstand aus dem schwebenden Geschäft ergeben hat und eine entsprechende Rückstellung für ungewisse Verbindlichkeiten erforderlich macht.

Für die Handelsbilanz ist weiterhin natürlich zu prüfen, ob ein Verpflichtungsüberschuß aus dem schwebenden Geschäft gegeben ist und eine Rückstellung für drohende Verluste gebildet werden muß.[98] Steuerbilanziell ist eine Rückstellung für drohende Verluste in Wirtschaftsjahren, die nach dem 31.12.1996 enden, nicht mehr zulässig (§ 5 Abs. 4a EStG).

Bei Ausübung muß das Unternehmen entweder den Differenzbetrag zwischen tatsächlichem Kurs und Bezugskurs aufwenden, oder es verzeichnet den Abgang der Basisobjekte bzw. anderer absichernder Wirtschaftsgüter aus dem Betriebsvermögen. Eventuelle Rückstellungen sind aufzulösen. Spätestens bei Ausübung der Optionen entstehen so steuerliche Betriebsausgaben, da der Aufwand betrieblich veranlaßt ist.[99]

---

96 Vgl. *Windmöller/Breker* (1995), S. 395.
97 Vgl. *o.V.* (1996), S. 405.
98 Sofern Basiswerte bzw. absichernde Optionen im eigenen Portfolio gehalten werden, ist eine Rückstellung für drohende Verluste nicht bzw. mit einem verringerten Betrag zu bilden - vgl. allgemein zur Bilanzierung von Optionsgeschäften: *BFA* 2/1995 (FN 94). Die Bildung von Rückstellungen für drohende Verluste bei Arbeitnehmer-Aktienoptionen könnte jedoch durch die Ausgeglichenheitsvermutung bei Arbeitsverhältnissen begrenzt sein, vgl. jüngst *BFH* vom 02.10.1997, IV R 82/96 HFR 1998, S. 176; *FG Köln* vom 23.09.1996, 13 K 962/96, *EFG* 1997, S. 10 (rkr.).
99 Vgl. für Mitarbeiteraktien *BFH* vom 06.12.1995, I R 51/95, BFH/R (in BFH/NV) 1996, S. 101 (103).

3.1.2.2 Ausgabe der Optionen im Rahmen einer bedingten Kapitalerhöhung

Bei der Ausgabe von Optionen auf junge eigene Aktien ist die Stillhalterverpflichtung auf gesellschaftsrechtlicher Ebene gedeckt. *Pellens/Crasselt*[100] schlagen für diesen Fall vor, handelsrechtlich eine Buchung Personalaufwand an Kapitalrücklage vorzunehmen. Die Ausgabe soll so gedanklich in zwei Geschäftsvorfälle unterteilt werden: "...In eine 'Sacheinlage' der Altaktionäre in Form der Optionsrechte und eine Entlohnung durch die Optionsausgabe des Unternehmens für die Arbeitsleistung der Führungskräfte."[101] Gestützt wird diese Auffassung auch auf die Empfehlung des IDW bezüglich der Bilanzierung von Arbeitnehmer-Aktienoptionen (vgl. oben). Nimmt man in diesem Fall bei dem Mutterunternehmen den korrespondierenden Ausweis Forderung gegen Kapitalrücklage vor, so wird im Konzern tatsächlich Personalaufwand gegen Einlage gebucht.[102]

Würde man die Einlagefiktion im Einzelabschluß auf das Steuerrecht übertragen können, so könnte die Optionsausgabe an die Mitarbeiter betrieblich veranlaßt und damit steuerlicher Aufwand sein. Die Einlage würde dann zu nachträglichen Anschaffungskosten für die Anteilscheine der Altaktionäre führen.[103] Außerdem bestünde die Möglichkeit, daß sich auf der Seite der Anteilseigner ohne Liquiditätszufluß steuerpflichtige Einkünfte ergeben.[104] Sollte letzteres der Fall sein, so wäre ein Aktienoptionsprogramm auf gesellschaftsrechtlicher Ebene in der Hauptversammlung wohl schwer durchsetzbar.

Ein ganz ähnliches Problem ergibt sich aber auch bei der Ausübung der Optionen und dem verbilligten Erwerb der Aktien durch die Arbeitnehmer. Der von den Arbeitnehmern gezahlte Bezugskurs ist steuer- und handelsrechtlich entsprechend den allgemeinen Regeln im Eigenkapital zu verbuchen. Der Unterschiedsbetrag zu dem gemeinen Wert der Aktien könnte jedoch ebenfalls als Personalaufwand betrachtet werden, der in irgendeiner Form eingelegt wird.

---

100 Vgl. *Pellens/Crasselt* (1998), S. 223.
101 *Pellens/Crasselt* (1998), S. 223.
102 Vgl. *Pellens/Crasselt* (1998), S. 222.
103 Vgl. *Wrede* in Herrmann/Heuer/Raupach (o.J.) § 8 KStG Anm. 19.
104 Bei Anteilen im Betriebsvermögen sind u.U. die nachträglichen Anschaffungskosten zu aktivieren. Bei Anteilen im Privatvermögen könnte sich eine Steuerpflicht z.B. nach § 17 Abs. 1 Satz 2, Abs. 2 Satz 2 EStG ergeben; ob aufgrund dieser Norm eine verdeckte Einlage auch als Veräußerungsgeschäft im Sinne des § 23 EStG (Spekulation) darstellt, ist umstritten, vgl. *Groh* (1997), S. 1683 m.w.N.

Allerdings wird eine derartige Vorgehensweise bisher nicht für zulässig erachtet, insbesondere steuerlicher Aufwand erscheint so nicht vorstellbar.[105] Die Vorgänge im Zusammenhang mit der Einräumung der Optionen und die Ausgabe der Aktien spielen sich nicht im Betriebsvermögen, sondern auf gesellschaftsrechtlicher Ebene ab.[106] Es ist sehr fraglich, ob die den Arbeitnehmern gewährten Vorteile zu irgendeinem Zeitpunkt dem Betriebsvermögen zugerechnet werden können bzw. ob handels- und steuerrechtlich ein einlagefähiger Vorteil gegeben sein kann.[107] Eine verdeckte Einlage könnte vorliegen, wenn die Gesellschaft durch die Einräumung der Optionen von einer Lohnschuld befreit würde.[108] In der Regel dürfte dies bei Aktienoptionsprogrammen nicht der Fall sein, da die Optionen regelmäßig nicht Teil der arbeitsvertraglich vereinbarten Vergütung sein werden. Es besteht auch kein Widerspruch dazu, daß auf der anderen Seite Vorteile im Zusammenhang mit den Arbeitnehmer-Aktienoptionen als Arbeitslohn besteuert werden, denn das deutsche Steuerrecht kennt kein strenges Korrespondenzprinzip zwischen Betriebsausgaben und Arbeitslohn.[109] Bei der Ausgabe von Belegschaftsaktien wird das Problem in der Praxis dadurch gelöst, daß die Aktien zum vollen Preis von einer Emmissionsbank gezeichnet werden und das Unternehmen die Aktien zurückkauft. So kann das Agio in die Kapitalrücklage eingestellt werden und gleichzeitig die Differenz zum Bezugskurs der Aktien als Betriebsausgabe steuer-

---

105 Vgl. *Fasold* (1975), S. 1237; *Klein/Braun* (1986), S. 676; *Flick* (1997), S. 525.

106 Vgl. auch *BFH* vom 24.09.1974, VIII R 64/69, BStBl. II 1975, S. 230 (232).

107 Umstritten könnte bereits sein, ob den Altaktionären überhaupt eine Einlage zugerechnet werden könnte. So sieht die herrschende Meinung in der Optionsprämie bei Ausgabe einer regulären Wandelschuldverschreibung bzw. Optionsanleihe eine Einlage des künftigen Gesellschafters, vgl. *Döllerer* (1986), S. 237; *Koch/Vogel* (1986), S. 7 ff.; *Pöllath/Rodin* (1986), S. 2094; *Arndt/Muhler* (1988), S. 2167; *Berger/Klotz* (1993), S. 957; a.A. *Loos* (1988), S. 366; *Knobbe-Keuk* (1987), S. 313 (für den Fall, daß das Optionsrecht nicht ausgeübt wird). Es wird also nicht etwa angenommen, daß die Altaktionäre die Optionsrechte bzw. deren Wert einlegen und das Unternehmen diese anschließend veräußert. Eine Einlage durch die Arbeitnehmer selbst kommt jedoch in keinem Fall in Frage, da nach § 27 Abs. 2 AktG Verpflichtungen zu Dienstleistungen keine Sacheinlagen sein können, auch steuerrechtlich ist die eigene Arbeitskraft selbst nicht einlagefähig, vgl. *Heinicke* in Schmidt (1997), § 4 EStG Anm. 309.

108 Vgl. *BFH* vom 11.04.1984, I R 175/79, BStBl. II 1984, S. 535 (536 f.) zu zusätzlichen Zahlungen eines japanischen Mutterunternehmens an Arbeitnehmer, die auf Zeit an inländische Tochtergesellschaften abgeordnet wurden und von diesen auch entlohnt wurden. Eine verdeckte Einlage und steuermindernder Abzug der Zusatzvergütungen wurde mit dem Argument abgelehnt, daß die inländische Gesellschaft die Zusatzvergütungen nicht als Entlohnungsbestandteil schuldete. Ähnlich auch BFH vom 22.11.1983, VIII R 37/79, BFHE 140, 63.

109 Vgl. z.B. *BFH* vom 05.07.1996 VI R 10/96, BStBl. II 1996, S. 545.

lich abgesetzt werden.[110] Ein ähnliches Vorgehen kann auch für Aktienoptionsprogramme gewählt werden.[111]

3.2 Lohnsteuerhaftung

Der Arbeitgeber ist nach § 38 Abs. 1 EStG allgemein verpflichtet, für den von ihm gezahlten Arbeitslohn die Einkommensteuer in Form der Lohnsteuer einzubehalten. Dies gilt auch, soweit im Rahmen des Dienstverhältnisses Arbeitslohn "üblicherweise" von Dritten gezahlt wird (§ 38 Abs. 1 Satz 2 EStG).

Bei Aktienoptionsprogrammen erwachsen dem Unternehmen daraus beträchtliche Risiken. Die Lohnsteuer ist im Zeitpunkt des Zuflusses des geldwerten Vorteils beim Arbeitnehmer einzubehalten. Dies wird in der Regel der Zeitpunkt der Ausübung sein. Bei den mit den Optionen verbundenen Gewinnchancen werden regelmäßig erhebliche Lohnsteuerbeträge fällig werden, die leicht die laufenden Bezüge der Führungskräfte übersteigen können. Auch wenn der Arbeitnehmer letztlich der Steuerschuldner ist, so haftet der Arbeitgeber jedoch nach § 42d EStG für nicht ordnungsgemäß einbehaltene Lohnsteuer. Hinzu kommt, daß das Unternehmen u.U. den Zeitpunkt der Ausübung und den Umfang des geldwerten Vorteils nicht ohne weiteres erfährt, insbesondere wenn die Optionen durch die Muttergesellschaft oder einen Dritten bedient werden.[112] Falls die Optionen durch Dritte gewährt werden, so könnte möglicherweise gegen die Einbehaltungspflicht der Einwand vorgetragen werden, derartige Optionsprogramme würden nicht "üblicherweise" als Arbeitslohn gewährt.[113] Es besteht jedoch die Gefahr, daß der Dritte, etwa ein beauftragtes Kreditinstitut, lediglich als Zahlstelle für den Arbeitgeber angesehen wird und deshalb dieser Einwand nicht greift.[114] Für das Unternehmen ist es deshalb wichtig, durch vertragliche Regelungen in Bezug auf Informationspflichten und Zahlungsmodalitäten die Erfüllung der Lohnsteuerpflicht des Mitarbeiters sicherzustellen.

3.3 Gestaltungsüberlegungen

Anders als etwa in den USA[115] muß in Deutschland davon ausgegangen werden, daß bei der Ausgabe der Optionen auf gesellschaftsrechtlicher Grundlage für die Gesell-

---

110 Vgl. *Hefermehl/Bungeroth* in Geßler et al. (1993), § 202 AktG, Anm. 22; *Hüffer* (1995), § 202 AktG, Anm. 29 m.w.N.
111 Vgl. z.B. *Pellens/Crasselt* (1998), S. 223: Kapitalerhöhung wird durch Emissionsbank gezeichnet und Unternehmen erwirbt von dieser Bank die Optionen.
112 Vgl. *Portner* (1997b), S. 1878 f.
113 Vgl. FN 112.
114 Vgl. *Drenseck* in Schmidt (1997), § 38 Anm. 9.
115 Vgl. *Flick* (1997), S. 525.

schaft kein steuerlicher Aufwand entsteht. Deshalb ist es für das Unternehmen möglicherweise vorteilhafter, die Optionen auf betrieblicher Grundlage auszugeben oder das Aktienoptionsprogramm bei einem Dritten zu erwerben. Selbst eine schuldrechtliche Nachbildung, etwa mit sog. Phantom Stocks, könnte aus steuerlichen Gründen einer bedingten Kapitalerhöhung vorzuziehen sein.[116] Der Nachteil für das Unternehmen liegt aber in dem u.U. erheblichen Mittelaufwand zur Bedienung des Programms.

4 Zusammenfassung

Bei Aktienoptionsprogrammen für Führungskräfte kommen im Rahmen der Besteuerung als Arbeitslohn grundsätzlich zwei Besteuerungszeitpunkte in Frage: bei Einräumung der Optionen oder bei Ausübung. Bei den im Regelfall vereinbarten Verfügungsbeschränkungen kann der Zufluß von Arbeitslohn erst bei Ausübung der Optionen angenommen werden. Kann der Begünstigte über die Aktienoptionen jedoch frei verfügen und sie insbesondere übertragen, so stellen sie bereits im Zeitpunkt der Einräumung einen geldwerten Vorteil dar.

Das Unternehmen kann die Optionsprogramme unterschiedlich gestalten. Bei der Ausgabe der Optionen auf betrieblicher Grundlage oder beim Kauf des Programms kann das Unternehmen die Kosten steuerlich geltend machen. Dagegen erscheint bei der Ausgabe auf gesellschaftsrechtlicher Grundlage im Rahmen einer bedingten Kapitalerhöhung eine Generierung von steuerlichem Aufwand nicht möglich.

---

116 Vgl. zu Phantom Stocks *Feddersen* (1997), S. 285 ff.

Literaturverzeichnis

Aha, Christof (1997): Ausgewählte Gestaltungsmöglichkeiten bei Aktienoptionsplänen, in: Betriebs-Berater, 52. Jg., S. 2225 - 2228.

Arndt, Hans-Wolfgang/Muhler, Manfred (1988): Optionsanleihen im Ertragsteuerrecht, in: Der Betrieb, 41. Jg., S. 2167 - 2173.

BFA (1995): Stellungnahme BFA 2/1995, in: Die Wirtschaftsprüfung, 48. Jg., S. 421 - 422.

Berger, Ulrich G./Klotz, Simone (1993): Steuerliche Behandlung der Emmitenten von Optionsanleihen bei Nichtausübung der Optionsrechte, in: Der Betrieb, 46. Jg., S. 953 - 957.

Black, Fischer/Scholes, Myron (1973): The Pricing of Options and Corporate Liabilities, in: Journal of Political Economy, Volume 81, May/June, S. 637 - 654.

Bredow, Günther M. (1996): Steuergünstige Gestaltung von Aktienoptionen für leitende Angestellte ("stock options"), in: Deutsches Steuerrecht, 34. Jg., S. 2033 - 2036.

Breker, Norbert (1993): Optionsrechte und Stillhalterverpflichtungen im handelsrechtlichen Jahresabschluß, Düsseldorf.

Buren, Nico L. (1997): Employees' Stock Option Plans, in: Tax Planning International Review, Volume 24, December, S. 28.

Cereghetti, Marco (1994): Die Besteuerung von Mitarbeiteraktien und Mitarbeiteroptionen als Einkommen und als Vermögen, Juristische Dissertation, Zürich.

Dempewolf, Günter (1959): Einkommensteuer und Schenkungsteuer bei Belegschaftsaktien, in: Der Betrieb, 12. Jg., S. 268 - 270.

Döllerer, Georg (1986): Die Kapitalrücklage der Aktiengesellschaft bei Ausgabe von Optionsanleihen nach Handelsrecht und Steuerrecht, in: Die Aktiengesellschaft, 31. Jg., S. 237 - 243.

Einem, Christoph von (1998): Stock-Options: Eine aktuelle Gestaltungsform der Mitarbeiterbeteiligung für Wachstumsunternehmen, in: Haarmann Hemmelrath & Partner (Hrsg.): Gestaltung und Analyse in der Rechts-, Wirtschafts- und Steuerberatung von Unternehmen, Köln, S. 389 - 402.

Fasold, Rudolf W. (1963): Steuerfreiheit von Gewinnen aus Ankaufs- und Vorvertragsrechten, in: Der Betrieb, 16. Jg., S. 809 - 810.

Fasold, Rudolf W. (1964 a): Zur Steuerbefreiung von Gewinnen aus Ankaufs- und Vorvertragsrechten, in: Der Betrieb, 17. Jg., S. 277 - 278.

Fasold, Rudolf W. (1964 b): Zum Zuflußzeitpunkt bei Erwerb von Ankaufs-, Vorvertrags- und ähnlichen Rechten, in: Der Betrieb, 17. Jg., S. 896 - 897.

Fasold, Rudolf W. (1975): Keine Lohnsteuer bei Vorzugskursen für junge Anteile an Betriebsangehörige, in: Der Betrieb, 28. Jg., S. 1237 - 1239.

Feddersen, Dieter (1997): Aktienoptionsprogramme für Führungskräfte aus kapitalmarktrechtlicher und steuerlicher Sicht, in: Zeitschrift für das gesamte Handelsrecht und Wirtschaftsrecht, Bd. 161, S. 269 - 299.

Fleischmann, Michael S. (1996): Die einkommen- und körperschaftsteuerliche Behandlung börsennotierter Aktienoptionen aus Käufersicht, Frankfurt a.M.

Flick, Hans F. W. (1997): Gestaltung von Wandelanleihen für US-Angestellte: US-Steuerliche Behandlung entspricht der von Stock Options, in: Internationales Steuerrecht, 6. Jg., S. 525 - 526.

Geßler, Ernst et al. (1993): Aktiengesetz. Kommentar, München.

Groh, Manfred (1997): Ist die verdeckte Einlage ein Tauschgeschäft?, in: Der Betrieb, 50. Jg., S. 1683 - 1688.

Häuselmann, Holger (1987): Die Bilanzierung von Optionen aus handelsrechtlicher Sicht, in: Der Betrieb, 40. Jg., S. 1745 - 1748.

Herrmann, Carl/Heuer, Gerhard/Raupach, Arndt (o. J.): Einkommensteuer- und Körperschaftsteuergesetz. Kommentar, Köln (Loseblatt, Stand Januar 1998).

Hüffer, Uwe (1995): Aktiengesetz. Kommentar, München.

Janberg, Hans (1958): Einkommensteuerfragen bei Belegschaftsaktien, in: Der Betrieb, 11. Jg., S. 1080 - 1082.

Kirchhof, Paul/Söhn, Hartmut (o. J.): Einkommensteuergesetz. Kommentar, Heidelberg (Loseblatt, Stand Februar 1998).

Klein, Hans-Werner/Braun, Antje (1986): Möglichkeiten der betrieblichen Vermögensbildung, in: Betriebs-Berater, 41. Jg., S. 673 - 678.

Knobbe-Keuk, Brigitte (1987): Steuerrechtliche Fragen der Optionsanleihen, in: Zeitschrift für Unternehmens- und Gesellschaftsrecht, 16. Jg., S. 312 - 323.

Knoll, Leonhard (1997): Vorzeitige Ausübung bei Manager-Optionen - steuerliche Verzerrung oder schlechtes Vorzeichen?, in: Der Betrieb, 50. Jg., S. 2138 - 2140.

Koch, Karl/Vogel, Horst A. (1986): Zur handels- und steuerrechtlichen Behandlung von Optionsanleihen, in: Betriebs-Berater, 41. Jg., Beilage 10.

Köpf, Georg (1987): Ansätze zur Bewertung von Aktienoptionen. Eine kritische Analyse, München.

Kriegbaum, Knud Erik (1998): Changes in Danish Tax Legislation, in: Tax Planning International Review, Volume 25, January, S. 21 - 22

Lademann, Fritz et al. (o. J.): Kommentar zum Einkommensteuergesetz, Heidelberg (Loseblatt, Stand September 1997).

Liebmann, Howard M. (1998): Taxation of Stock Options, in: Tax Planning International Review, Volume 25, January, S. 24.

Loos, Gerold (1988): Steuerliche und handelsrechtliche Einstufung von Aufgeld und Unterverzinslichkeit bei Optionsanleihen, in: Betriebs-Berater, 43. Jg., S. 369 - 376.

Luther, Siegfried (1980): Zufluß und Bewertung des geldwerten Vorteils bei der Überlassung von Arbeitnehmer-Aktien, in: Der Betrieb, 33. Jg., S. 2256 - 2258.

o.V. (1996): 154. Sitzung HFA vom 13.6.1996, in: IDW-Fachnachrichten, o. Jg., S. 403 - 406.

Pellens, Bernhard/Crasselt, Nils (1998): Bilanzierung von Stock Options, in: Der Betrieb, 51. Jg., S. 217 - 223.

Peltzer, Martin (1996): Steuer- und Rechtsfragen bei der Mitarbeiterbeteiligung und der Einräumung von Aktienoptionen, in: Die Aktiengesellschaft, 41. Jg., S. 307 - 315.

Pöllath, Reinhard/Rodin, Andreas (1986): Besteuerung niedrig verzinslicher Optionsanleihen, in: Der Betrieb, 39. Jg., S. 2094 - 2097.

Portner, Rosemarie (1997a): Mitarbeiter-Optionen (Stock Options): Gesellschaftsrechtliche Grundlagen und Besteuerung, in: Deutsches Steuerrecht, 35. Jg., S. 786 - 788.

Portner, Rosemarie (1997b): Lohnsteuerliche Behandlung der Gewährung von Stock Options durch die ausländische Muttergesellschaft, in: Deutsches Steuerrecht, 35. Jg., S. 1876 - 1879.

Portner, Rosemarie/Bödefeld, Axel (1995): Besteuerung von Arbeitnehmer-Aktien-Optionen, in: Deutsches Steuerrecht, 33. Jg., S. 629 - 635.

Rönitz, Dieter (1980/81): Ertragsbesteuerung von Optionsrechten, in: Jahrbuch der Fachanwälte für SteuerrechtS. 38 - 59.

Schmidt, Ludwig (1997): Einkommensteuergesetz. Kommentar, 16. Aufl., München.

Schückens, H. P. (1964): Zum Zuflußzeitpunkt bei Erwerb von Ankaufs-, Vorvertrags- und ähnlichen Rechten, in: Der Betrieb, 17. Jg, S. 895 - 896.

Serfling, Klaus/Dechant, Ulrich/Gatsonis, Alexander (1990): Die Bewertung von Optionen, in: Zeitschrift für das gesamte Kreditwesen, 42. Jg., S. 448 - 452 und 494 - 498.

Slomma, Hans (1981): Zum Zeitpunkt des Zuflusses eines geldwerten Vorteils bei der Überlassung von Arbeitnehmer-Aktien, in: Betriebs-Berater, 36. Jg., S. 489 - 490.

Thomas, Michael-Ingo (1991): Einige Anmerkungen zu § 19a EStG und zum BFH-Beschluß v. 8.8.1991, VI B 109/90, in: Deutsches Steuerrecht, 29. Jg., S. 1405 - 1408.

Voss, Achim (1964 a): Zur Steuerbefreiung von Gewinnen aus Ankaufs- und Vorvertragsrechten, in: Der Betrieb, 17. Jg., S. 276 - 278.

Voss, Achim (1964 b): Zur einkommensteuerlichen Behandlung von Ankaufs- (Options-) und ähnlichen Rechten, in: Deutsches Steuerrecht, 2. Jg., S. 576 - 579.

Windmöller, Rolf/Breker, Norbert (1995): Bilanzierung von Optionsgeschäften, in: Die Wirtschaftsprüfung, 49. Jg., S. 389 - 401.

Woeste, Karlfriedrich (1961): Belegschaftsaktien anläßlich einer Kapitalerhöhung, in: Betriebs-Berater, 16. Jg., S. 1316 - 1318.

Urteile

BFH Urteil vom 02.03.62, VI 255/60 U, Bundessteuerblatt Teil III 1962, S. 214.

BFH Urteil vom 10.03.72, VI R 278/68, Bundessteuerblatt Teil II 1972, S. 596.

BFH Urteil vom 19.07.74, VI R 114/71, Bundessteuerblatt Teil II 1975, S.181.

BFH Urteil vom 24.09.74, VIII R 64/69, Bundessteuerblatt Teil II 1975, S. 230.

BFH Urteil vom 21.03.75, VI R 55/73, Bundessteuerblatt Teil II 1975, S. 690.

BFH Urteil vom 22.11.83, VIII R 37/79, Sammlung der Entscheidungen des BFH, 140, 63.

BFH Urteil vom 11.04.84, I R 175/79, Bundessteuerblatt Teil II 1984, S. 535.

BFH Urteil vom 16.11.84, VI R 39/80, Bundessteuerblatt Teil II 1985, S.136.

BFH Urteil vom 26.07.85, VI R 200/81, Bundesfinanzhof: Nicht veröffentlichte Urteile 1986, S. 306.

BFH Urteil vom 21.02.86, VI R 9/80, Bundessteuerblatt Teil II 1986, S. 768.

BFH Urteil vom 11.07.86, VI R 163/82, Bundessteuerblatt Teil II 1987, S. 300.

BFH Urteil vom 07.04.89, VI R 47/88, Bundessteuerblatt Teil II 1989, S.608.

BFH Urteil vom 09.03.90, VI R 48/87, Bundessteuerblatt Teil II 1990, S. 711.

BFH Urteil vom 24.10.90, X R 161/88, Bundessteuerblatt Teil II 1991, S. 337.

BFH Urteil vom 08.08.91, VI B 109/90, Bundessteuerblatt Teil II 1991, S. 929.

BFH Urteil vom 25.11.93, VI R 45/93, Bundessteuerblatt Teil II 1994, S. 254.

BFH Urteil vom 20.05.94, VI R 5/94, Bundesfinanzhof: Nicht veröffentlichte Urteile 1994, S. 857.

BFH Urteil vom 01.07.94, VI R 88/92, Bundesfinanzhof: Nicht veröffentlichte Urteile 1994, S. 861.

BFH Urteil vom 31.07.95, X B 167/94, Bundesfinanzhof: Nicht veröffentlichte Urteile 1996, S. 34.

BFH Urteil vom 06.12.95, I R 51/95, Schnellinformationen zur Rechtsprechung des Bundesfinanzhofs (BFH/R) in Bundesfinanzhof: Nicht veröffentlichte Urteile 1996, S. 101.

BFH Urteil vom 05.07.96, VI R 10/96, Bundessteuerblatt Teil II 1996, S. 545.

BFH Urteil vom 19.07.96, VI R 19/96, Bundesfinanzhof: Nicht veröffentlichte Urteile, 1997, S 179.

BFH Urteil vom 24.07.96, X R 139/93, Bundesfinanzhof: Nicht veröffentlichte Urteile, 1997, S. 105.

BFH Urteil vom 27.08.97, X R 139/94, Bundesfinanzhof: Nicht veröffentlichte Urteile, 1998, S.443.

BFH Urteil vom 02.10.97, IV R 82/96, Höchstrichterliche Finanzrechtsprechung, 1998, S. 176.

RFH Urteil vom 23.12.36, VI A 623/36, Reichssteuerblatt, 1937, S. 588 - 589.

FG Baden-Württemberg (Außensenate Stuttgart) Urteil vom 11.02.93, 8 K 113/91 (rkr.), Entscheidungen der Finanzgerichte 1993, S. 582.

FG Düsseldorf (Senate in Köln) Urteil vom 23.09.68, VII 549/67 E, Entscheidungen der Finanzgerichte 1969, S. 172.

FG Köln Urteil vom 23.09.96, 13 K 962/96, Entscheidungen der Finanzgerichte 1997, S. 10 (rkr.).

FG Münster Urteil vom 17.3.94, 1 K 3281/93, Entscheidungen der Finanzgerichte 1994, S. 703.

Verwaltungsanweisungen

BMF (27.09.93): Betr.: Steuerliche Behandlung der Rabatte, die Arbeitnehmern von Dritter Seite eingeräumt werden, in: Bundessteuerblatt Teil I 1993, S. 814 - 815.

BMF (10.11.94): Einkommensteuerrechtliche Behandlung von Options- und Finanztermingeschäften an der Deutschen Terminbörse (DTB) und von anderen als Optionsscheine bezeichneten Finanzinstrumenten im Bereich der privaten Vermögensverwaltung, in: Bundessteuerblatt Teil I, 1994, S. 816 - 818.